Brunsmann

Notebooks für Späteinsteiger

FRANZIS
COMPUTERBUCH

Jörg Brunsmann

2. Auflage

NOTEBOOKS

FÜR SPÄTEINSTEIGER

Mit 168 Abbildungen

Bibliografische Information der Deutschen Bibliothek
Die Deutsche Bibliothek verzeichnet diese Publikation in der Deutschen Nationalbibliografie; detaillierte Daten sind im Internet über **http://dnb.ddb.de** abrufbar.

Wichtiger Hinweis

Alle Angaben in diesem Buch wurden vom Autor mit größter Sorgfalt erarbeitet bzw. zusammengestellt und unter Einschaltung wirksamer Kontrollmaßnahmen reproduziert. Trotzdem sind Fehler nicht ganz auszuschließen. Der Verlag und der Autor sehen sich deshalb gezwungen, darauf hinzuweisen, dass sie weder eine Garantie noch die juristische Verantwortung oder irgendeine Haftung für Folgen, die auf fehlerhafte Angaben zurückgehen, übernehmen können. Für die Mitteilung etwaiger Fehler sind Verlag und Autor jederzeit dankbar.
Internetadressen oder Versionsnummern stellen den bei Redaktionsschluss verfügbaren Informationsstand dar. Verlag und Autor übernehmen keinerlei Verantwortung oder Haftung für Veränderungen, die sich aus nicht von ihnen zu vertretenden Umständen ergeben.
Evtl. beigefügte oder zum Download angebotene Dateien und Informationen dienen ausschließlich der nicht gewerblichen Nutzung. Eine gewerbliche Nutzung ist nur mit Zustimmung des Lizenzinhabers möglich.

Herausgeber: Jobst-Hendrik Kehrhahn
Satz: DTP-Satz A. Kugge, München
art & design: www.ideehoch2.de
Druck: Legoprint S.p.A., Lavis (Italia)
Printed in Italy

ISBN 978-3-7723-**7797-6**

Inhaltsverzeichnis

Kapitel 1
Einleitung

Notebooks sind schon tolle Geräte; mich fasziniert es immer wieder, wie viel Technik sich inzwischen auf so kleinem Raum unterbringen lässt. Was moderne Notebooks leisten, dafür brauchte man vor einigen Jahren noch einen ganzen Kleiderschrank voll Elektronik.

Auch von den praktischen Aspekten der tragbaren Computer sind immer mehr Menschen überzeugt, denn der Verkauf von Notebooks boomt seit Jahren. Wohl nicht mehr lange, dann werden mehr Notebooks als Schreibtisch-Computer (die so genannten Desktop-PCs) verkauft werden.

Eigentlich auch kein Wunder, denn ein Notebook lässt sich viel besser ins tägliche Leben integrieren. Sie brauchen keinen eigenen Arbeitsplatz; der Rechner kann nach getaner Arbeit zugeklappt in der Schublade verschwinden. Aber seine Leistung kann sich inzwischen mit der ausgewachsener PCs messen: Internet, Multimedia, Spiele – alles kein Problem mehr.

Kommen Sie mit in die faszinierende Welt des Notebooks und lernen Sie Ihren tragbaren PC richtig kennen …

1.1 Das finden Sie in diesem Buch

Sie müssen das Buch nicht von der ersten bis zur letzen Seite lesen, um Ihr Notebook zu beherrschen. Picken Sie sich einfach das heraus, was Sie interessiert und worüber Sie mehr erfahren möchten. Das Buch ist so aufgebaut, dass Sie leicht mit jedem Kapitel einsteigen können.

Wenn Sie im Umgang mit dem Betriebssystem *Windows* noch nicht ganz so geübt sind, dann möchte ich Ihnen Kapitel 2 und 3 ans Herz legen. Dort lernen Sie, wie *Windows* aufgebaut ist, was es alles kann und wie Sie seine Möglichkeiten nutzen. Wir haben uns übrigens entschieden, dort das neue *Windows Vista* vorzustellen. Wenn Sie noch mit *Windows XP* arbeiten, dem Vorgänger von *Vista*, dann werden einige Bilder und Abläufe auf Ihrem PC anders aussehen. Haben Sie vor relativ kurzer Zeit einen neuen PC gekauft, werden Sie dagegen höchstwahrscheinlich *Windows Vista* vorinstalliert auf der Festplatte finden – aus diesem Grund haben wir uns auch entschieden, das neue Betriebssystem als Vorlage zu nutzen.

Kapitel 3 hilft Ihnen, *Windows* an Ihre persönlichen Bedürfnisse anzupassen. Ein Hintergrundbild zu installieren, damit es sich netter arbeitet oder wie Sie am besten das Touchpad des Notebooks bedienen; all das lernen Sie dort.

Internet ist heute für Computer praktisch ein Muss, denn mit dem Zugang zum weltweiten Datennetz erschließen sich ganz neue Welten. Ob Sie Informationen vom anderen Ende der Welt bekommen oder E-Mails mit der Nachbarin austauschen – Internet ist nicht nur praktisch, sondern macht auch Spaß. Wie Sie Ihre ersten Schritte im Internet machen, das möchte ich Ihnen gerne in Kapitel 4 und 5 zeigen. Dort erfahren Sie auch, wie Sie das Internet unterwegs nutzen können – schließlich ist ein Notebook für den mobilen Betrieb ausgelegt.

Leider bringt das Internet auch die eine oder andere Gefahr mit sich. In den Kapiteln 6 und 7 lernen Sie, wie Sie Ihren Rechner gegen Viren und Datendiebe absichern können. Auch vor dem Online-Banking müssen Sie keine Angst haben; es gibt Mittel und Wege, den Risiken dabei zu begegnen.

Briefe schreiben mit dem PC – das ist eine der Standardaufgaben des Computers. In Kapitel 8 zeige ich Ihnen, wie Sie mit der Textverarbeitung *Word* professionell aussehende Briefe erstellen und diese zu Papier bringen können.

Die Kapitel 9 und 10 widmen sich dem, was PCs in den letzten Jahren gelernt haben: Den Umgang mit Multimedia-Dateien. Sei es nun, dass Sie Bilder von Ihrer Digitalkamera auf den PC übertragen wollen oder unterwegs Musik und Videos genießen möchten – dort lernen Sie, wie Sie mit MP3-Dateien und DivX-Videos umgehen und Fotos mit *Windows* schnell und professionell präsentieren können.

Auch die meisten Notebooks besitzen inzwischen ein Brenn-Laufwerk; meist lassen sich damit sogar DVD-Rohlinge beschreiben. Wie Sie dieses Laufwerk nutzen, Audio- und Daten-CDs und eigene DVDs erstellen, das lernen Sie in Kapitel 11.

Aber auch der Spaß soll nicht zu kurz kommen. Notebooks sind nicht die geborenen Spiele-Computer, dafür fehlt den meisten beispielsweise eine leistungsfähige Grafikkarte, doch das eine oder andere Spiel lässt sich auch auf dem tragbaren PC spielen. Wie das geht und was Ihr Notebook in dieser Hinsicht alles kann, darüber erfahren Sie mehr in Kapitel 12.

Brauchen Sie Hilfe, weil der PC streikt oder einzelne Programme nicht korrekt arbeiten wollen? Kein Problem – in Kapitel 13 erfahren Sie, wie Sie Ihren tragbaren Rechner richtig pflegen und was Sie tun können, wenn *Windows* oder einzelne Programme streiken.

1.2 So finden Sie sich im Buch zurecht

Wir haben versucht, den Aufbau des Buches möglichst einfach zu gestalten, so dass Sie sich ohne große Probleme auf Anhieb darin zurechtfinden.

Die Namen von Programmen, Datei- und Verzeichnisnamen sowie Internetadressen werden *kursiv* dargestellt. Neu eingeführte wichtige Fachbegriffe werden **fett** gedruckt. Programmelemente, z. B. Menüs, Befehle, Schaltflächen und Dialogfenster, erkennen Sie an KAPITÄLCHEN. Text, den Sie eingeben sollen, erscheint in dieser `Schreibmaschinenschrift`.

Tasten, die Sie drücken sollen, sehen so aus: [A]. Wenn mehrere Tasten durch ein Pluszeichen verbunden sind, bedeutet dies, dass Sie beide Tasten drücken müssen. [Strg]+[C] bedeutet also, dass Sie erst die Steuerungstaste und dann noch zusätzlich die Taste [C] drücken müssen.

Wenn Sie selbst aktiv werden sollen, finden Sie Schritt-für-Schritt-Anleitungen, die Sie direkt zum Ziel führen, z. B.:

Dies ist der erste Schritt,

dies der zweite

und schließlich der dritte.

Hinweis – Tipp oder Warnung
In diesen grauen Kästen finden Sie besondere Hinweise, Tipps und Tricks, die Ihnen das Leben leichter machen, oder Warnungen, die Sie vor Fallen bewahren sollen, in die gerade Anfänger leicht einmal geraten.

Kapitel 2
Windows kennenlernen

Ohne *Windows* geht es nicht. Das Betriebssystem des amerikanischen Softwareherstellers Microsoft ist das derzeit mit Abstand am häufigsten verwendete Betriebssystem. Und das hat – trotz aller vorhandenen Schwachstellen und aller Kritik an *Windows* – auch seinen guten Grund. Denn gerade für Einsteiger gibt es einfach nichts Besseres als *Windows*.

Das Betriebssystem ist recht intuitiv zu bedienen, bietet aber trotzdem alle wichtigen Funktionen, um zum Beispiel Musik zu hören, Videos am PC anzuschauen, mit dem Computer zu spielen oder CDs zu brennen.

2.1 Windows starten

Nachdem Sie das Notebook ausgepackt und per Netzteil mit der Steckdose verbunden haben, kann es losgehen: Drücken Sie den „Power"-Knopf Ihres Notebooks. Manchmal muss man selbst dafür einen Blick ins Handbuch werfen, denn bei manchen Geräten ist er gut versteckt.

Direkt nach dem Einschalten durchläuft der PC eine Reihe von Selbsttests. Nach wenigen Sekunden sollten diese beendet sein und es erscheint der Startbildschirm von *Windows Vista*. Nun lädt das Betriebssystem alle erforderlichen Dateien. Es dauert einen Moment, bis *Windows* arbeitsbereit ist. Hat alles geklappt, sehen Sie den so genannten **Windows-Desktop** vor sich und können beginnen, mit dem Betriebssystem zu arbeiten.

2.2 So ist die Windows-Oberfläche aufgebaut

Bei der Gestaltung der *Windows*-Oberfläche haben sich die Entwickler an dem Aufbau eines realen Schreibtisches orientiert. Den größten Teil des Bildschirms von *Windows Vista* nimmt daher der so genannte **Desktop-Bereich** ein. Dies ist Ihre virtuelle Schreibtisch-Oberfläche, auf der – ganz wie im richtigen Leben – alle möglichen Dinge abgelegt werden können.

Abb. 2.1: Der *Windows*-Desktop ist Dreh- und Angelpunkt des Betriebssystems.

Dateien wie ein Text oder eine Tabelle finden dort Platz sowie ganze Ordner mit Dutzenden von verschiedenen Dateien oder nützliche Symbole, mit denen sich auf bestimmte Bereiche des PCs zugreifen lässt. Der Desktop ist immer Ausgangspunkt für Ihre Arbeit mit *Windows*. Von dort können Sie beispielsweise auf Ihre Daten zugreifen oder Programme starten.

Besonders wichtig ist zudem der untere Bereich des *Windows*-Bildschirms. Dort befindet sich die so genannte **Taskleiste** mit dem Startmenü und dem Infobereich.

Das Startmenü und die Taskleiste

Der Desktop nimmt zwar den größten Teil des *Windows*-Bildschirms ein, er ist aber nicht das einzige Element auf dem Bildschirm. Ganz unten links in der Ecke des Bildschirms finden Sie den START-Knopf. Dahinter verbirgt sich sozusagen die „Schublade" des virtuellen Computer-Schreibtisches, denn hier halten sich alle wichtigen Elemente von *Windows* versteckt, die nicht ständig benötigt werden. Sie können zum Beispiel mithilfe des Startmenüs Programme starten oder auf die so genannte Systemsteuerung zugreifen. Mit deren Funktionen lassen sich alle wichtigen Einstellungen im PC verändern. Auch können Sie mit Hilfe des Startmenüs *Windows* beenden und den PC abschalten. Wenn Sie bereits mit einer früheren Version von *Windows* gearbeitet haben, dann wissen Sie vielleicht, dass unten links in der Ecke auch immer das Wort „Start" stand. Im neuen *Windows Vista* hat Microsoft sich das gespart: Hier weist nur noch ein buntes *Windows*-Symbol in einem Kreis auf das Start-Menü hin.

Abb. 2.2 Der START-Knopf bietet Zugriff auf alle wichtigen Einstellungen und Programme in *Windows*.

Task und Taskleiste

Ein Programm, das gerade läuft, wird von *Windows* als **Task** (zu Deutsch: Aufgabe) bezeichnet. Damit Sie nicht die Übersicht verlieren, hilft *Windows* Ihnen mit der so genannten **Taskleiste** am unteren Rand des Monitors. Diese beginnt direkt rechts neben dem START-Knopf. Die Taskleiste zeigt an, welche Programme, die auch Anwendungen genannt werden, derzeit aktiv sind. *Windows* ist ein so genanntes **Multitasking-System**. Das bedeutet, Sie können mehrere Programme gleichzeitig ausführen. Mithilfe der Taskleiste lassen sich die gerade laufenden Programme im Handumdrehen in den Vordergrund bringen: Ein Mausklick in den entsprechenden Bereich der Taskleiste genügt.

- Für jede aktive Anwendung erscheint in der Taskleiste eine Schaltfläche mit Symbol und Kurzbeschreibung.
- Wenn Sie genau hinschauen, erkennen Sie, dass eine der Schaltflächen dunkler wirkt und dadurch in der Reihe der Symbole heraussticht. Dies ist die jeweils aktive Anwendung. Wie bei einem alten Radio kann auch hier immer nur eine Taste „einrasten", die anderen „springen" dann heraus.
- Holen Sie per Mausklick eine der Anwendungen in den Vordergrund, dann werden die anderen Anwendungen dadurch nicht beendet, sondern sie werden lediglich in den Hintergrund gedrängt. Die Anwendungen werden sogar weiterhin ausgeführt. Wenn Sie beispielsweise gerade eine CD brennen, können Sie ohne Probleme zum Textverarbeitungsprogramm wechseln und einen Brief schreiben – der Computer brennt trotzdem weiter die CD.

Abb. 2.3 In der Taskleiste listet *Windows* alle derzeit aktiven Programme auf.

Der Infobereich der Taskleiste

Die Taskleiste hat am rechten Rand noch einen besonderen Bereich zu bieten – den so genannten **Infobereich**. Hier wird für gewöhnlich die Uhrzeit angezeigt, es befinden sich in diesem Bereich aber auch einige weitere Symbole. Hinter jedem dieser Zeichen verbirgt sich ebenfalls ein eigenes Programm, nur mit dem Unterschied, dass die Programme hier keine Anwendungsprogramme sind, sondern Unterstützung in verschiedenen Situationen bieten.

Ein Virenscanner beispielsweise kann hier sein Symbol einblenden. Bis auf die kleine Grafik im Infobereich bleibt das Programm zwar unsichtbar, durchsucht aber ständig die Festplatte auf neue Viren und kann sich so gegebenenfalls zu Wort melden. *Windows* blendet nach einiger Zeit sogar alle Symbole aus, die nicht unbedingt angezeigt werden müssen. Um diese anzeigen zu lassen, klicken Sie auf den nach links weisenden Pfeil.

Abb. 2.4 Im Infobereich finden Sie neben der Uhrzeit weitere Symbole für allerlei Hilfsprogramme.

2.3 Programme starten und mit Fenstern arbeiten

Ohne Programme ist ein PC nicht mehr als ein Haufen elektronischer Bauteile; erst die Software erweckt die Elektronik zum Leben. *Windows* selbst bringt schon eine Reihe von Programmen mit, mit denen sich zumindest kleinere Aufgaben erfüllen lassen. Haben Sie Ihr Notebook ganz neu als Komplettpaket gekauft, finden Sie häufig eine Reihe von Zusatzprogrammen auf der Festplatte, die Ihnen der Hersteller sozusagen als „Bonus“ mitliefert.

So starten Sie ein Programm

Um sich einen Überblick zu verschaffen, welche Programme sich auf Ihrem PC befinden, und um ein Programm zu starten, benutzen Sie am besten das Startmenü.

1. Klicken Sie mit der linken Maustaste auf den START-Knopf, der sich am linken unteren Rand des *Windows*-Bildschirms befindet.
2. Das Startmenü klappt auf, dort finden Sie einen Bereich ALLE PROGRAMME. Bewegen Sie den Mauszeiger auf diesen Bereich und drücken Sie die linke Maustaste.

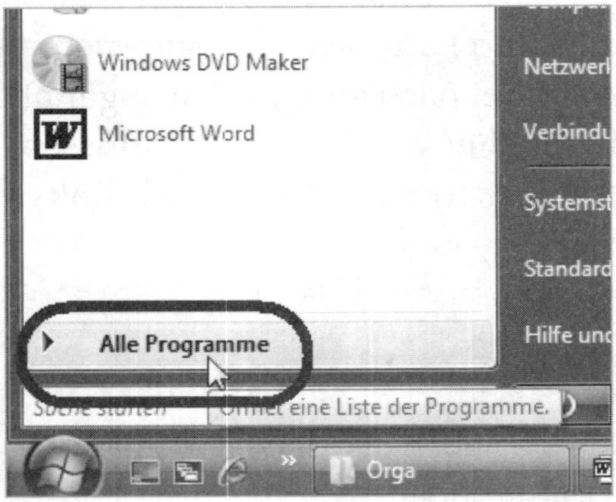

Abb. 2.5 Ein Mausklick auf *ALLE PROGRAMME* zeigt Ihnen, was sich alles an Software auf Ihrem PC befindet.

3. Sie sehen nun verschiedene Symbole und Programmnamen. Sehen Sie eine gelbe Aktenmappe, dann befinden sich dahinter weitere Einträge. Bewegen Sie den Mauszeiger auf das Symbol der Aktenmappe und drücken Sie einmal die linke Maustaste – es wird eine neue Unterebene angezeigt mit weiteren Symbolen. Das können Symbole von Programmen sein – oder weitere Aktenmappen. Auf diese Weise kann das Startmenü recht verschachtelt aufgebaut sein.

4. Um ein Programm zu starten, bewegen Sie den Mauszeiger auf das gewünschte Symbol und drücken Sie einmal die linke Maustaste.

Das ausgewählte Programm wird nun gestartet; es öffnet sich ein neues Fenster, in dem dieses Programm abläuft.

So sind die Windows-Fenster aufgebaut

Windows heißt übersetzt nichts anderes als Fenster. Und das hat seinen guten Grund, denn die Grafik-Fenster von *Windows* sind das grundlegende Element des Betriebssystems. Quasi alles, was auf dem Monitor zu sehen ist, wird innerhalb eines eigenen Fensters dargestellt. Das ist äußerst praktisch, denn die *Windows*-Fenster verfügen fast alle über die gleichen Bedienelemente, so dass sich *Windows* nach kurzer Eingewöhnung intuitiv bedienen lässt.

Desktop-Symbole einblenden

Frisch nach der Installation sieht *Windows* recht „nackt" aus. Auf dem Desktop befindet sich meistens nur das Symbol des Papierkorbs und auch dieses Symbol drängt sich verschämt in eine Ecke.

Um alle Desktop-Symbole zu aktivieren, klicken Sie mit der rechten Maustaste auf eine freie Stelle des Desktops und wählen aus dem Kontextmenü den Eintrag ANPASSEN. Es öffnet sich ein neues Fenster; unter AUFGABEN finden Sie den Eintrag DESKTOPSYMBOLE ÄNDERN, den Sie anklicken. Erneut öffnet sich ein Fenster; im Bereich DESKTOPSYMBOLE können Sie nun auswählen, was alles an Symbolen eingeblendet werden soll (siehe dazu auch Kapitel 3, Abschnitt 3.4).

Die Titelleiste

Schauen Sie sich ein *Windows*-Fenster etwas genauer an, dann werden Sie feststellen: Der obere Rand fällt zumeist größer aus als der untere, zudem ist in dieser so genannten **Titelleiste** eine Reihe von Symbolen vorhanden. Diese dienen dazu, das Fenster zu kontrollieren.

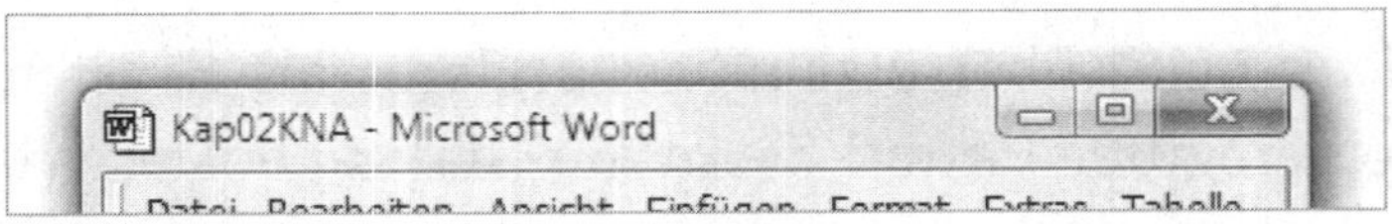

Abb. 2.6 Fast jedes Fenster hat am oberen Rand einen breiten Bereich, die so genannte Titelleiste.

Am wichtigsten sind die drei Symbole, die Sie am rechten oberen Rand des Fensters finden.

Das linke der drei Symbole zeigt für gewöhnlich im unteren Drittel einen kleinen Strich. Klicken Sie auf dieses Symbol, verschwindet das betreffende Fenster daraufhin vom Monitor.

Das Programm, das in diesem Fenster arbeitet, wird damit aber nicht beendet. Das Fenster rückt nur in den Hintergrund, Sie haben es **minimiert**. Dass dieses Programm noch aktiv ist, sehen Sie mit einem Blick auf die Taskleiste: Hier taucht das minimierte Programm als Symbol auf.

Wenn Sie auf die mittlere der drei Schaltflächen klicken, wird das betreffende Fenster auf **Vollbildgröße** erweitert. Die Anwendungen nehmen dann den gesamten Bildschirm in Beschlag. Das Symbol zum Maximieren eines Fensters erscheint aber nur dann, wenn das betreffende Fenster noch nicht auf seine maximale Größe ausgedehnt wurde.

Haben Sie das Fenster bereits maximiert, ändert das mittlere Symbol sein Aussehen und dient nun der Rückkehr zur Ursprungsgröße.

Mit einem Klick auf das Kreuzsymbol in der rechten oberen Ecke eines Fensters wird das Fenster sofort geschlossen. Anwendungen werden dann beendet und Dateien geschlossen. Aber keine Angst: Nicht gespeicherte Daten gehen nicht verloren: Sollten die Daten noch nicht gespeichert worden sein, erscheint ein entsprechender Warnhinweis auf dem Bildschirm.

Neu in *Windows Vista* ist, dass die Symbole schon markiert werden, wenn Sie nur mit dem Mauszeiger darauf zeigen. Das jeweilige Symbol sieht aus, als würde es „strahlen“. Passieren tut allerdings noch nichts: Um die jeweilige Aktion auszulösen, müssen Sie nach wie vor die linke Maustaste drücken.

Menüs von Fenstern nutzen

Viele *Windows*-Programme arbeiten mit Menüs und Symbolen, hinter denen sich wichtige Befehle verstecken. Die Befehlsleisten finden Sie in der Regel am oberen Rand des Programmfensters, direkt unterhalb der Titelleiste.

1. Klicken Sie mit der Maus auf einen der Menüeinträge (zum Beispiel das Menü Datei, das in fast allen Programmen vorhanden ist). Der Mausklick öffnet die Menüleiste des entsprechenden Befehls. Im Menü Datei befinden sich in der Regel Befehle zum Öffnen und Speichern oder zum Ausdrucken von Daten.

2. Wählen Sie den gewünschten Befehl und drücken Sie einmal die linke Maustaste. Der Befehl wird nun ausgeführt oder – falls noch weitere Eingaben zu machen sind – es öffnet sich ein entsprechendes Dialogfenster.

Manchmal haben auch die Einträge in einem Menü noch weitere Untereinträge. Dies erkennen Sie daran, dass der Eintrag einen kleinen Pfeil besitzt, der nach rechts aus der Menüleiste herauszeigt.

Bewegen Sie den Mauszeiger auf diesen Eintrag und warten Sie einen kurzen Moment; Sie sehen dann die Untereinträge des Menüpunktes und können dort das Gewünschte auswählen.

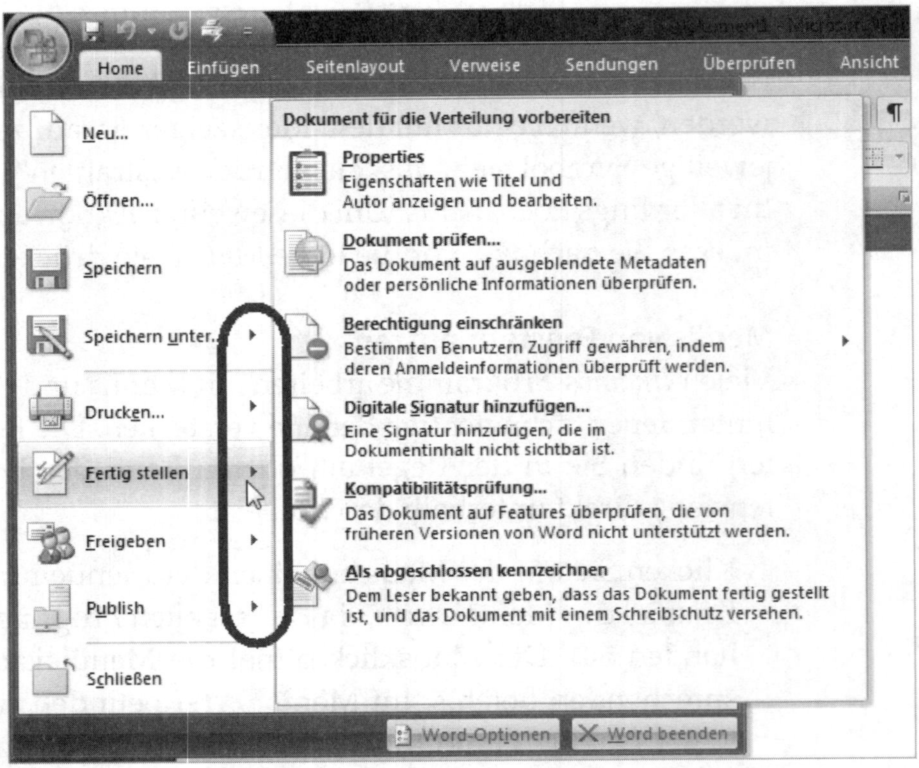

Abb. 2.7 Ein kleiner Pfeil nach rechts im Menü zeigt: Hier verbergen sich noch weitere Befehle.

Manchmal ist es sehr lästig, einen Befehl aus dem Menü herauszupicken. Deshalb verfügen viele häufig gebrauchte Funktionen über so genannte **Symbolleisten**. Diese befinden sich meist am oberen Fensterrand und halten allerlei wichtige Funktionen bereit, die durch kleine Symbole repräsentiert werden, die sich mit der Maus anklicken lassen.

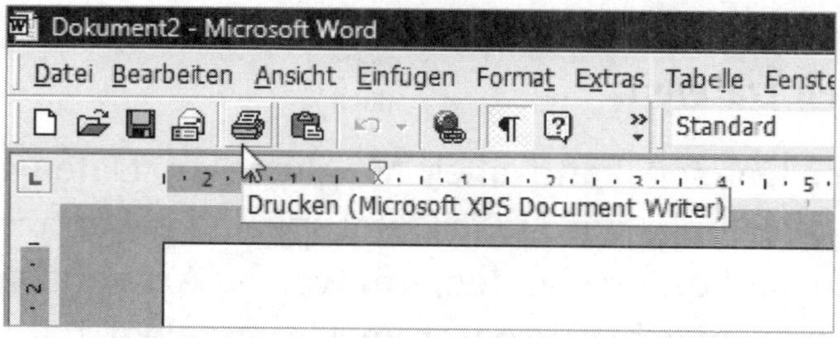

Abb. 2.8 Die Symbolleiste ist für viele Befehle eine ideale Abkürzung.

Bewegen Sie den Mauszeiger auf ein Symbol in der Leiste und warten Sie einen kurzen Moment. Häufig wird dann in einem kleinen gelben Hinweisfenster angezeigt, welche Funktion sich hinter dem jeweiligen Symbol verbirgt.

Der letzte Schrei: Programme ohne Menüs

Ganz moderne Programme, wie zum Beispiel das neue *Word 2007* von Microsoft, verzichten inzwischen auf die klassischen Menüs und Symbole. Hier bedienen Sie das Programm ausschließlich über Symbolleisten, deren Zusammensetzung sich je nach aktueller Aufgabe verändert. Wer schon des Öfteren mit *Windows* gearbeitet hat, wird diese Art der Bedienung zunächst als umständlich empfinden: Alle Menüs und Befehle haben dort einen neuen Platz bekommen. Viele Einsteiger aber kommen gut mit dem neuen Bedienkonzept zurecht; in großen Teilen ist es intuitiver und logischer.

2.4 Ordner und Dateien

Moderne Festplatten haben heute eine Größe von 400 Gigabyte oder mehr. Das ist eine enorme Datenmenge und diese vernünftig zu organisieren, ist eine der Hauptaufgaben von *Windows*. Damit auch bei großen Datenmengen nichts verloren geht oder durcheinander geraten kann, gibt es eine strenge Ordnung. Ihre persönlichen Daten (zum Beispiel einen Text, eine Tabelle oder ein Musikstück) speichert *Windows* in so genannten **Dateien**.

In diesen Dateien kann alles Mögliche an Daten abgeladen werden, allerdings wird jede Datei speziell gekennzeichnet. So kann *Windows* unterscheiden, um welche Art von Datei es sich handelt und welches Programm sie angelegt hat. Erkennen lässt sich das an den verschiedenen Symbolen, die *Windows* für jeden Dateityp verwendet. Ein Blick auf eine Reihe von Dateien zeigt sofort, ob sich dort beispielsweise ein Text befindet, der mit der Textverarbeitung *Word* erzeugt wurde.

Abb. 2.9 Eindeutig: Diese Datei ist der Textverarbeitung *Word* zugeordnet.

Aber keine Angst: Als Nutzer haben Sie mit der Verwaltung der Dateitypen praktisch nichts zu tun: *Windows* merkt sich, welche Datei zu welchem Programm gehört, und sobald Sie eine Datei mit einem Doppelklick öffnen, greift *Windows* auf diese Information zurück: Das dazugehörige Programm wird gestartet und die gewünschte Datei wird geladen.

Die Einteilung der Dateien in verschiedene Typen bringt bereits eine gewisse Ordnung in das System. Allerdings wäre bei mehreren Tausend Dateien trotzdem das Chaos vorprogrammiert. Daher gibt es in *Windows* für die Dateien spezielle Sammelmappen, die so genannten **Ordner**.

Abb. 2.10 Ein *Windows*-Ordner kann Dateien oder andere Ordner beherbergen.

Ein Ordner kann eine fast beliebige Zahl an Dateien aufnehmen. Sie können zum Beispiel Ihre Briefe ordnen, indem Sie einen Ordner mit dem Namen *Geschäftsbriefe* erstellen und einen weiteren mit der Bezeichnung *Privatbriefe* – das bringt schon viel mehr Übersicht in die Sache.

Darüber hinaus können Ordner nicht nur Dateien beherbergen, sie bieten auch Platz für andere Ordner. Im Ordner *Geschäftsbriefe* können Sie beispielsweise einen weiteren Ordner mit dem Namen *Finanzamt* erstellen und einen zweiten mit dem Namen *Rechnungen* – auf diese Weise wissen Sie gleich, wo Sie nach Briefen an das Finanzamt suchen müssen und wo sich die Rechnungsbriefe befinden.

Windows-Ordner und ihre strenge Hierarchie ...

Die Philosophie der Datenstruktur in *Windows* sieht so aus, dass alle Informationen (Programme, Ordner und Dateien) gewissermaßen auf Ihrem „virtuellen Schreibtisch", dem Desktop, liegen. Oberste Ebene in der *Windows*-Datenhierarchie ist entsprechend auch der Desktop. Direkt darunter angeordnet sind weitere wichtige Ordner, die auf jedem PC mit *Windows Vista* vorhanden sind.

Öffentliche Daten – persönliche Daten

Windows Vista ist ein Betriebssystem, das sich sehr stark ins Internet integrieren lässt. Die Entwickler sind praktisch davon ausgegangen, dass der PC, auf dem *Windows Vista* läuft, ständig mit dem Internet verbunden ist.

Öffentlich

Um Ihre persönlichen Daten besser zu schützen, unterscheidet *Vista* daher streng nach persönlichen und öffentlichen Daten. Öffentliche Daten stehen anderen Nutzern im lokalen Netzwerk und im Internet zur Verfügung – Sie müssen ihnen nur die Adresse mitteilen, über die Ihr PC im Internet angesprochen werden kann.

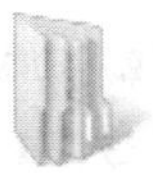
Jörg Brunsmann

Für persönliche Daten gilt dagegen ein deutlich höherer Schutz. Diese sind Privatsache – nur wenn Sie es ausdrücklich wünschen, können diese Daten von anderen Nutzern im Netzwerk betrachtet oder verändert werden. Persönliche Daten legt *Windows Vista* in einem Ordner mit Ihrem Nutzernamen ab. Sie können diesen persönlichen Ordner so sehr schnell erkennen.

Sowohl im öffentlichen als auch in Ihrem persönlichen Bereich gibt es spezielle Unterordner, die zum Speichern von Musik, Bildern oder Dokumenten vorbereitet sind. *Windows* macht es Ihnen so leichter, die entsprechenden Dateien ohne großen Aufwand wiederzufinden.

Dokumente

Dokumente

Eigene Briefe, Dateien der Tabellenkalkulation und andere Dokumente sollten Sie auf der Festplatte an einem zentralen Ort speichern. *Windows* stellt hierzu den Ordner *Dokumente* zur Verfügung. Immer wenn Sie in einer Anwendung den Befehl SPEICHERN aufrufen, bietet *Windows* Ihnen automatisch den Ordner *Dokumente* als Speicherort an.

Dadurch soll gewährleistet werden, dass alle Ihre Dokumente an einem zentralen Ort abgelegt werden und Sie diese schnell wiederfinden. Zusätzlich bietet *Windows* standardmäßig zwei weitere Ordner zum Verwalten Ihrer Daten an: die *Musik* und *Bilder*.

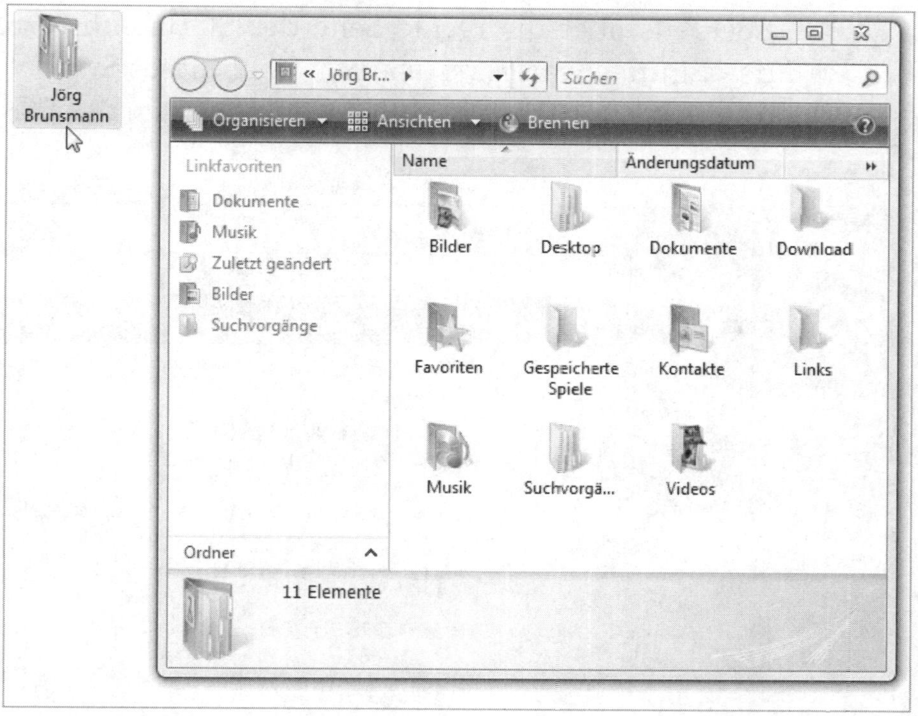

Abb. 2.11 *Windows Vista* bringt eine Reihe von vordefinierten Ordnern mit, die eine einfachere Organisation Ihrer Daten erlauben.

Der Ordner „Computer"

Über das Startmenü erreichen Sie zudem einige ganz besondere Bereiche, die für die Verwaltung Ihrer Daten und der PC-Hardware sehr wichtig sind. So finden Sie hier (auf der rechten Seite des Startmenüs) den Eintrag COMPUTER.

Klicken Sie darauf, öffnet sich ein besonderer Ordner. Dort finden Sie für jedes Laufwerk Ihres Rechners ein Symbol, zum Beispiel für Festplatten-, Disketten-, CD-ROM-, Wechsel- sowie alle verbundenen Netzlaufwerke. Sie können so direkt auf die Laufwerke zugreifen und zum Beispiel nachschauen, welche Daten sich auf einer gerade eingelegten CD befinden.

Ebenfalls über die rechte Seite des Startmenüs erreichen Sie den Eintrag SYSTEMSTEUERUNG. Über dieses Symbol haben Sie direkten Zugriff auf wichtige Komponenten des PCs.

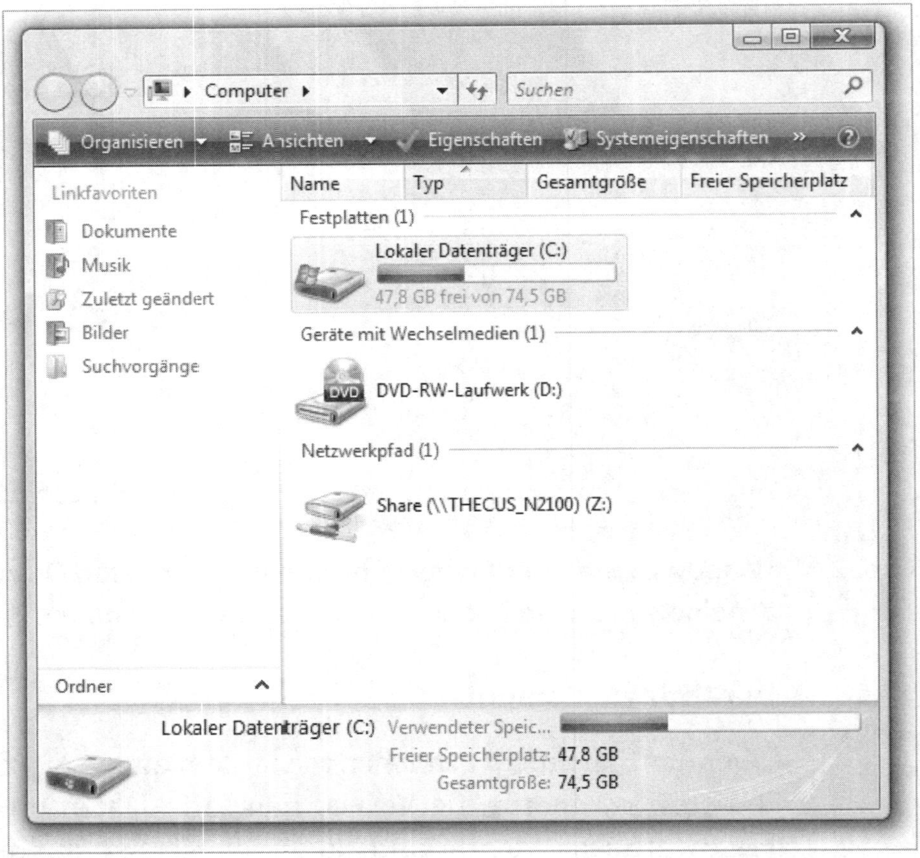

Abb. 2.12 Praktisch: Über das Symbol COMPUTER aus dem Startmenü haben Sie Zugriff auf sämtliche Laufwerke des PCs.

Papierkorb

Ein ebenfalls sehr wichtiger Ordner ist der **Papierkorb**. Nicht umsonst finden Sie diesen Ordner direkt auf der Desktop-Oberfläche. Der Papierkorb zeigt Ihnen alle Dateien an, die Sie zwar gelöscht haben, die sich aber noch zurückholen lassen. Alle Dateien und Ordner im Papierkorb stehen Ihnen so lange zur Wiederherstellung zur Verfügung, bis Sie den Inhalt des Papierkorbs geleert haben – oder bis er aus Platzgründen automatisch geleert wird.

Abb. 2.13 Der *Windows*-Papierkorb nimmt gelöschte Objekte auf – bis er voll ist oder Sie ihn leeren ...

So bewegen Sie sich in den Ordnern

Das Navigieren innerhalb der *Windows*-Ordner ist denkbar einfach. Nachdem Sie einmal ein Ordner-Fenster geöffnet haben, können Sie sich mit der Maus bequem durch die Ordner hangeln.

1. Klicken Sie einen Ordner doppelt an, wird er geöffnet. Das Fenster verändert sich dann und Sie bekommen den Inhalt dieses Ordners angezeigt.

2. Machen Sie einen Doppelklick auf eine Datei, dann öffnet *Windows* diese, indem das dazugehörige Programm gestartet und die Datei dort geladen wird. Ein Doppelklick auf eine *Word*-Datei beispielsweise startet die Textverarbeitung und lädt den gewünschten Text, so dass Sie ihn bearbeiten können.

3. Mit nur einem Mausklick können Sie zum zuvor geöffneten Ordner zurückkehren. Dazu finden Sie am oberen, linken Rand des Ordner-Fensters einen kleinen Pfeil, der nach links weist.

Abb. 2.14 Ein Mausklick auf den Pfeil nach links bringt Sie zurück zum zuvor geöffneten Ordner.

4. Sie können auch direkt auf jeden der zuvor geöffneten Ordner zugreifen. Im unteren, linken Bereich des Fensters finden Sie eine Leiste mit der Schrift ORDNER. Klicken Sie darauf, sehen Sie eine Liste mit der Ordnerstruktur. Sie können von hier aus auch beispielsweise direkt auf die Daten auf dem Desktop zugreifen. Klicken Sie erneut auf die Leiste ORDNER, klappt dieser Bereich wieder ein und macht sich klein.

Abb. 2.15 Klicken Sie auf die Leiste ORDNER, um direkt auf die verschiedenen Ordner-Hierarchien zuzugreifen.

Ordner anlegen und benennen

Um einen neuen Ordner anzulegen, gehen Sie wie folgt vor:

1. Soll der neue Ordner auf dem Desktop erscheinen, klicken Sie mit der rechten Maustaste auf eine freie Fläche Ihres *Windows*-Desktops.
2. Wählen Sie nun aus dem Kontextmenü (rechte Maustaste) den Befehl NEU • ORDNER.

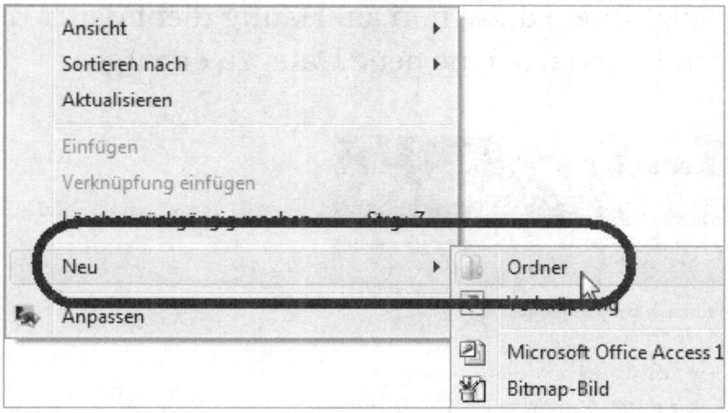

Abb. 2.16 Per Kontextmenü legen Sie einen neuen Ordner an.

Windows legt nun einen neuen Ordner an und gibt diesem standardmäßig den Namen *Neuer Ordner*. Sollte ein Ordner mit diesem Namen schon vorhanden sein, hängt *Windows* eine fortlaufende Ziffer an den Namen an, denn der Ordner muss einen eindeutigen Namen bekommen.

Um innerhalb eines Ordners einen anderen Ordner einzurichten, gehen Sie im Prinzip genauso vor:

1. Öffnen Sie zunächst den entsprechenden Ordner, danach rufen Sie aus dem Menü den Befehl ORGANISIEREN • NEUER ORDNER auf.

2. Auch hier gibt *Windows* dem neuen Ordner standardmäßig den Namen *Neuer Ordner*.

Datei anlegen und benennen

Eine neue Datei zu erstellen, läuft häufig ganz ohne Ihr Zutun ab oder zumindest, ohne dass Sie es bewusst wahrnehmen. Wenn Sie beispielsweise die Textverarbeitung *Microsoft Word* starten, können Sie direkt mit der Eingabe eines Textes beginnen – *Word* hat automatisch für Sie eine neue Textdatei erstellt und zeigt Ihnen diese nun an. Häufig dient daher die aktuelle Anwendung dazu, eine neue Datei zu erzeugen.

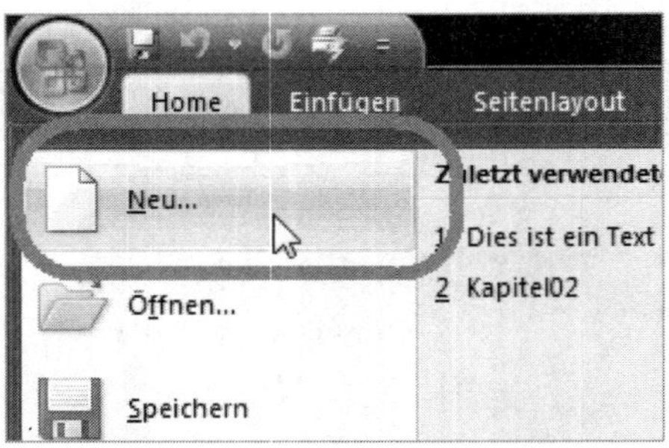

Abb. 2.17 In *Word* erzeugen Sie eine neue Datei beispielsweise per Menübefehl.

Bei den meisten Anwendungen funktioniert dies über den Befehl DATEI • NEU oder über das entsprechende Symbol in der Symbolleiste. Dadurch, dass Sie innerhalb einer Anwendung eine neue Datei erstellen, bleibt Ihnen im Regelfall auch die Festlegung des Dateityps erspart; dieser wird automatisch von der Anwendung definiert.

Es gibt aber – analog zum Erstellen eines neuen Ordners – noch eine andere Möglichkeit, eine neue Datei anzulegen. Um eine neue Datei direkt auf dem Desktop zu erstellen, gehen Sie wie folgt vor:

1. Gehen Sie mit dem Mauszeiger auf eine freie Stelle des Desktops und drücken Sie die rechte Maustaste. Aus dem Kontextmenü wählen Sie den Befehl NEU.

2. Jetzt müssen Sie sich entscheiden, welchen Dateityp Sie erstellen wollen. *Windows* bietet Ihnen in einer Liste eine Auswahl der gängigsten Dateiarten an. Es werden hier aber vermutlich längst nicht alle Anwendungen auf Ihrem Computer auftauchen.

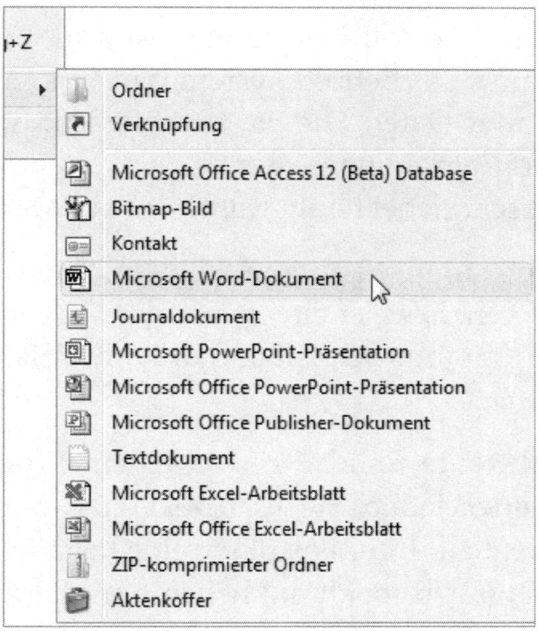

Abb. 2.18 Über das Kontextmenü können Sie auch Dateien der unterschiedlichsten Typen erstellen.

3. Nachdem Sie Ihre Auswahl getroffen haben, finden Sie auf dem Desktop eine neue Datei des gewünschten Typs wieder. Standardmäßig trägt diese den Namen des Programms, zu dem sie gehört und den Zusatz *Neu*, also beispielsweise *Microsoft Word-Dokument (neu).*

4. Genau wie direkt nach der Erstellung eines neuen Ordners wartet *Windows* auch bei der neuen Datei darauf, dass Sie dieser einen anderen Namen geben. Nach dem Erstellen der Datei blinkt daher im Namensfeld der neuen Datei eine Eingabemarke. Zudem ist die vorgegebene Bezeichnung markiert. Das hat zur Folge, dass diese mit dem ersten Tastendruck direkt überschrieben wird.

2.5 Programme installieren und wieder entfernen

Den meisten Platz – so sollte es zumindest sein – nimmt auf Ihrer Festplatte nicht das Betriebssystem *Windows* ein, sondern die Programme und Daten, die Sie anschließend installieren und anlegen. An Programmen – der so genannten **Software** – für *Windows* herrscht dabei heute wahrlich kein Mangel mehr.

Ehe Sie ein Programm benutzen können, müssen Sie es zunächst installieren. Dies ist ein einmaliger Vorgang, danach können Sie das Programm schnell und unkompliziert über das Startmenü aufrufen.

Zwei Wege sind heute üblich, um zu einem Programm zu gelangen: Entweder laden Sie es direkt aus dem Internet herunter, dann liegt auf Ihrer Festplatte eine Installationsdatei. Diese müssen Sie nur doppelt anklicken, um die Installation des Programms zu starten.

Haben Sie die Software dagegen im Geschäft gekauft, befindet sich diese in der Regel auf einer CD oder DVD. Auf diesem Datenträger befinden sich alle nötigen Dateien, um das Programm zu installieren. Legen Sie die CD ganz einfach in das CD-ROM-Laufwerk Ihres PCs ein. *Windows* merkt das und beginnt, die CD einzulesen.

Dabei sucht das Betriebssystem vor allem nach einer speziellen Datei mit dem Namen *Autorun*. Diese Datei enthält den Namen des Programms auf der CD, das unmittelbar nach dem Einlegen der Silberscheibe gestartet werden soll. Meist handelt es sich dabei um ein Programm mit dem Namen *Setup.exe* oder *Install.exe*.

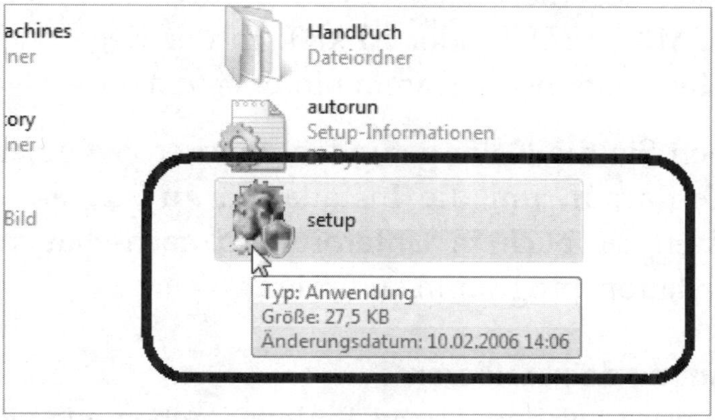

Abb. 2.19 Gefunden! Hier versteckt sich die Installationsdatei.

Startet nach dem Einlegen der CD nicht automatisch das Installationsprogramm, dann kann das zwei Gründe haben: Entweder ist keine *Autorun*-Datei auf der CD vorhanden, oder die Autostart-Funktion ist bei Ihrem CD-Laufwerk abgeschaltet. Sie können die Installation dann immer noch manuell starten.

1. Legen Sie die CD ein und warten Sie, bis das Laufwerk die CD erkannt hat. Je nach Modell erlischt dann das Licht am CD-Laufwerk oder es brennt dauerhaft; solange es blinkt, ist das Laufwerk noch beschäftigt.

2. Rufen Sie aus dem Startmenü den Eintrag COMPUTER auf. Hier sehen Sie nun alle Laufwerke des PCs in der Übersicht. Machen Sie einen Doppelklick auf das Laufwerk, in dem sich die CD befindet.

3. Sollte die Autostart-Funktion bei Ihrem Laufwerk abgeschaltet sein, dann können Sie das daran erkennen, dass

Windows nun automatisch das Installationsprogramm auf der CD startet. Ansonsten fehlt eben die *Autorun*-Datei auf der CD und Sie sehen nun einen Überblick über die Ordner und Dateien der CD.

4. Suchen Sie hier nach einem Symbol mit dem Namen INSTALL, SETUP oder START. In der Regel verbirgt sich das Installationsprogramm hinter einem dieser Namen.

5. Haben Sie die Datei gefunden, machen Sie einen Doppelklick darauf, um die Installation zu starten. Eventuell müssen Sie auch in Unterordnern nachschauen, um das Installationsprogramm zu finden.

Programme deinstallieren

Häufig dürfte es Ihnen ganz ähnlich ergehen wie vielen Computernutzern: So manches Programm probiert man kurz aus, um dann festzustellen, dass man es eigentlich doch nicht braucht. Oder das neue Spiel ist einfach langweilig geworden und nimmt nur unnötig Platz auf der Festplatte ein.

Um den Speicherplatz wieder zurückzugewinnen, gehen Sie wie folgt vor.

1. Öffnen Sie die *Systemsteuerung* über START • SYSTEMSTEUERUNG. Wählen Sie in der Kategorie PROGRAMME den Eintrag PROGRAMM DEINSTALLIEREN.

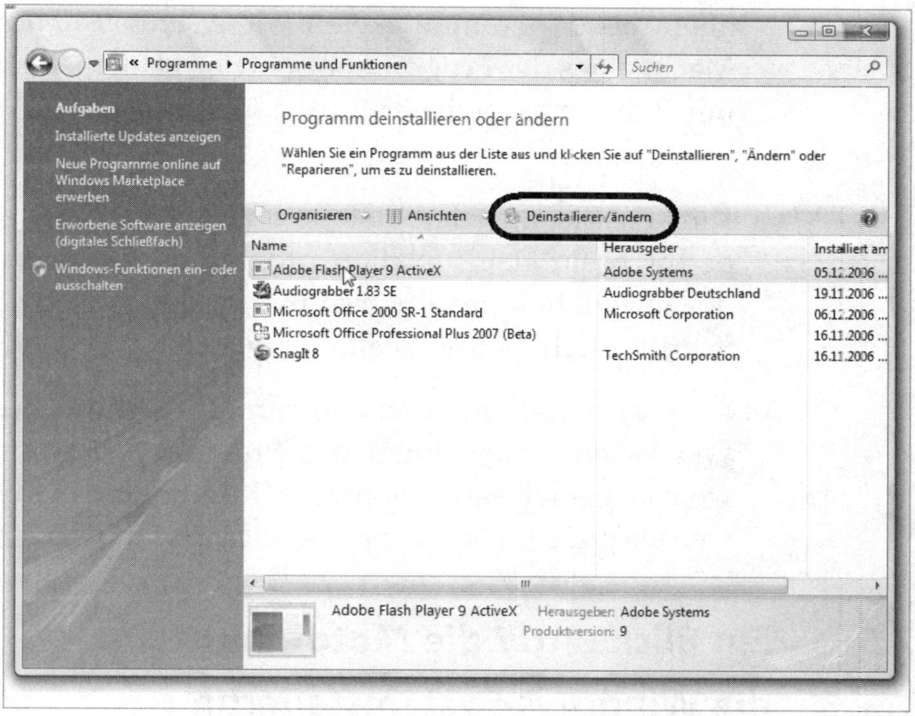

Abb. 2.20 Über die Systemsteuerung erreichen Sie eine Liste mit allen installierten Programmen – und können diese von hier auch entfernen.

2. *Windows* öffnet nun ein neues Fenster, in dem Sie eine Liste aller Programme sehen, die derzeit auf Ihrem PC installiert sind. Das gilt allerdings nur für nachträglich installierte Programme. Mitgelieferte *Windows*-Programme wie *WordPad* oder *Paint* werden hier nicht angezeigt. Um eines dieser nachträglich installierten Programme zu deinstallieren, klicken Sie den gewünschten Eintrag einmal mit der linken Maustaste an.

3. Sobald Sie einen Eintrag angeklickt haben, erscheint in der Zeile über der Liste der Programme ein neuer Eintrag. Er trägt meist die Bezeichnung DEINSTALLIEREN/ÄNDERN.

4. Bei manchen Programmen erscheinen noch weitere Einträge, beispielsweise ÄNDERN oder REPARIEREN. Das ist vor

allem bei Programmpaketen wie *Microsoft Office* der Fall. Macht eines der Programme Schwierigkeiten, können Sie es mit REPARIEREN wieder in den Ursprungszustand zurückversetzen.

5. Klicken Sie auf den Befehl DEINSTALLIEREN, rufen Sie dadurch ein Deinstallationsprogramm auf. Genau wie bei der Installation des Programms werden Sie jetzt Schritt für Schritt durch die Deinstallation geleitet.
6. Im Normalfall müssen Sie nur jeweils die Schaltfläche WEITER anklicken. Fragt das Programm nach, ob irgendwelche gemeinsam genutzten Komponenten deinstalliert werden sollen, können Sie diese Frage mit JA beantworten.

2.6 Ein Blick unter die Motorhaube: die Windows-Systemsteuerung

Windows lässt viele verschiedene Einstellungen und Anpassungen zu. Die meisten davon sind allerdings nicht so ohne Weiteres zu erreichen, sondern Sie müssen sehr genau wissen, wo Sie die Einstellungen finden.

Wichtigster Anlaufpunkt dafür ist die Systemsteuerung. Dort sind so ziemlich alle wichtigen Einstellungsmöglichkeiten versammelt und übersichtlich angeordnet in verschiedenen Gruppen.

- Um die Systemsteuerung aufzurufen, öffnen Sie das Startmenü und wählen dort den Eintrag SYSTEMSTEUERUNG.

Abb. 2.21 Das Startmenü ist auch für den Zugriff auf die Systemsteuerung zuständig.

- Es öffnet sich ein neues Fenster; Sie sehen dort die verschiedenen Kategorien der Systemsteuerung und können entscheiden, was Sie verändern wollen. In der nachfolgenden Tabelle finden Sie die wichtigsten Angaben darüber, welche Einstellungen sich in welcher Kategorie verstecken.

<table>
<tr><th>Kategorie</th><th>Was kann man hier unter anderem verändern?</th></tr>
<tr><td>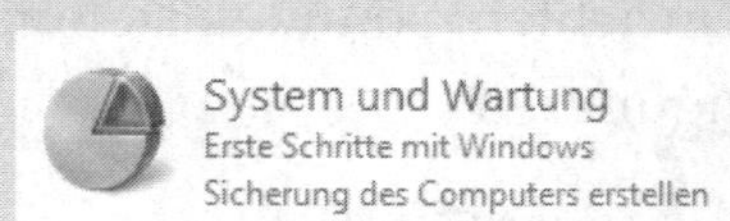
</td><td>Energiesparoptionen konfigurieren; Hardware-Einstellungen kontrollieren und verändern, Leistungsfähigkeit des PCs kontrollieren</td></tr>
<tr><td>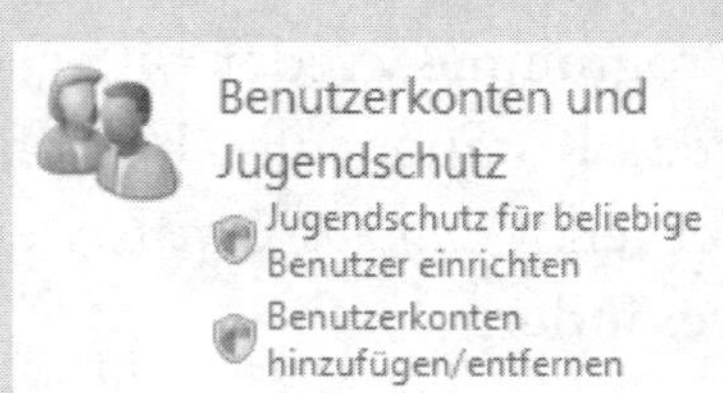
</td><td>Windows für mehrere Benutzer einrichten und diese Benutzerkonten verwalten; Einstellungen für den Jugendschutz verwalten</td></tr>
</table>

Kategorie	Was kann man hier unter anderem verändern?
Sicherheit Nach Updates suchen Computersicherheitsstatus überprüfen Programm durch die Windows-Firewall lassen	Sicherheitseinstellungen verwalten; *Windows-Firewall* aktivieren/verändern; automatische *Windows*-Updates konfigurieren
Darstellung und Anpassung Desktophintergrund ändern Farben anpassen Bildschirmauflösung anpassen	Grunddesign von *Windows*; Bildschirmschoner einschalten/ändern; Hintergrundbild einrichten/ändern; Optionen für *Windows*-Ordner einstellen; Taskleiste und Startmenü konfigurieren
Netzwerk und Internet Netzwerkstatus und -aufgaben anzeigen Dateifreigabe einrichten	Einstellungen des *Internet Explorers* verwalten, Netzwerkeinstellungen, *Windows-Firewall* einrichten; Freigabe von Dateien
Zeit, Sprache und Region Tastaturen und Eingabemethoden ändern Anzeigesprache ändern	Datum und Uhrzeit einstellen; regionale Einstellungen (Währungs-, Zeitformat etc.) ändern
Hardware und Sound Drucker Maus	Drucker installieren und konfigurieren; Mauseinstellungen; Scanner und Digitalkamera einrichten; Tastatur einrichten; Soundeinstellungen konfigurieren
Erleichterte Bedienung Einstellungen empfehlen lassen Bildschirm optimieren	Spezielle Eingabehilfen einschalten und konfigurieren
Programme Programm deinstallieren Autostartprogramme ändern	Programme wieder entfernen, *Windows*-Komponenten hinzufügen/entfernen, *Windows-Defender* einrichten/verändern

Kategorie	Was kann man hier unter anderem verändern?
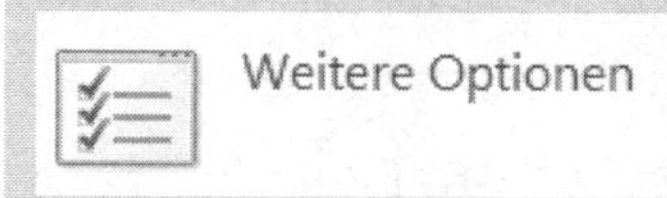	Einstellungen für *Windows Mail*, Optionen von nachträglich installierten Systemerweiterungen
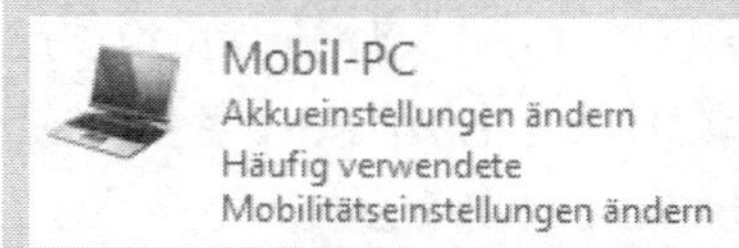	Spezielle Optionen für Notebook-PCs, z. B. detaillierte Stromsparfunktionen

Tabelle 2.1 Die Kategorien der Systemsteuerung

Recht verwirrend in *Windows Vista* ist, dass viele Optionen keinen eindeutigen Platz in der Systemsteuerung mehr haben – viele Optionen finden sich jetzt gleich an mehreren Stellen. So können Sie die Einstellungen für den Jugendschutz sowohl im Bereich BENUTZERKONTEN UND JUGENDSCHUTZ vornehmen (da würden sie wohl auch die meisten Nutzer vermuten) als auch über SICHERHEIT. Egal, welchen Weg Sie wählen, Sie gelangen stets zum gleichen Einstellungs-Fenster.

Achtung: bloß nicht blind herumschrauben!

Die Systemsteuerung ist so etwas wie der „Motorraum" von *Windows*; hier lässt sich vieles individuell einstellen, manches optimieren, aber auch eine Menge kaputtmachen. Wenn Sie nicht so genau wissen, welche Auswirkungen die Einstellungen haben, die Sie gerade verändern, dann heißt es: Finger weg! Im Zweifelsfall besser nichts verändern, denn mit mancher Einstellung können Sie mehr Schaden als Nutzen anrichten. Schlimmstenfalls sind Ihre Daten verloren und Sie müssen *Windows* komplett neu installieren und einrichten ... Allerdings hilft *Windows Vista* Ihnen auch ein wenig und verhindert, dass wichtige Einstellungen versehentlich verändert werden: Vor jeder wichtigen oder sicherheitsrelevanten Einstellung erscheint ein spezielles Fenster, in dem Sie Ihre Zustimmung zu den Änderungen geben müssen.

2.7 Mehr Zeit unterwegs: Strom sparen

Mit dem Notebook unterwegs zu arbeiten, das bedeutet auch immer, den Ladestand des Akkus im Auge zu behalten. Bei den meisten Geräten dauert es weniger als zwei Stunden, ehe der Energiespender leer ist und wieder an einer Steckdose aufgeladen werden muss. Sie können jedoch *Windows* recht genau einstellen und so einiges mehr an Laufzeit herausholen. Der PC muss schließlich nicht immer mit voller Leistung arbeiten; einzelne Bauteile können in einen Schlafmodus gehen oder von *Windows* ganz abgeschaltet werden, so dass sie praktisch gar keine Energie mehr verbrauchen.

Der größte Stromfresser im Notebook ist das Display – dort sollten Sie daher besonders auf eine energiesparende Einstellung achten. Das geht, indem Sie die Hintergrundbeleuchtung möglichst weit herunterregeln – gerade wenn Sie am Abend oder im Haus arbeiten, genügt schon eine relativ niedrige Einstellung.

- Viele Notebooks erlauben die Regulierung der Hintergrundbeleuchtung mittels einer Tastenkombination – häufig müssen Sie die [Fn]-TASTE zusammen mit [F6] oder [F7] drücken.
- Ansonsten ist für die Einstellung das vom Hersteller mitgelieferte Energieverwaltungsprogramm zuständig – die *Windows*-Energieeinstellungen bieten hier keine Möglichkeit.

Über das Energieverwaltungsprogramm, das Ihnen der Hersteller des Notebooks zur Verfügung stellt, sollten Sie zudem alle anderen, wichtigen Einstellungen treffen können. Insbesondere geht es darum, welche Geräte im Notebook nach einer bestimmten Zeit der Inaktivität ausgeschaltet werden sollen. Diese Einstellungen lassen sich aber auch in den Energiesparoptionen von *Windows* festlegen.

- Der **Hauptprozessor** (auch **CPU** genannt), regelt sich in vielen Fällen selbst herunter. In den meisten Notebooks stecken heute speziell für den mobilen Betrieb konstruierte Prozessoren, die umfangreiche Stromsparfunktionen mitbringen. Insbesondere, wenn Sie ein Notebook mit *Centrino*-Prozessor haben, machen sich diese Funktionen positiv bemerkbar.

- Zweiter großer Stromverbraucher im PC ist die Festplatte – ihr sollten Sie nach einer Leerlaufzeit von zehn bis 15 Minuten eine Auszeit gönnen. Einstellbar ist dies ebenfalls über das Energieverwaltungsprogramm des Notebook-Herstellers oder das in *Windows* integrierte Programm.

Um die Belastung der Festplatte zu verringern, lohnt es sich, den **Indexdienst** von *Windows* abzuschalten – das Betriebssystem indiziert alle Daten auf der Festplatte, um bei einer Suche schneller Ergebnisse zu liefern.

1. Abschalten lässt sich der Indexdienst, wenn Sie im Bereich *Computer* das Festplatten-Symbol mit der rechten Maustaste anklicken und im Kontextmenü EIGENSCHAFTEN wählen.
2. Schalten Sie auf der Registerkarte ALLGEMEIN die Option LAUFWERK FÜR SCHNELLE SUCHE INDIZIEREN ab.

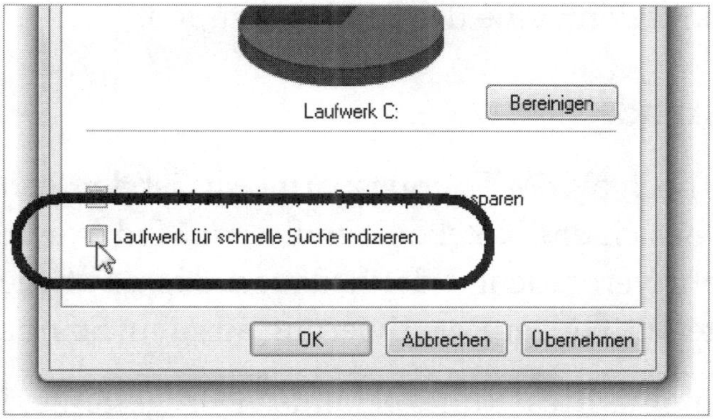

Abb. 2.22 Deaktivieren Sie die Indizierung der Festplatte, um Strom zu sparen.

2.8 Energiesparmodus und Ruhezustand

Der PC kennt zwei Möglichkeiten, während Arbeitspausen Strom zu sparen, ohne den Computer komplett abzuschalten.

Energiesparmodus

Energie sparen

Im **Energiesparmodus** gehen alle Komponenten in Hab-Acht-Stellung. Es sieht fast aus, als sei der Rechner ausgeschaltet, doch ein Tastendruck oder die Berührung des Touchpads genügen, um das Notebook aus dem Tiefschlaf aufzuwecken.

Bei Desktop-PCs ist der Energiesparmodus oft nicht ganz unproblematisch, denn manche Bauteile spielen nicht so richtig mit und lassen den Computer nicht wieder aus dem Tiefschlaf erwachen. Beim Notebook ist das, wenn der Hersteller nicht geschlampt hat, deutlich besser, da die Komponenten besser aufeinander abgestimmt sind.

Der Stromverbrauch geht im Stand-by-Modus zwar deutlich zurück, etwas Strom wird allerdings immer noch verbraucht – nach ein paar Stunden Stand-by hat sich der Akku daher deutlich entleert. Bei vielen Notebooks ist schon von außen zu erkennen, ob sie sich gerade im Energiesparmodus befinden – häufig blinkt dann eine der Betriebslampen.

Ruhezustand

Ruhezustand

Besser noch als der Energiesparmodus ist der **Ruhezustand**: Befindet sich das Notebook in diesem Modus, wird gar kein Strom mehr verbraucht – dafür dauert das „Aufwachen" aber auch länger als bei der Reaktivierung aus dem Standby-Modus.

Das Geheimnis des Ruhezustands: Der gesamte Inhalt des Hauptspeichers wird auf die Festplatte verlagert – die ihre Daten auch ohne Stromzufuhr behält. Der aktuelle Zustand des PCs wird damit quasi konserviert.

Nach dem Aufwachen aus dem Ruhezustand sind alle Programme noch aktiv und die Dateien, mit denen Sie zuletzt gearbeitet haben, geladen. Problematisch ist der Ruhezustand allerdings, wenn Sie in einem Netzwerk arbeiten und Dateien, die im Netzwerk gespeichert sind, geöffnet haben. Die meisten Programme – wie zum Beispiel *Word* – verhindern dann, dass der Rechner in den Ruhezustand gehen kann. Ansonsten könnten die Daten in der Zeit des Ruhezustandes von anderen Netzwerkteilnehmern verändert werden – was für ein ziemliches Chaos sorgen würde.

Energiesparmodus und Ruhezustand nutzen

Das Notebook kann automatisch sowohl in den Energiesparmodus als auch in den Ruhezustand wechseln – nach welcher Leerlaufzeit das geschieht, können Sie in den Energieoptionen Ihres Gerätes einstellen.

1. Im Infobereich der Taskleiste, unten rechts auf dem Bildschirm, finden Sie ein kleines Akku-Symbol. Zeigen Sie mit der Maus darauf, verrät *Windows* Ihnen, wie viel Kapazität der Akku noch hat und wie lange Sie vermutlich noch mit dem Notebook arbeiten können.

2. Klicken Sie das Akku-Symbol einmal mit der Maus an, erscheint ein etwas größeres Fenster. Hier wählen Sie den Eintrag Weitere Energieoptionen.

3. Um für alle Situationen gerüstet zu sein, gibt es in *Windows* drei verschiedene Energiespar-Profile: Ausbalanciert, Energiesparmodus und Höchstleistung. Normalerweise sollte das Profil Ausbalanciert sein, da es für den Mobil-Betrieb den besten Kompromiss zwischen Leistung und Energieverbrauch darstellt. Klicken Sie auf die Option Energiesparplaneinstellungen ändern, die Sie unterhalb des gerade aktiven Profils finden.

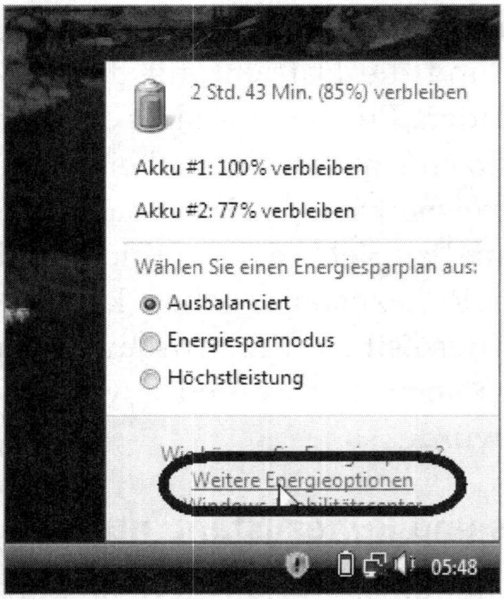

Abb. 2.23 Über den Befehl WEITERE ENERGIEOPTIONEN stellen Sie ein, wann der PC in den Energiespar- oder Ruhemodus wechseln soll.

4. Es öffnet sich ein neues Fenster; hier stellen Sie nun ein, nach welcher Leerlaufzeit der PC in den Energiesparmodus wechseln soll. *Windows* unterscheidet dabei zwischen Einstellungen für Akku- und Netzbetrieb. Bei Akkubetrieb sollte der Energiesparmodus nach etwa 15 bis 20 Minuten aktiviert werden; im Netzbetrieb genügt es, wenn der Rechner nach etwa einer Stunde in den Energiesparmodus wechselt.
5. Um die Einstellungen für den Ruhezustand zu verändern, klicken Sie nun auf die Option ERWEITERTE ENERGIEEINSTELLUNGEN ÄNDERN.
6. Es öffnet sich ein neues Fenster mit einer umfangreichen Liste an Energiesparoptionen. Hier finden Sie auch den Eintrag ENERGIE SPAREN. Klicken Sie diesen an, werden verschiedene Unteroptionen angezeigt, darunter auch RUHEZUSTAND NACH.
7. Hier stellen Sie nun ein, nach welcher Zeit (ebenfalls unterschieden nach Akku- und Netzbetrieb) *Windows* in den

Ruhezustand wechseln soll. Standardeinstellung ist 1080 Minuten, also 18 Stunden. Da so lange kein Notebook-Akku durchhält, sollten Sie eine deutlich niedrigere Zahl wählen, zumindest für den Akku-Betrieb. Ein Wert von 60 bis 80 Minuten ist sinnvoll.

Manuell in den Energiesparmodus und Ruhezustand wechseln

1. Natürlich können Sie auch von Hand in den Energiesparmodus oder Ruhezustand wechseln. Gerade beim Notebook lässt sich das recht gut einstellen, denn der tragbare PC hat nicht nur einen normalen Ein- und Ausschalter, sondern auch einen Schalter im Notebook-Deckel, deren Funktion Sie jeweils einstellen können.

2. So können Sie beispielsweise festlegen, dass beim Schließen des Display-Deckels der PC in den Energiesparmodus versetzt wird und beim Drücken des Ausschalters in den Ruhezustand wechselt.

3. Klicken Sie auf das Symbol des Akkus, das Sie im Infobereich der Taskleiste finden.

4. Klicken Sie dort auf den Eintrag Weitere Energieoptionen.

5. Es öffnet sich ein neues Fenster, dort finden Sie in der Leiste auf der linken Seite die Einträge Auswählen, was beim Drücken des Netzschalters geschehen soll und Auswählen, was beim Schliessen des Laptopdeckels geschehen soll. Wählen Sie die gewünschte Option aus.

6. Erneut öffnet sich ein Fenster, in den jeweiligen Listenfeldern können Sie die gewünschte Option einstellen. Auch hier unterscheidet *Windows* wieder nach Netz- und Akkubetrieb.

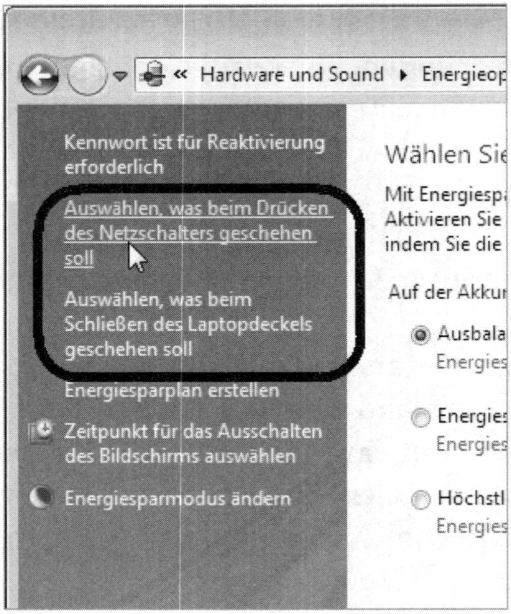

Abb. 2.24 Per Netzschalter oder durch das Zuklappen des Notebooks lässt sich das Gerät in den Energiesparmodus oder Ruhezustand versetzen.

7. Die zweite Möglichkeit, um Energiesparmodus und Ruhezustand manuell aufzurufen, führt über das Startmenü – dort können Sie beide Optionen direkt anwählen:
8. Öffnen Sie das Startmenü und klicken Sie in der untersten Zeile auf den Pfeil, der nach rechts zeigt.
9. Nun klappt ein kleines Zusatzmenü auf. Hier finden Sie auch die Einträge ENERGIESPARMODUS und RUHEZUSTAND.

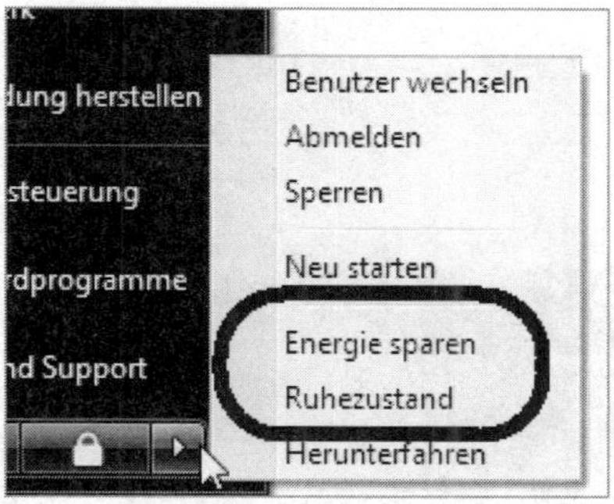

Abb. 2.25 Energiesparmodus und Ruhezustand lassen sich auch aus dem Startmenü heraus aufrufen.

2.9 Bildschirmschoner deaktivieren

Um Strom zu sparen, sollten Sie auch den Bildschirmschoner deaktivieren. Der zaubert zwar in der Arbeitspause unterhaltsame Bilder auf den Monitor, doch dabei verbraucht das Notebook eine Menge Energie – praktisch so viel, als wenn Sie mit dem Gerät ganz normal arbeiten würden.

1. Klicken Sie mit der rechten Maustaste auf einen freien Bereich des Desktops und wählen Sie ANPASSEN.
2. Es öffnet sich ein Fenster, hier wählen Sie die Option BILDSCHIRMSCHONER. Im nächsten Fenster finden Sie ein Listenfeld BILDSCHIRMSCHONER, dort wählen Sie den Eintrag (KEIN) AUS.

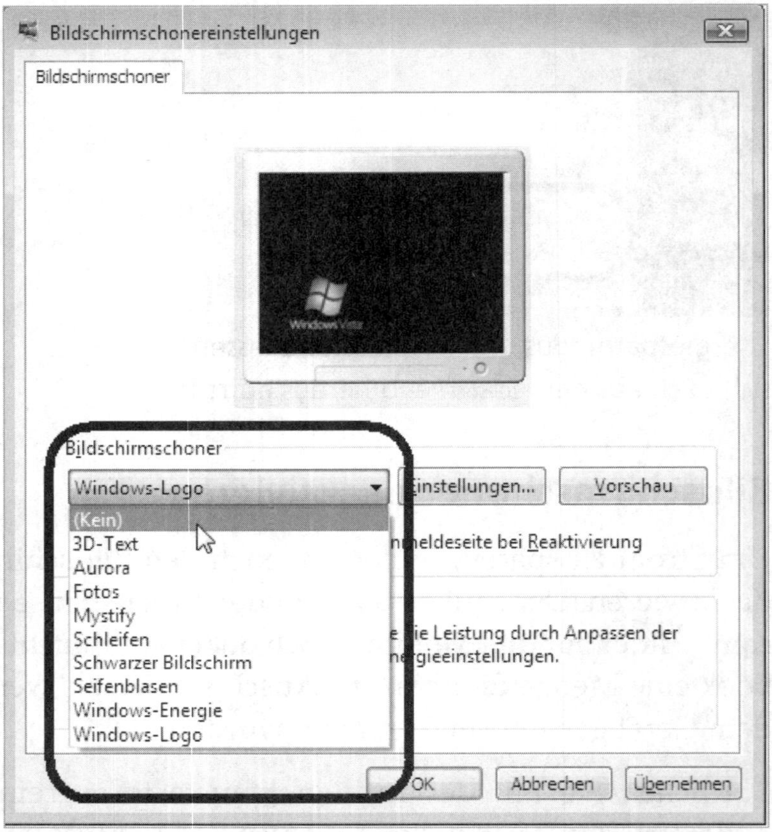

Abb. 2.26 Keinen Bildschirmschoner bitte! Das lustige Programm für die Arbeitspause kostet Akku-Energie.

2.10 Windows-Schnickschnack abschalten

Es gibt noch eine weitere Möglichkeit, wie Sie dem PC einiges an Rechenarbeit ersparen können: Ganz einfach, indem Sie ihn nicht so viel rechnen lassen.

Windows Vista kommt mit einer aufwändigen Grafikoberfläche daher, die zwar schick aussieht, vor allem den Grafikprozessor aber recht stark beschäftigt. Sie können das Betriebssystem daher in eine Art „Basis"-Modus schalten. *Vista* sieht dann nicht sonderlich anders aus, das System wird aber deutlich entlastet. Zudem lassen sich viele der in *Windows* eingebauten

Grafikspielereien abschalten, was zusätzlich Rechenkapazität und damit Energie spart.

1. Klicken Sie mit der rechten Maustaste auf eine freie Stelle des Desktops und wählen Sie aus dem Kontextmenü den Eintrag ANPASSEN. Es öffnet sich ein Fenster, dort klicken Sie auf FENSTERFARBE UND -DARSTELLUNG.
2. Stellen Sie nun in der Liste FARBSCHEMA die Option WINDOWS-VISTA-BASIS ein. *Windows* sieht dadurch noch im Wesentlichen aus wie zuvor; rechenintensive Effekte wie die Transparenz der *Windows*-Fenster werden aber abgeschaltet.
3. Sie können noch einen Schritt weiter gehen und die Option WINDOWS – KLASSISCH einstellen. *Vista* nimmt dadurch ein Aussehen ähnlich wie *Windows XP* an – nicht besonders chic, doch der Grafikprozessor wird noch weiter entlastet.
4. Um noch ein wenig Rechenleistung einzusparen, klicken Sie auf die Schaltfläche EFFEKTE, die Sie ebenfalls in diesem Fenster finden. Es gibt dort insgesamt drei Optionsfelder mit Effekten, die Sie abschalten können. Jede deaktivierte Option spart noch einmal ein wenig an Rechenleistung – gerade bei langsamen Notebooks, die ohnehin mit *Vista* zu kämpfen haben, macht sich das positiv bemerkbar.

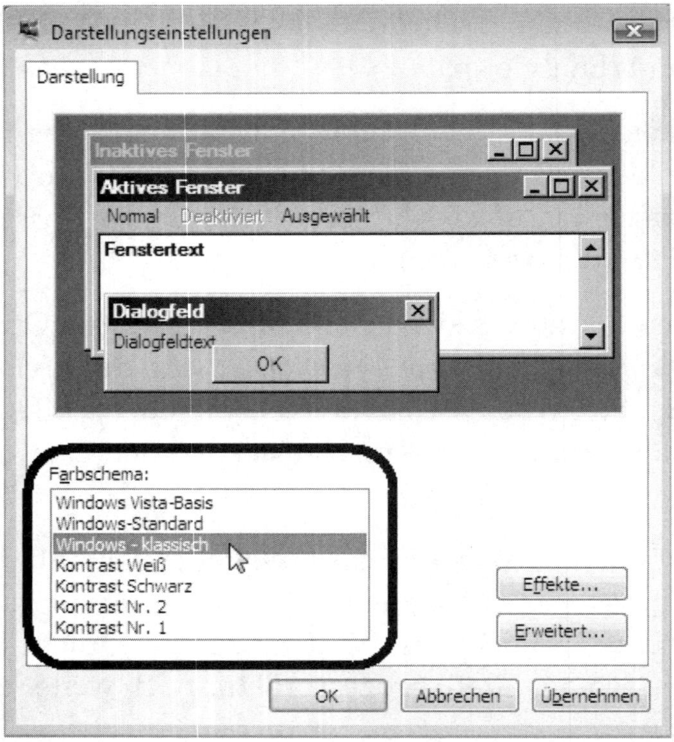

Abb. 2.27 Die Einstellung WINDOWS – KLASSISCH lässt den *Vista*-Look verschwinden.

Kapitel 3
Windows optimal anpassen

Windows ist ein sehr flexibles Betriebssystem, es lässt sich für fast alle Bedürfnisse einrichten und an die Hardware anpassen. Viele Dinge werden bereits bei der Installation von *Windows* vollautomatisch eingestellt, doch gerade beim Betrieb auf dem Notebook lässt sich noch einiges verbessern. So sollten Sie zum Beispiel die Einstellungen für den Monitor kontrollieren und gegebenenfalls anpassen. Und auch das schwierige Wiederfinden des Maus-Cursors auf dem Laptop muss nicht sein: *Windows* hat eine Funktion integriert, die nur aktiviert werden muss, um den Maus-Cursor schnell wiederzuentdecken.

3.1 Bildschirm optimal einrichten

Einem althergebrachten Röhrenmonitor ist es relativ egal, welche Grafikauflösung Sie einstellen. Röhrenmonitore sind sehr anpassungsfähig und können verschiedene Auflösungen gestochen scharf darstellen. Moderne **TFT-Monitore**, wie sie auch in Notebooks eingebaut sind, funktionieren da etwas anders. Beim TFT-Monitor ist jeder Bildpunkt quasi ein eigenes „Lämpchen" – der Monitor kann deshalb nur die Auflösung wirklich gut anzeigen, für die er gebaut wurde.

Bei Auflösungen, die unter oder über der physikalischen Auflösung liegen, muss immer etwas gemogelt werden, um das Bild bildschirmfüllend darzustellen. Das Resultat: Ist die Auflösung nicht optimal eingestellt, sieht das Ergebnis auf dem

TFT-Monitor immer etwas merkwürdig aus: gestaucht bzw. gedehnt oder unscharf. In der Regel stellt *Windows* schon bei der Installation die optimale Auflösung ein, doch das funktioniert nicht immer. Sie sollten die Einstellungen daher zumindest überprüfen. Mit folgenden Schritten geht es:

1. Schauen Sie zunächst im Handbuch Ihres Notebooks nach, welche physikalische Auflösung Ihr Monitor hat. Üblich sind Auflösungen zwischen 1024 mal 768 Pixeln bis hin zu 1280 mal 1024 Pixeln. Bei den derzeit sehr beliebten Breit-Bildschirmen liegt die horizontale Pixelzahl entsprechend im Verhältnis höher, zum Beispiel ist dort eine Auflösung von 1280 mal 800 Pixeln üblich.
2. Klicken Sie mit der rechten Maustaste auf einen freien Bereich des Desktops. Aus dem Menü wählen Sie den Eintrag ANPASSEN UND KLICKEN DANACH AUF ANZEIGE.
3. Es öffnet sich ein neues Fenster, Sie finden hier einen Bereich BILDSCHIRMAUFLÖSUNG mit einem Schieberegler.
4. Klicken Sie den Regler mit der linken Maustaste an und lassen Sie die Maustaste gedrückt. Ziehen Sie den Regler nun auf den gewünschten Wert.

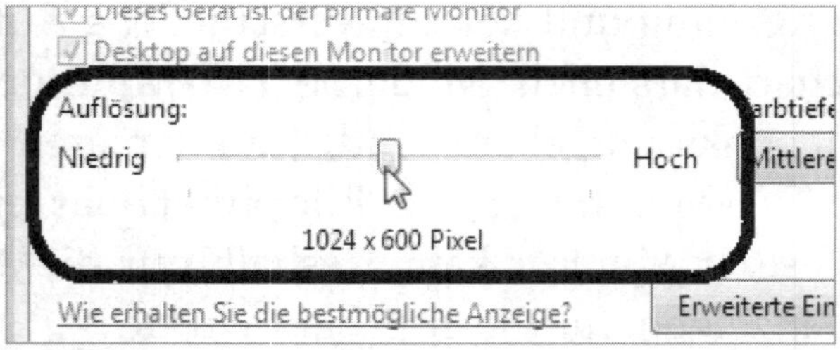

Abb. 3.1 Mit dem Schieberegler stellen Sie die gewünschte Bildschirmauflösung ein.

5. Mit ÜBERNEHMEN können Sie nun ausprobieren, ob die gewählte Auflösung besser ist als die zuvor eingestellte.

ClearType ausschalten

Als zweite Optimierungsmaßnahme sollten Sie eine Funktion ausschalten, die auf dem Röhrenmonitor für eine bessere Darstellung sorgt. Auf dem TFT-Bildschirm des Notebooks allerdings sorgt die **ClearType** genannte Technik eher für das Gegenteil: die Buchstaben wirken leicht unscharf. Mit folgenden Schritten schalten Sie ClearType aus:

1. Klicken Sie mit der rechten Maustaste auf eine freie Stelle des Desktops und wählen Sie aus dem Menü den Eintrag ANPASSEN. Klicken Sie danach auf FENSTERFARBE UND -DARSTELLUNG.
2. Es öffnet sich ein neues Fenster, klicken Sie dort auf die Schaltfläche EFFEKTE.
3. Erneut öffnet sich ein Fenster, dort finden Sie eine Option mit dem Namen FOLGENDE METHODE ZUM KANTENGLÄTTEN VON BILDSCHIRMSCHRIFTARTEN VERWENDEN. In der Regel ist in dem Listenfeld darunter CLEARTYPE gewählt, das ist die Standardeinstellung von *Windows*. Ändern Sie diese Einstellung und wählen Sie stattdessen STANDARD.

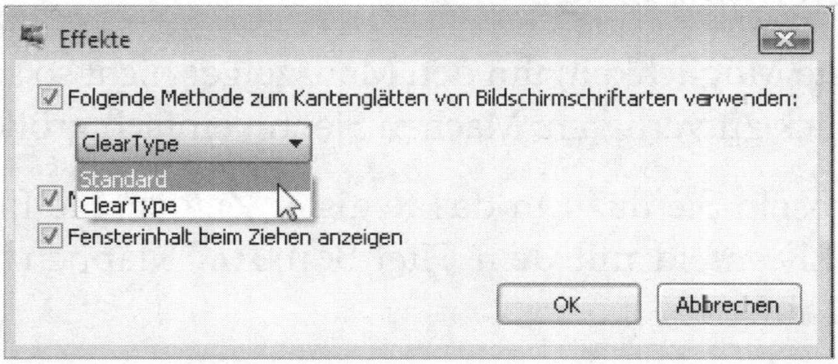

Abb. 3.2 CLEARTYPE lässt die Zeichen auf dem Monitor klarer erscheinen – allerdings nur bei Röhrenmonitoren.

4. Nachdem Sie die Einstellung übernommen und die Fenster geschlossen haben, sollte die Schrift auf dem Bildschirm

leicht anders aussehen. Ob Sie bei dieser Einstellung bleiben, ist Geschmackssache. Mancher mag die ClearType-Einstellung lieber – auch wenn die Zeichen dabei etwas unschärfer erscheinen.

3.2 Besser mit der Maus arbeiten

Auf dem Notebook-Bildschirm kann der Mauszeiger schnell mal verloren gehen. Insbesondere dann, wenn Sie – aus Energiespargründen – die Bildschirmhelligkeit herabgesetzt haben. Microsoft hat allerdings vorgesorgt; Sie können den Mauszeiger so einstellen, dass er auch bei schlechten Beleuchtungsverhältnissen zu sehen ist – oder dass Sie ihn zumindest schnell wiederfinden können.

1. Öffnen Sie über das Startmenü die Systemsteuerung und wählen Sie dort die Kategorie Hardware und Sound.
2. Klicken Sie nun auf das Symbol Maus. Es öffnet sich ein neues Fenster, mit dessen Hilfe Sie zahlreiche Veränderungen am und rund um den Maus-Cursor vornehmen können.

Größerer Mauszeiger

Die erste Möglichkeit, um den Mauszeiger nicht so schnell aus dem Blick zu verlieren: Machen Sie ihn einfach größer.

1. Wechseln Sie dazu in das Register Zeiger. Sie finden dort ein Listenfeld mit dem Titel Schema. Klappen Sie dieses Feld auf.
2. In der Liste sehen Sie nun alle verfügbaren Cursor-Darstellungen. Bei einigen Einträgen finden Sie den Zusatz (gross) beziehungsweise (extragross). Wählen Sie einen dieser Einträge, um eine vergrößerte Darstellung des Mauszeigers zu bekommen.

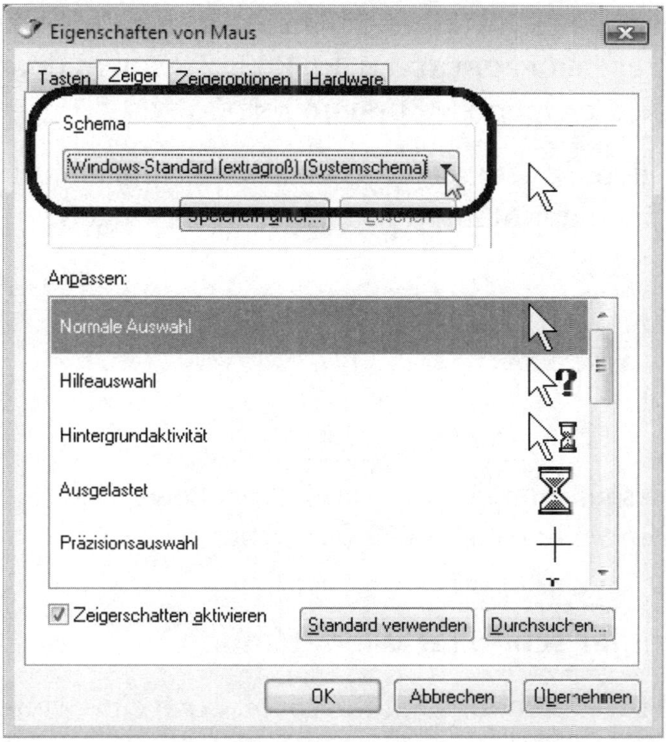

Abb. 3.3 Ein größerer oder farbiger Mauszeiger sorgt für bessere Übersicht.

3. Andere Einträge in der Liste führen dazu, dass der Maus-Cursor farbig dargestellt wird; auch das hilft, um ihn nicht so schnell aus den Augen zu verlieren.

Zeigerspur aktivieren

Auf Wunsch kann der Maus-Cursor auch eine Spur hinter sich herziehen und dadurch ebenfalls viel besser auf sich aufmerksam machen. Vermissen Sie den Maus-Cursor, dann bewegen Sie nur kurz den Finger über das **Touchpad** (das Tastfeld unterhalb der Tastatur), um den Mauszeiger auf dem Bildschirm wiederzufinden.

1. Wechseln Sie im Eigenschaften-Fenster der Maus in das Register ZEIGEROPTIONEN. Im Bereich SICHTBARKEIT aktivieren Sie die Option MAUSSPUR ANZEIGEN.

2. Über den Schieberegler unter dem Optionsfeld können Sie die Länge der Mausspur individuell festlegen.

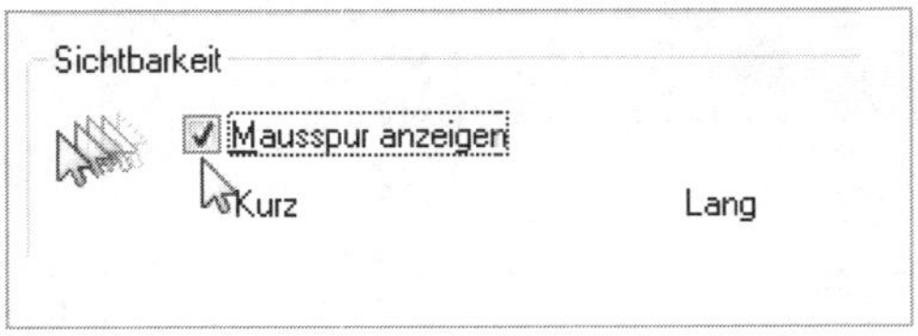

Abb. 3.4 Die Zeigerspur für den Maus-Cursor – per Bewegung bekommen Sie ebenfalls mehr Übersicht.

Mauszeiger schneller wiederfinden

Speziell für Notebooks hat Microsoft noch eine weitere Option eingebaut, um den Mauszeiger schnell wiederzufinden: Ist diese Option aktiviert, genügt es, die `Strg`-Taste (auf vielen Computern auch mit `Ctrl` beschriftet) zu drücken.

Es wird dann ein Kreis gezeichnet, der sich auf die Position des Mauszeigers zu bewegt. Durch die Bewegung ist es sehr leicht, die aktuelle Position des Mauszeigers auszumachen.

1. Um diese Option zu aktivieren, wechseln Sie in das Register ZEIGEROPTIONEN.

2. Im Bereich SICHTBARKEIT aktivieren Sie die Option ZEIGERPOSITION BEIM DRÜCKEN DER `Strg`-TASTE ANZEIGEN.

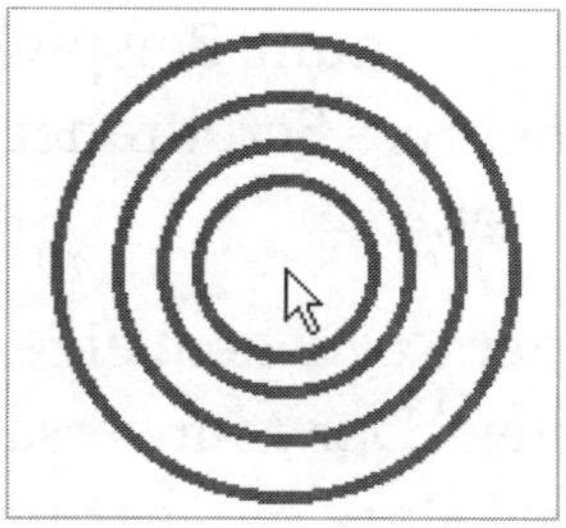

Abb. 3.5 Die enger werdenden Kreise laufen auf den Maus-Cursor zu – und zeigen schnell, wo sich der Mauspfeil befindet.

Tricks fürs Touchpad

Alles, was in modernen Notebooks heute für die Steuerung des Mauszeigers eingesetzt wird, ist eigentlich eine Art Notbehelf. Egal, ob **Touchpad** oder – wie vor allem in IBM-Notebooks eingesetzt – ein kleiner Steuerknüppel namens **TrackPoint**; stets handelt es sich um mehr oder weniger brauchbaren Ersatz für die Maus am Desktop-PC. Manche Notebook-Nutzer arbeiten deshalb auch am mobilen PC mit einer „richtigen" Maus. Es gibt inzwischen besonders kleine Modelle, die speziell für den Einsatz am Notebook geschaffen wurden.

Abb. 3.6 Fürs Notebook empfehlen sich besonders kleine Mäuse – das spart Platz und Gewicht im Reisegepäck. Foto: Logitech

Für die externe Maus spricht einiges, zum Beispiel, dass sie mehrere Tasten hat, ein oder gar mehrere Scrollräder und auch in der Positionierung exakter arbeitet.

Das Touchpad dagegen besitzt in der Regel kein eigenes Scrollrad und hat gerade mal zwei Tasten. Der Mausersatz für das Notebook erscheint damit technisch stark eingeschränkt.

Wer jedoch genau hinschaut, merkt: Das stimmt so nicht. Mit der geeigneten Software ist es möglich, viele Eigenschaften für das Touchpad nachträglich einzustellen. Die Hersteller haben Funktionen wie beispielsweise das Scrollrad integriert. Allerdings muss dazu zum einen der passende Hersteller-Treiber installiert sein, zum zweiten muss man natürlich auch wissen, wie die Funktionen zu nutzen sind.

So nutzen Sie die Zusatzfunktionen des Touchpads

Ohne Zusatzsoftware funktioniert das Touchpad praktisch wie eine normale Maussteuerung: Indem Sie den Finger über das Touchpad bewegen, steuern Sie den Mauszeiger und über die Tasten vor dem Touchpad lösen Sie einen Klick mit der linken bzw. rechten Maustaste aus. Mit der Zusatzsoftware für das Touchpad aber stehen Ihnen noch zahlreiche andere Funktionen zur Verfügung. So kann die Zusatzsoftware beispielsweise die Scrolltasten einer Maus simulieren oder es ist möglich, mit dem Touchpad zusätzliche Programme aufzurufen. Die Zusatzsoftware für das Touchpad muss genau auf das Modell abgestimmt sein, das in Ihrem Notebook eingebaut ist, daher sollte der Hersteller des Notebooks eine entsprechende Software mitliefern und bereits ab Werk installieren. Bei vielen Geräten ist auch genau dies der Fall. Folgende Schritte sind dann nötig, um die Zusatzsoftware für das Touchpad zu nutzen:

1. Öffnen Sie die SYSTEMSTEUERUNG über das Startmenü und wählen Sie die Kategorie HARDWARE UND SOUND. Klicken Sie dort auf das Symbol MAUS.

2. Es öffnet sich ein neues Fenster; dort wechseln Sie in das Registerblatt ERWEITERUNG. Klicken Sie hier auf die Schaltfläche EINSTELLUNG DER ERWEITERTEN FUNKTIONEN.

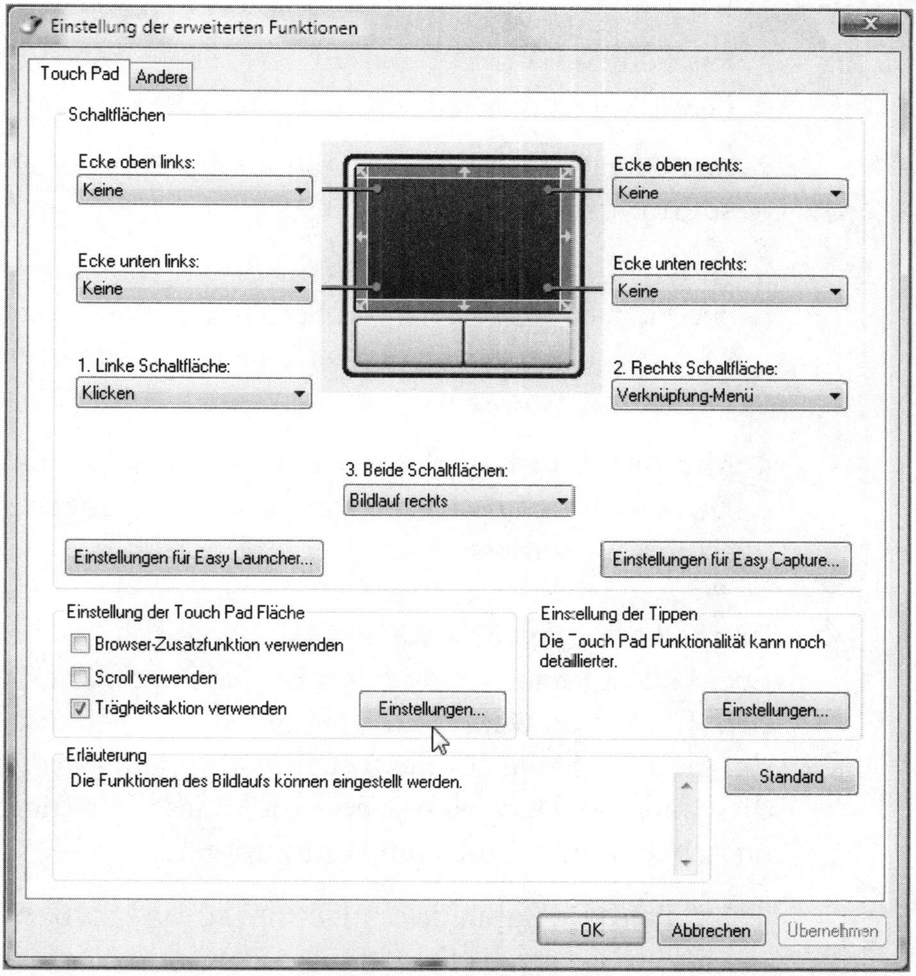

Abb. 3.7 Über dieses Dialogfenster steht Ihnen der Zugang zu den Zusatzfunktionen des Touchpads offen.

Scrollradfunktion per Touchpad

Mit der Zusatzsoftware für das Touchpad sind einige Funktionen automatisch aktiviert. So können Sie direkt die Scrollrad-Funktion benutzen:

- Streichen Sie am rechten oder unteren Rand des Touchpads mit dem Finger in die gewünschte Scrollrichtung.

Wie breit diese Scrollbereiche sein sollen, lässt sich einstellen:

1. Klicken Sie im Bereich EINSTELLUNG DER TOUCH-PAD-FLÄCHE auf die Schaltfläche EINSTELLUNGEN.
2. Im neuen Fenster wechseln Sie auf das Registerblatt DURCHSUCHUNGSBEREICH.
3. Unter EINSTELLUNG DES BILDLAUFBEREICHS sehen Sie, welche Flächen derzeit für das Scrollen verwendet werden; Sie können diese mit dem Mauszeiger entsprechend kleiner bzw. größer machen.
4. Mit dem Schieberegler darunter können Sie zusätzlich die DURCHSUCHUNGS-GESCHWINDIGKEIT festlegen, also wie schnell Sie scrollen.

Doppelklick ohne Maustaste

Ebenfalls automatisch aktiviert ist der Doppelklick per Touchpad: Es genügt, wenn Sie zweimal kurz nacheinander an etwa der gleichen Stelle auf das Touchpad tippen; *Windows* erkennt dies dann als Doppelklick an. Auch diese Funktion lässt sich ausschalten bzw. im Detail konfigurieren.

1. Im Feld EINSTELLUNG DER BEWEGUNG UND DER TIPPEN klicken Sie auf die Schaltfläche EINSTELLUNGEN.
2. Im neuen Fenster finden Sie einen Bereich TIPPEN. Um den Doppelklick auf dem Touchpad auszuschalten, deaktivieren Sie die Option TIPPEN AKTIVIEREN.

3. Um den Doppelklick genauer zu konfigurieren, klicken Sie auf die Schaltfläche EINSTELLUNG DER TIPPEN; Sie können in einem neuen Fenster dann zum Beispiel die Doppelklick-geschwindigkeit festlegen.

Abb. 3.8 Wie praktisch: Zweimal an der gleichen Stelle auf dem Touchpad tippen ersetzt den Doppelklick mit der Maustaste.

3.3 Schrift- und Symbolgrößen optimieren

Manche Notebook-Bildschirme machen es einem nicht gerade leicht, den Überblick zu bewahren. In der Regel ist der Notebook-Schirm etwas dunkler als der Monitor am Schreibtisch-PC. Zudem sind viele Notebook-Monitore kleiner als ihre Schreibtisch-Kollegen – ein Zugeständnis an Größe und Gewicht des Notebooks. Um auf dem Desktop trotzdem die Übersicht zu behalten, bietet *Windows* eine Reihe von Möglichkeiten, Schrift- und Symbolgrößen der Bedienoberfläche einzustellen.

1. Klicken Sie mit der rechten Maustaste auf eine freie Stelle des Desktops. Aus dem Kontextmenü, das sich öffnet, wählen Sie den Eintrag ANPASSEN.

2. Es öffnet sich ein neues Fenster; auf der linken Seite finden Sie dort den Eintrag SCHRIFTGRAD ANPASSEN (DPI), den Sie anklicken.

3. Nachdem Sie die Sicherheitsabfrage bestätigt haben, öffnet sich ein neues Fenster. Klicken Sie dort auf BENUTZERDEFINIERTE DPI.

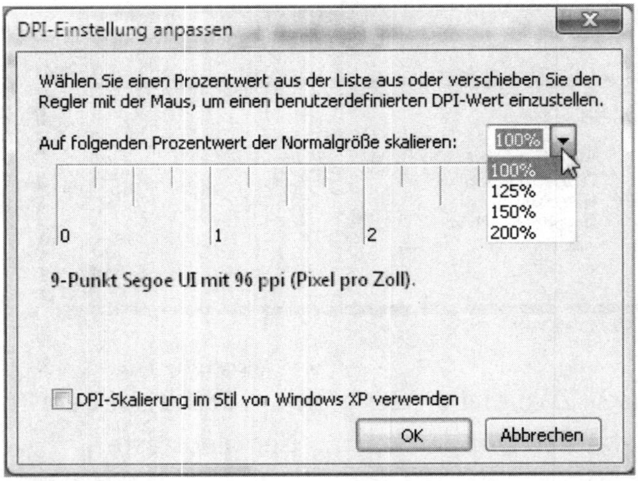

Abb. 3.9 Je höher Sie den DPI-Wert einstellen, desto größer werden die *Windows*-Systemschriften.

4. Sie können nun den gewünschten Schriftgrad einstellen, die Änderungen werden allerdings erst nach einem Neustart von *Windows* übernommen.

Design von Windows ändern

Sie können das Design von *Windows* fast komplett umkrempeln. Die 3D-Oberfläche von *Windows Vista*, die den Namen *Aero* trägt, lässt sich in weiten Teilen verändern. Sie können *Aero* aber auch abschalten und sogar zum Design von *Windows 2000* zurückkehren.

1. Klicken Sie mit der rechten Maustaste auf eine freie Stelle des Desktops. Aus dem Kontextmenü, das sich öffnet, wählen Sie den Eintrag ANPASSEN.

2. Es öffnet sich ein neues Fenster; klicken Sie dort auf FENSTERFARBE UND -DARSTELLUNG.

Abb. 3.10 Über FENSTERFARBE UND -DARSTELLUNG lässt sich *Vista* in weiten Bereichen anpassen.

3. Sie können nun bestimmen, in welcher Farbe die *Windows*-Fenster dargestellt werden soll. Über den Schieberegler TRANSPARENZ lässt sich zudem einstellen, wie stark die *Windows*-Fenster gegenüber dem Hintergrund durchscheinen sollen.

4. Um *Aero* komplett abzuschalten klicken Sie auf EIGENSCHAFTEN FÜR KLASSISCHE DARSTELLUNG ÖFFNEN, UM WEITERE OPTIONEN ANZUZEIGEN. Es öffnet sich dadurch ein neues Fenster.

5. Über das Listenfeld FARBSCHEMA können Sie nun einen Stil wählen, in dem die Fenster und Schaltflächen von *Windows* gestaltet werden sollen. Der Stil bestimmt unter anderem, ob die Ränder der Fenster abgerundet werden oder eckig erscheinen.

Abb. 3.11 Sie können *Aero* komplett abschalten und die klassische Darstellung wählen.

6. Klicken Sie auf die Schaltfläche ERWEITERT, dann können Sie die einzelnen Elemente der Fenster und Schaltflächen verändern. Sie haben beispielsweise die Möglichkeit, die Titelleiste größer oder in einer anderen Farbe darstellen zu lassen.

7. Über die Schaltfläche EFFEKTE erreichen Sie ein zusätzliches Fenster. Hier können Sie verschiedene optische Effekte aktivieren oder deaktivieren.

8. Standardmäßig ist *Windows* so eingestellt, dass die Darstellung besonders elegant wirkt. Das kostet natürlich auch Rechenkapazität und Batteriestrom. Um Strom zu sparen, können Sie die Effekte komplett ausschalten und die Bildschirmdarstellung auf diese Weise etwas beschleunigen.

3.4 Desktop-Oberfläche optimal nutzen

Die Oberfläche von *Windows*, die Sie nach dem ersten Start vorfinden, ist sozusagen nur ein „Vorschlag“ der *Windows*-Programmierer. Die dort gemachten Einstellungen können Sie mit ein paar Mausklicks verändern und sich so Ihr *Windows* wesentlich individueller gestalten. Ein eigenes Hintergrundbild für den Desktop zum Beispiel ist innerhalb weniger Sekunden machbar.

Desktop-Symbole einblenden

Der Desktop von *Windows* kommt am Anfang ziemlich „nackt“ daher. Auf dem Desktop befinden sich meist nur wenige Symbole. Mit wenigen Mausklicks können Sie einige sehr nützliche Symbole auf dem Desktop anzeigen lassen. Beispielsweise das Symbol COMPUTER, mit dem Sie auf alle Laufwerke des PCs zugreifen können, oder das Symbol BENUTZERDATEIEN, das Ihnen schnellen Zugriff auf Ihre eigenen Daten bietet.

1. Klicken Sie mit der rechten Maustaste auf eine freie Stelle des Desktops und wählen Sie aus dem Kontextmenü den Eintrag ANPASSEN.

2. Auf der linken Seite im Bereich AUFGABEN klicken Sie auf den Eintrag DESKTOPSYMBOLE ÄNDERN.

3. Es öffnet sich ein neues Fenster, im Bereich DESKTOPSYMBOLE können Sie festlegen, welche Symbole auf der Desktopoberfläche angezeigt werden sollen.

4. Im Bereich darunter sehen Sie die Symbole, die *Windows* dafür verwendet. Sie können diese Symbole verändern, indem Sie auf ANDERES SYMBOL klicken.

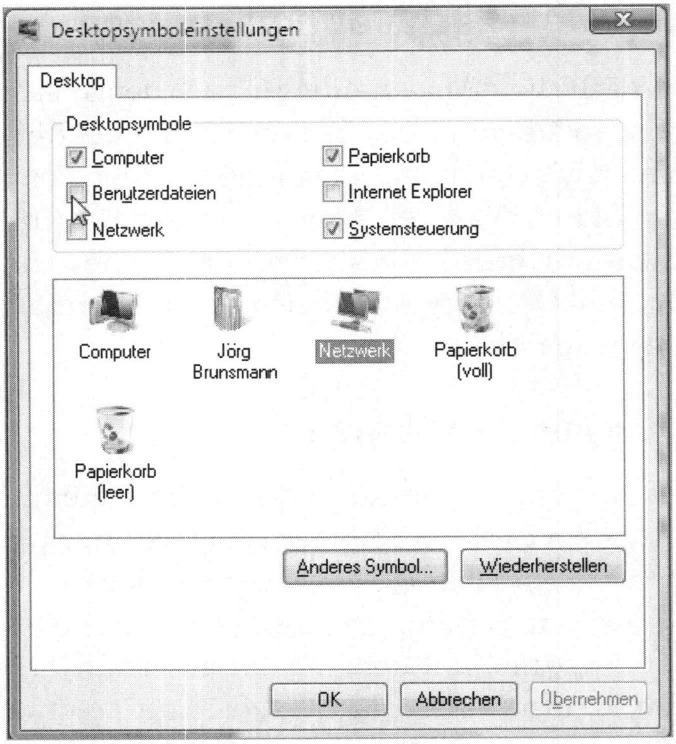

Abb. 3.12 Auf dem Desktop lässt sich eine Reihe nützlicher Symbole einblenden.

Schnellstart-Leiste richtig nutzen

Die Schnellstartleiste von *Vista* ist eine sehr nützliche Erfindung. Allerdings ist sie teilweise nach der Installation abgeschaltet. Das lässt sich mit wenigen Mausklicks ändern:

1. Klicken Sie mit der rechten Maustaste auf einen freien Bereich der Taskleiste. Sie finden dort den Eintrag SYMBOLLEISTEN.
2. Zeigen Sie darauf und wählen Sie aus dem ausklappenden Untermenü den Eintrag SCHNELLSTART.

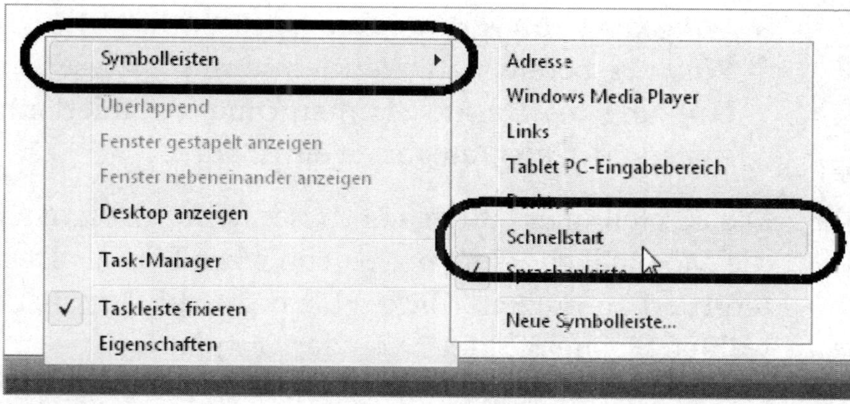

Abb. 3.13 So aktivieren Sie die Schnellstartleiste.

3. Rechts neben dem Startmenü finden Sie nun einige neue Symbole. Ein Mausklick auf eines davon genügt, um das damit verbundene Programm zu starten. Standardmäßig lässt sich per Schnellstartleiste zum Beispiel der *Internet Explorer* mit nur einem Mausklick aufrufen.

4. Das Symbol ganz links in der Schnellstartleiste ist besonders nützlich: Ein Klick darauf startet kein Programm, sondern zeigt Ihnen den Desktop: Alle Programme werden mit dem Klick auf dieses Symbol minimiert. Ein weiterer Mausklick auf das Symbol stellt den vorherigen Zustand wieder her.

Hintergrundbild ändern

Um das Hintergrundbild zu ändern, sind nur wenige Mausklicks vonnöten.

1. Klicken Sie mit der rechten Maustaste auf eine beliebige freie Stelle auf dem Desktop und wählen Sie aus dem Kontextmenü den Befehl ANPASSEN. Klicken Sie danach auf DESKTOPHINTERGRUND.

2. Sie haben nun die Möglichkeit, über das Listenfeld Bildpfad verschiedene Arten von Hintergrundbildern auszusuchen:

3. *Windows*-Hintergrundbilder präsentiert die Bilder, die *Windows* bereits „ab Werk" mitbringt. Diese sind für die Nutzung als Desktop-Hintergrund optimiert und in verschiedene Unterkategorien eingeteilt.

Die Einstellungen BILDER und ÖFFENTLICHE BILDER gibt Ihnen die Möglichkeit, ein ganz persönliches Bild als Desktop-Hintergrund zu nutzen. Klicken Sie dazu auf DURCHSUCHEN und wählen Sie die Bilddatei von der Festplatte.

Abb. 3.14 Ein schönes Hintergrundbild versüßt die Arbeit.

1. BEISPIELBILDER zeigt die Bilder, die *Windows* als Beispiele mitbringt. Diese sind nicht unbedingt für die Nutzung als Desktop-Hintergrund optimiert, funktionieren in der Regel aber auch.

2. Die Einstellung EINFARBIG schließlich gibt Ihnen die Möglichkeit, einen einfach nur farbigen Hintergrund zu wählen. Zahlreiche Farben sind bereits vorgegeben; klicken Sie auf

Weitere, um eine ganz persönliche Hintergrundfarbe zusammenzustellen.

3. Haben Sie sich für ein Foto als Desktop-Hintergrund entschieden, müssen Sie noch die Ausrichtung auf dem Bildschirm festlegen. Drei Möglichkeiten gibt es:

- Staucht bzw. dehnt das Bild so, dass es formatfüllend angezeigt wird. Dadurch wird eventuell das Seitenverhältnis des Bildes verändert – die Proportionen sehen plötzlich anders als im Original aus.

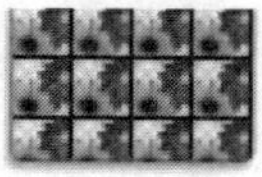

- Behält die Originalgröße des Bildes bei, ordnet es aber so oft wie möglich auf dem Bildschirm an. Dieser Modus bietet sich vor allem für kleinformatige Bilder an.

- Belässt das Bild in der Originalgröße und zentriert es auf dem Desktop. Ist das Bild kleiner als die Bildschirmauflösung, ist an den Rändern ein schwarzer Rand zu sehen.

Haben Sie im Internet ein schönes Bild entdeckt, das Sie als Hintergrundbild verwenden möchten, ist das mit nur einem Mausklick möglich.

1. Klicken Sie das Objekt einfach mit der rechten Maustaste an. Sofern das Objekt sich als Hintergrundbild verwenden lässt, ist in dem Kontextmenü, das sich öffnet, der Eintrag Als Hintergrund vorhanden.
2. Klicken Sie diesen Eintrag an, finden Sie das gewählte Objekt auf dem Desktop-Hintergrund wieder.

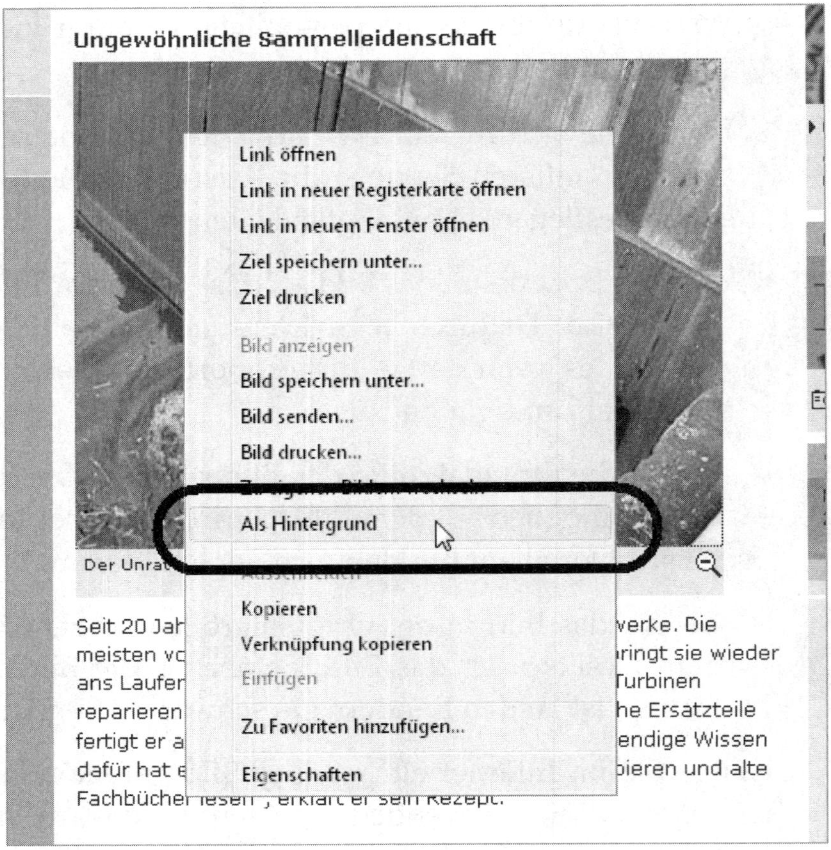

Abb. 3.15 Per Kontextmenü machen Sie ein Bild aus dem Internet zum Hintergrundbild. Quelle: *www.wdr.de*

Windows-Sidebar einrichten und nutzen

Manche halten es für Spielerei, andere mögen nicht mehr darauf verzichten. *Windows Vista* bietet die Möglichkeit, am Rande des Desktops eine so genannte **Sidebar** einzurichten. Dabei handelt es sich um eine Art abgetrennter Bereich, der immer zu sehen ist – auch dann, wenn Sie gerade mit einem anderen Programm arbeiten.

Die Sidebar bietet Platz für zahlreiche kleine Programme. So können Sie dort die aktuelle Uhrzeit anzeigen lassen, Bilder einblenden oder aktuelle Börsenkurse sichtbar machen. Die

Möglichkeiten sind riesig; einige Sidebar-Programme zum ausprobieren bringt *Vista* bereits mit.

Besonders sinnvoll ist die Einrichtung der Sidebar auf einem Notebook mit Breitbild-Monitor. Davon gibt es inzwischen recht viele. Der Monitor bei diesen Geräten ist so breit, dass die meisten Programme den zusätzlichen Platz gar nicht ausnutzen – es fällt also gar nicht weiter auf, wenn Sie die Sidebar aktivieren.

Sidebar einschalten

Um die *Windows*-Sidebar einzurichten, sind nur wenige Mausklicks erforderlich:

1. Wählen Sie aus dem Startmenü die SYSTEMSTEUERUNG. Dort klicken Sie auf DARSTELLUNG UND ANPASSUNG.
2. Danach klicken Sie auf WINDOWS-SIDEBAR-EIGENSCHAFTEN.
3. Es öffnet sich ein neues Fenster, aktivieren Sie hier die Option SIDEBAR BEIM START VON WINDOWS STARTEN.
4. Zudem sollten Sie die Option SIDEBAR IM VORDERGRUND ANZEIGEN aktivieren. Ob Sie die Sidebar links oder rechts auf dem Monitor angezeigt bekommen möchten, ist reine Geschmackssache, lässt sich aber ebenfalls festlegen.
5. Klicken Sie auf OK, wird die Sidebar aktiviert und an der gewünschten Stelle eingeblendet. Der Platz für die normalen Programmfenster wird dadurch entsprechend eingeschränkt.

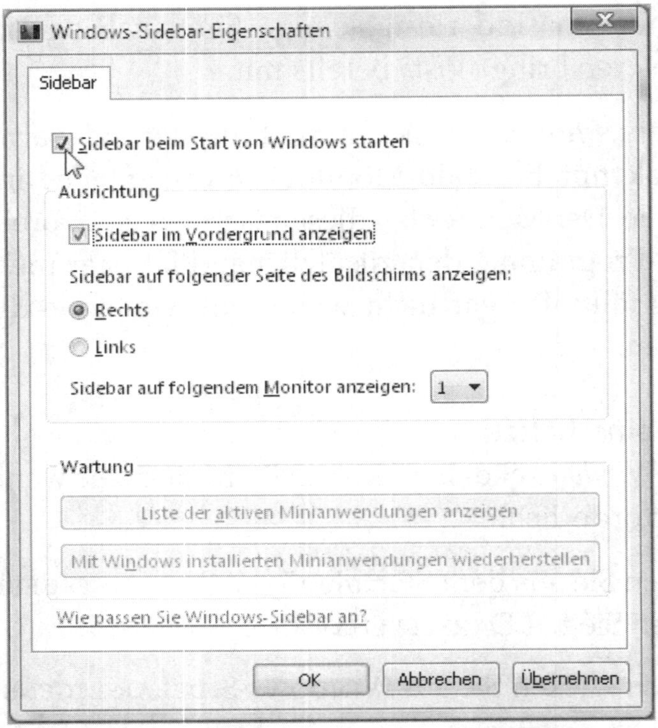

Abb. 3.16 Legen Sie fest, wo *Windows* die Sidebar einblenden soll.

Programme in der Sidebar einrichten und nutzen

Nachdem Sie die Sidebar aktiviert haben, finden Sie bereits einige Mini-Anwendungen darin. *Windows* blendet diese automatisch ein. Sie können die Sidebar aber natürlich nach eigenen Vorstellungen gestalten, Anwendungen hinzufügen, entfernen oder konfigurieren.

Bewegen Sie den Mauszeiger in den Bereich einer der Mini-Anwendungen, erscheinen am Rand der jeweiligen Anwendung einige Symbole:

- Klicken Sie auf das „x" wird die Mini-Anwendung geschlossen und aus der Sidebar verbannt. So können Sie nicht oder nicht mehr benötigte Anwendungen aus der Sidebar entfernen.

- Viele der Mini-Anwendungen lassen sich noch konfigurieren. Falls das der Fall ist, wird ein kleiner Schraubenschlüssel angezeigt. Klicken Sie darauf, um das Konfigurationsfenster zu sehen.

- Am oberen Rand der Sidebar finden Sie ein kleines Plus-Zeichen. Klicken Sie darauf, um weitere Anwendungen zur Sidebar hinzuzufügen.

- Die Anwendungen in der Sidebar werden automatisch von oben nach unten angeordnet. Um die Reihenfolge der Anwendungen zu ändern, klicken Sie auf eine Anwendung, halten die Maustaste gedrückt und ziehen die Anwendung an den neuen Ort.

Neue Anwendungen der Sidebar hinzufügen

Klicken Sie auf das Plus-Zeichen am oberen Rand der Sidebar, können Sie der Leiste weitere Anwendungen hinzufügen. Einige Anwendungen liefert Microsoft bereits mit; interessanter ist es, neue Anwendungen aus dem Internet zu laden.

1. Klicken Sie dazu im Dialogfenster mit den verfügbaren Anwendungen auf Weitere Minanwendungen online beziehen.
2. Es öffnet sich daraufhin der *Internet Browser* und steuert eine Seite bei Microsoft an. Dort haben Sie die Auswahl unter Dutzenden von Mini-Anwendungen für die Sidebar.
3. Haben Sie eine Anwendung entdeckt, klicken Sie auf In Sidebar herunterladen.
4. Es erscheint daraufhin ein Dialogfenster; klicken Sie dort auf Öffnen. Nach dem Download klicken Sie auf Installieren – wenige Augenblicke später finden Sie die neue Mini-Anwendung in der Sidebar.

Abb. 3.17 Microsoft hält Dutzende von Anwendungen für die Sidebar im Internet bereit.

3.5 Festplatten optimieren

Auch der Festplatte sollten Sie hin und wieder etwas Aufmerksamkeit schenken. Zum einen sollte die Speicherplatte von Zeit zu Zeit auf Fehler überprüft werden, zum zweiten bietet *Windows* die Möglichkeit, die Festplatte aufzuräumen – unnötiger Ballast wie einmal betrachtete Internetseiten wird so von der Festplatte gelöscht.

Bei Notebook-Festplatten macht das besonders Sinn, denn sie sind noch immer deutlich kleiner als die Festplatten der PCs.

Festplatte auf Fehler überprüfen

So zuverlässig Festplatten mittlerweile auch geworden sind, unfehlbar sind die Datenträger leider nicht. Immerhin handelt es sich bei Festplatten um viel Mechanik – im Innern drehen sich eine oder mehrere magnetisch beschichtete Platten mit bis zu 10.000 Umdrehungen pro Minute. Da ist es nicht verwunderlich, dass die Festplatte irgendwann schlappmacht.

Hinzu kommt: Fehler schleichen sich auch im normalen Betrieb ein, etwa wenn Programme fehlerhaft arbeiten oder beim Schreibvorgang Störungen auftreten. In einem gewissen Rahmen lassen sich alle Fehler zum Glück korrigieren, indem Sie die Datenträger regelmäßig auf schadhafte Bereiche oder nicht korrekt gespeicherte Dateien überprüfen.

Zum Überprüfen und zur Korrektur dient das Programm *ScanDisk*, das *Windows* bereits mit an Bord hat.

1. Öffnen Sie das Symbol COMPUTER und klicken Sie mit der rechten Maustaste auf das Symbol des gewünschten Laufwerks. Aus dem Kontextmenü wählen Sie den Befehl EIGENSCHAFTEN.
2. Wechseln Sie im nächsten Dialogfenster zum Registerblatt TOOLS. Klicken Sie dort auf die Schaltfläche JETZT PRÜFEN, um *ScanDisk* zu starten.
3. Im Feld OPTIONEN FÜR DIE DATENTRÄGERPRÜFUNG können Sie einstellen, ob *Windows* gefundene Fehler direkt korrigiert (DATEISYSTEMFEHLER AUTOMATISCH KORRIGIEREN) und ob *ScanDisk* versuchen soll, fehlerhafte Sektoren zu suchen und wiederherzustellen.
4. Klicken Sie auf die Schaltfläche STARTEN, um mit der Analyse zu beginnen.

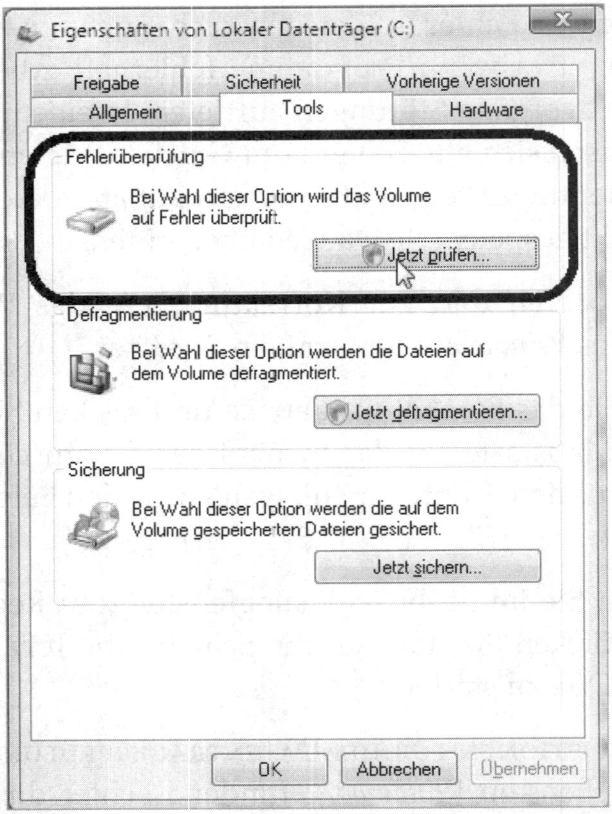

Abb. 3.18 Hin und wieder sollten Sie die Festplatte mittels *ScanDisk* überprüfen, um so Fehlern auf die Spur zu kommen.

Festplatte aufräumen

Ordnung muss sein. Dieser Meinung ist auch *Windows* – und hilft Ihnen beim Frühjahrsputz auf der Festplatte. Der ist manchmal dringend nötig, denn mit der Zeit sammelt sich auf den Festplatten regelrechter Datenmüll an. Dazu gehören beispielsweise automatisch angelegte Temporärdateien, nicht mehr benötigte Setup-Dateien, aus dem Internet heruntergeladene Daten oder der Inhalt des Papierkorbs.

Dem „Schmutz" auf Ihrer Festplatte hat *Windows Vista* zum Glück einiges entgegenzusetzen. Das Programm zur Datenträgerbereinigung „putzt“ die Festplatte und sorgt wieder für Platz.

1. Öffnen Sie das Symbol COMPUTER aus dem Startmenü. Klicken Sie mit der rechten Maustaste auf das zu überprüfende Laufwerk und wählen Sie den Befehl EIGENSCHAFTEN.
2. Im nachfolgenden Fenster klicken Sie auf die Schaltfläche BEREINIGEN.
3. Entscheiden Sie sich, ob Sie nur in Ihren eigenen Dateien oder in den Dateien aller Nutzer des PCs nach überflüssigen Daten suchen wollen. Teilen Sie sich mit jemandem den PC, sollten Sie es bei der Bereinigung der eigenen Daten belassen.
4. *Windows* analysiert jetzt das Laufwerk und überprüft, ob überflüssige Dateien vorhanden sind. Sobald die Analyse abgeschlossen ist, bekommen Sie das Ergebnis präsentiert.
5. Im Feld ZU LÖSCHENDE DATEIEN erfahren Sie, bei welchen Dateitypen *Windows* fündig wurde, beispielsweise TEMPORARY INTERNET FILES (Temporäre Internetdateien).
6. Markieren Sie die Dateitypen, deren Dateien Sie entfernen möchten, beispielsweise eben die TEMPORARY INTERNET FILES. Im Feld SPEICHERPLATZ, DER FREIGEGEBEN WIRD erfahren Sie, wie viel Speicherplatz Sie durch die Reinigungsaktion hinzugewinnen.
7. Klicken Sie auf die Schaltfläche OK, um den Löschvorgang zu starten. Bestätigen Sie die nachfolgende Sicherheitsabfrage mit JA. *Windows* entfernt anschließend die gewünschten Dateien von der Festplatte.

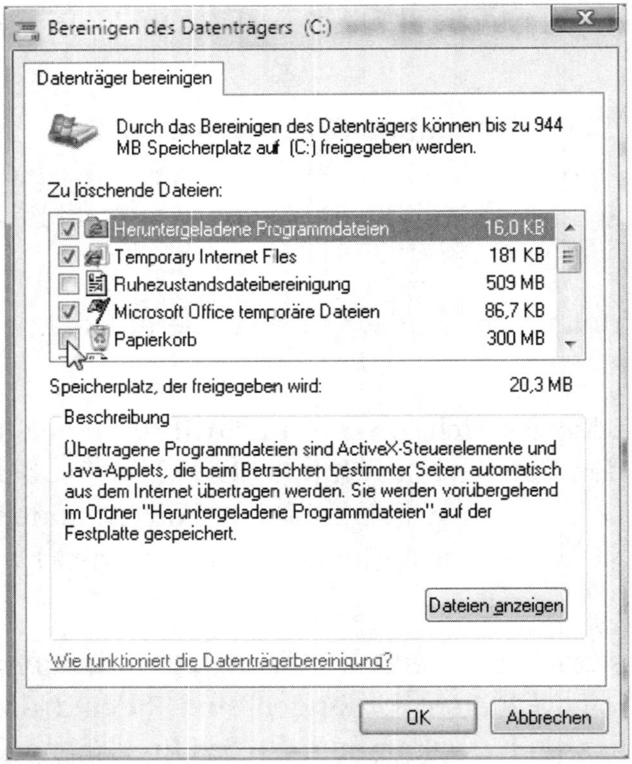

Abb. 3.19 *Windows* erkennt Dateien, die entbehrlich sind – und bietet an, diese zu löschen.

3.6 Machen Sie sich das Leben leichter: die Windows-Eingabehilfen

Gerade auf dem Notebook-Bildschirm sind manche Dinge nicht oder nur schlecht erkennbar. Zum Glück lässt sich hier relativ leicht Abhilfe schaffen, denn *Windows* bringt einige Werkzeuge mit, die Ihnen sowohl die Eingabe als auch die Bearbeitung von Texten und Grafiken deutlich einfacher machen.

Mehr Durchblick dank Bildschirmlupe

Das wohl wichtigste dieser Werkzeuge ist die **Bildschirmlupe.** Ihre Funktion ist ebenso einfach wie genial: Das Programm stellt einen Teil des Bildschirms bis zu sechzehnfach vergrößert dar. Das macht es leicht, Details zu erkennen oder auch bei schlechten Lichtverhältnissen am Notebook zu arbeiten.

Die Bildschirmlupe folgt dabei jeweils dem Cursor oder dem Mauszeiger, so dass immer der Bereich des Bildschirms vergrößert dargestellt wird, der gerade von Interesse ist.

Mit folgenden Schritten nutzen Sie die Bildschirmlupe:

1. Klicken Sie auf die Schaltfläche START und rufen Sie den Befehl ALLE PROGRAMME • ZUBEHÖR • ERLEICHTERTE BEDIENUNG • BILDSCHIRMLUPE auf.
2. Sobald das Programm gestartet wird, blendet *Windows* im oberen Bildschirmbereich ein Lupenfenster ein. Das Prinzip ist einfach: In diesem Fenster wird der Bereich rund um den Mauszeiger in zweifacher Vergrößerung angezeigt. Sie brauchen nur mit dem Mauszeiger auf das Element zu zeigen, das Sie vergrößert darstellen möchten, schon erscheint es im Lupenfenster.
3. Möchten Sie das Lupenfenster vergrößern oder verkleinern, platzieren Sie den Mauszeiger so auf den unteren Rand des Fensters, dass er die Form eines Doppelpfeils annimmt. Jetzt brauchen Sie nur noch die Maustaste gedrückt zu halten und den Fensterrand auf die gewünschte Größe zu ziehen.
4. Die Position der Lupe ist frei wählbar. Um das Lupenfenster zu verschieben, klicken Sie in die Mitte des Fensters und halten die Maustaste gedrückt. Ziehen Sie das Fenster mit gedrückter Maustaste in den gewünschten Bereich.
5. Ist das Lupenfenster nicht am Rand des Bildschirms platziert, wird es als eigenständiges Fenster dargestellt. Es lässt sich dann zwar beliebig in der Größe verändern, allerdings überlappt die Lupe dann andere Bereiche des *Windows*-Bildschirms und verdeckt beispielsweise Dialogfenster.

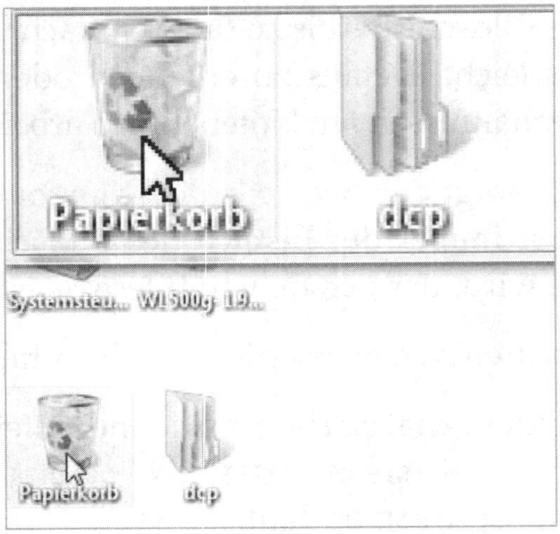

Abb. 3.20 Die Bildschirmlupe hilft, wenn Sie Probleme haben, Details auf dem Bildschirm zu erkennen.

Der Vergrößerungsfaktor sowie andere Einstellungen der Bildschirmlupe lassen sich verändern:

1. In der Taskleiste finden Sie einen Eintrag mit dem Namen BILDSCHIRMLUPE. Klicken Sie diesen an, um das Dialogfenster mit den Einstellmöglichkeiten der Lupe zu sehen.
2. Um den Vergrößerungsfaktor zu ändern, können Sie im Feld SKALIERUNGSFAKTOR eine Einstellung zwischen 1 (entspricht keinerlei Vergrößerung) und 16 (gleich sechzehnfacher Vergrößerung) frei wählen.
3. Üblicherweise folgt die Lupe dem Mauszeiger. Sie können die Funktion ausschalten, indem Sie das Kontrollkästchen MAUS-CURSOR FOLGEN deaktivieren. Sie können dann selbst bestimmen, welcher Bereich vergrößert werden soll, indem Sie ihn einfach mit der rechten Maustaste anklicken.
4. Wenn die Option TASTATURFOKUS FOLGEN aktiviert ist, folgt der zu vergrößernde Bereich dem Text-Cursor.

5. Wenn Sie mit einer Textverarbeitung arbeiten – etwa mit *Word* – können Sie automatisch den Bereich rund um die Eingabemarke vergrößern lassen. Kreuzen Sie hierzu das Kontrollkästchen TEXTBEARBEITUNG FOLGEN an.
6. Möchten Sie die Bildschirmlupe wieder deaktivieren, klicken Sie im Dialogfenster einfach auf DATEI • BEENDEN.

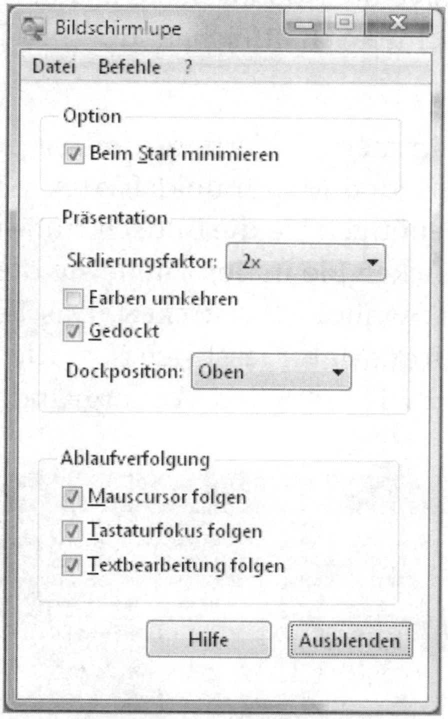

Abb. 3.21 In diesem Dialogfenster können Sie die Eigenschaften für die Bildschirmlupe festlegen.

Bildschirmtastatur statt Tastendrücken

Bei schlechten Sichtverhältnissen auf Reisen ist die Tastatur des Notebooks häufig nicht genau zu erkennen. Denn im Gegensatz zum Bildschirm ist sie in aller Regel nicht beleuchtet. Ärgerlich, wenn Sie nur kurz eine Internetadresse oder Ähnliches eingeben wollen. Abhilfe schafft hier die Bildschirmtastatur. Dort klicken Sie einfach mit der Maus die Buchstaben an.

1. Um die Bildschirmtastatur anzeigen zu lassen, wählen Sie START • ALLE PROGRAMME • ZUBEHÖR • ERLEICHTERTE BEDIENUNG • BILDSCHIRMTASTATUR.

2. Die Bildschirmtastatur zeigt ein getreues Abbild einer Standard-Tastatur inklusive aller Sondertasten. Klicken Sie einfach auf die gewünschten Schaltflächen, um Ihre Texteingaben zu machen.

3. Damit die Tastatur immer im Vordergrund ist, sollten Sie unter EINSTELLUNGEN den Menüpunkt IMMER IM VORDERGRUND aktivieren. Benötigen Sie die Bildschirmtastatur zwischendurch nicht, klicken Sie in der Titelleiste des Fensters auf das Symbol MINIMIEREN. Das Fenster der Bildschirmtastatur lässt sich über die Taskleiste jederzeit wieder in den Vordergrund holen.

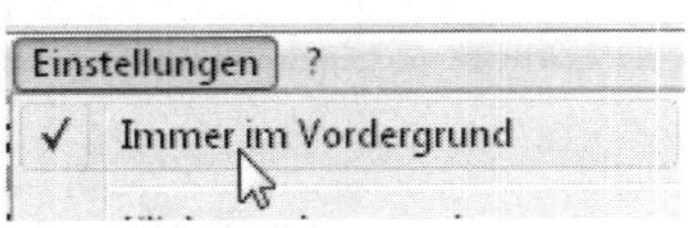

Abb. 3.22 Geht es darum, kurze Eingaben zu machen, ist die Bildschirmtastatur sehr hilfreich.

Kapitel 4

Internet und E-Mail für Anfänger

Es ist erst einige Jahre her, da galt das Internet noch als Speerspitze der technischen Entwicklung und letzter Schrei in Sachen Computer. Inzwischen ist die Nutzung des weltweiten Datennetzes für viele zum Alltag geworden. Einkaufen per Internet, die neuesten Nachrichten lesen oder mal schnell eine E-Mail an die Bekannten in Australien schreiben – alles kein Problem mehr.

4.1 Der richtige Zugang für mich: Modem, ISDN oder DSL?

Wenn Sie auch auf den „Internet-Zug" aufspringen möchten, dann ist das relativ schnell und mit wenig Aufwand getan. Neben Ihrem Notebook benötigen Sie nur einen Zugang zum Internet. Und der lässt sich per Telefon, **ISDN** oder **DSL**-Leitung herstellen. Damit der Computer mit dem Internet verbunden werden kann, benötigt er noch einen entsprechenden Anschluss – zum Beispiel ein **Modem** oder einen **Netzwerkanschluss**.

Vier grundlegende Techniken für den Zugang zum Internet gibt es: den Zugang per **Modem**, per **ISDN**, per **Mobilfunk** (**GSM** oder **UMTS**) oder – die modernste und schnellste Variante – Surfen per **DSL**-Leitung. Wobei der Mobilfunk-Zugang als Dauerverbindung in den meisten Fällen ausscheidet, denn derzeit ist mobiles Surfen noch relativ teuer, es gibt nur wenige Angebote für eine so genannte **Flatrate**, bei der Sie eine monatliche Gebühr zahlen und dann unbegrenzt surfen können.

Für welche Art von Internetzugang Sie sich entscheiden, ist aber nicht nur eine Geldfrage. Es kommt auch darauf an, wie oft und mit welcher Geschwindigkeit Sie im Internet unterwegs sein wollen.

Verbindung per Modem

Wenn es darum geht, hin und wieder ein paar E-Mails zu schreiben oder gelegentlich zu surfen, sind Sie mit einer Verbindung per Modem am besten bedient. Zudem hat fast jedes Notebook ab Werk bereits ein Modem eingebaut – Sie müssen in der Regel keine zusätzlichen Geräte hinzukaufen.

Die Abkürzung **Modem** steht übrigens für **Mo**dulator – **Dem**odulator. Ein Modem bildet die Schnittstelle zwischen der analogen Welt eines Telefonanschlusses und der digitalen Welt des Computers. Das Gerät sorgt also dafür, dass sich Ihr Computer per Telefonleitung mit anderen Rechnern „unterhalten" kann.

Für diese Verständigung gibt es feste Normen und Regeln. Aktuelle Modems übertragen Informationen mit einer Geschwindigkeit von 56.000 Bit pro Sekunde (56k); ein Standard-Modem ist mit der Übertragung von einer Minute Musik damit etwa zweieinhalb Minuten beschäftigt.

Verschiedene Bauformen

Modems gibt es sowohl als externe Geräte wie auch als Steckkarten, die im Innern des PCs Platz finden. Beim Notebook stellt sich diese Frage allerdings nur selten: Fast alle tragbaren Computer haben ein Modem eingebaut. Falls nicht, haben Sie die Wahl zwischen zwei verschiedenen Bauformen: Entweder als externes USB-Gerät oder als Steckkarte für den PCMCIA-Anschluss. USB-Modems sind meist billiger und problemloser in der Handhabung, PCMCIA-Karten haben dafür den Vorteil, dass sie leichter zu transportieren sind; nur ein kleiner Teil der Modem-Karte schaut noch aus dem Notebook heraus.

Verbindung per ISDN

Etwas schneller als per Modem geht es mit der ISDN-Technik. Hier liegt die Geschwindigkeit bei 64.000 Bit (64k). Eine Minute Musik zu übertragen würde per ISDN damit etwas mehr als zwei Minuten dauern – ein geringer, aber bisweilen spürbarer Geschwindigkeitsvorteil gegenüber dem analogen Modem.

Für den Internetzugang per ISDN gibt es ebenfalls entsprechende Geräte. Entweder externe ISDN-Adapter oder eine Karte im PCMCIA-Format. Vorteilhafter sind externe ISDN-Adapter. Sie werden – so wie ein Modem – per USB-Schnittstelle an den PC angeschlossen und verhalten sich unter *Windows* praktisch genauso wie ein Modem, nur dass sie eben eine höhere Geschwindigkeit bieten. Hat Ihr Notebook allerdings bereits ein eingebautes Modem, lohnt sich die Anschaffung eines ISDN-Adapters nicht; der Geschwindigkeitszuwachs steht in keinem Verhältnis zu den Kosten der ISDN-Karte. Wenn Sie eine höhere Surfgeschwindigkeit möchten, sollten Sie daher besser direkt auf die DSL-Technik umsteigen.

Abb. 4.1 Ein externer ISDN-Adapter. Foto: Brunsmann

Verbindung per DSL

Dass es noch wesentlich schneller als mit Modem oder ISDN geht, das beweist die DSL-Technik (von der *Telekom* unter dem Namen **T-DSL** angeboten). Hier liegt die derzeitige Standardgeschwindigkeit bei 1.000.000 Bit (1 Megabit). Eine Minute Musik landet mit Hilfe einer solchen DSL-Verbindung damit innerhalb von nur gut 8 Sekunden auf dem eigenen PC.

Für den DSL-Zugang sind eigentlich gleich mehrere Geräte erforderlich. Als Erstes ein so genannter **Splitter**. Er trennt das DSL-Signal vom normalen Telefonsignal, so dass Sie über die Leitung weiterhin wie gewohnt telefonieren können. Hinter dem Splitter folgt ein DSL-Modem und von diesem geht es schließlich in den PC. Hier gibt es mehrere Möglichkeiten: Entweder wird die Verbindung per USB-Schnittstelle oder per Netzwerkkabel hergestellt. Gerade beim Notebook bietet sich die dritte, schnurlose Variante an: Die DSL-Geräte und das Notebook werden per **WLAN** miteinander verbunden. Fast alle Notebooks haben heute eine entsprechende WLAN-Karte zum schnurlosen Surfen eingebaut. Wollen Sie diese nutzen, führt kaum ein Weg an DSL vorbei.

Abb. 4.2 DSL-Splitter (rechts) und -Modem gibt es inzwischen auch als ein Gerät. Quelle: *www.t-com.de*

4.2 Internetverbindung einrichten

Damit Sie Ihren Computer mit dem Internet verbinden können, müssen Sie *Windows* einmalig die entsprechenden Zugangsdaten mitteilen. Bei einer Modem- oder einer ISDN-Verbindung muss der Computer wissen, welche Nummer er wählen muss.

Mit Modem oder ISDN ins Internet

Damit Sie mit Ihrem Modem oder dem ISDN-Gerät „online" gehen können, brauchen Sie die Daten eines Internet-Providers. Haben Sie sich bereits bei einem Provider oder einem Online-Dienst angemeldet, sollten Ihnen diese Daten vorliegen. Falls nicht, ist das kein Problem: Es geht auch ohne vorherige Anmeldung; ganz einfach per **Internet-by-Call**. In der unten stehenden Tabelle finden Sie die Daten von einigen

Anbietern, so dass Sie sich zunächst problemlos ins Internet einwählen können.

Anbieter und Tarif	Zugangsdaten	Kosten
Arcor		
Internet by Call Basis fair 24	**Zugangsnummer:** 01920787 **Benutzerkennung:** arcor **Passwort:** internet Hotline: 0800-1071020	max. 0,87 Cent/ Minute
Clara.net		
Dial'n'surf	**Zugangsnummer:** 01930 94100 **Benutzerkennung:** claranet **Passwort:** claranet Hotline: 069-408018-300	2,6 Cent pro Einwahl zzgl. max. 1,99 Cent/ Minute
msn		
easysurfer power	**Zugangsnummer:** 0193670 **Benutzerkennung:** msn@easysurfer-power.de **Passwort:** msn Hotline: 01907-03101 (1,24 EUR/min)	1,14 Cent/ Minute

Alle Angaben ohne Gewähr; die Liste erhebt keinen Anspruch auf Vollständigkeit, sondern soll Ihnen nur helfen, eine erste Internetverbindung herzustellen.

Tabelle 4.1: Mit diesen Daten kommen Sie schnell per Modem ins Internet (Stand: Januar 2007)

Nicht sofort einen Vertrag abschließen!
Es gibt sehr viele Anbieter, die Ihnen einen Zugang zum Internet verkaufen möchten. Allerdings sollten Sie nicht sofort einen Vertrag bei einem Online-Dienst oder einem der so genannten **Service-Provider** abschließen. Erst wenn Sie Ihr Surfverhalten einigermaßen kennen, lohnt es sich, nach passenden Verträgen Ausschau zu halten. Was haben Sie davon, wenn Sie – gegen eine üppige Grundgebühr – zwar zehn oder zwanzig Freistunden im Monat erhalten, diese aber sowieso nie nutzen? Am Anfang empfiehlt es sich, eine **Internet-by-call-Verbindung** einzurichten, bei der Sie keinerlei Vertragsbindung eingehen und bei der Sie problemlos von einem Anbieter zum nächsten wechseln können.

Um die Anbieterdaten in *Windows* einzutragen, gehen Sie wie folgt vor:

1. Öffnen Sie die Systemsteuerung über START • SYSTEMSTEUERUNG. Sie finden hier eine Kategorie NETZWERK UND INTERNET. Dort klicken Sie auf den Eintrag MIT DEM INTERNET VERBINDEN.

2. Es öffnet sich ein neues Fenster, dort klicken Sie auf den Eintrag WÄHLVERBINDUNG.

3. Im nächsten Dialogfeld müssen Sie nun alle Daten für den jeweiligen Anbieter eingeben. Dazu gehören die EINWAHLRUFNUMMER, Ihr BENUTZERNAME und das PASSWORT. Im Feld VERBINDUNGSNAME sollten Sie zudem noch einen aussagekräftigen Namen eingeben.

4. Entscheiden müssen Sie zudem, ob *Windows* das Passwort für den Internetzugang speichern soll – für diesen Fall aktivieren Sie die Option DIESES KENNWORT SPEICHERN. Wenn Sie zukünftig eine Verbindung mit dem Internet herstellen,

müssen Sie das Kennwort nicht erneut eingeben. Das ist zwar bequem, allerdings kommt so jeder Nutzer des PCs ins Internet – auf Ihre Kosten ...

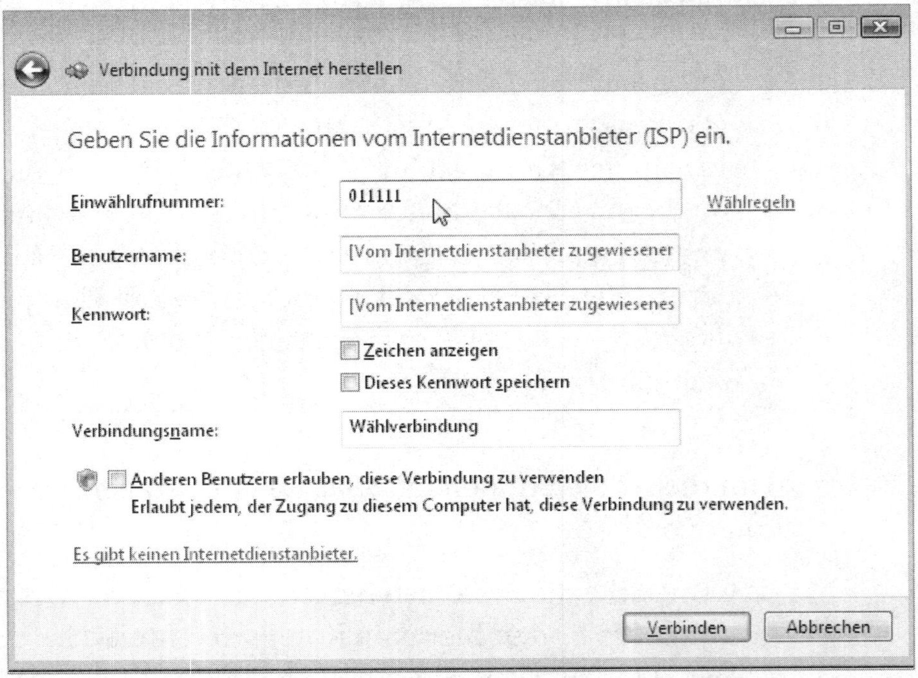

Abb. 4.3 Hier tragen Sie alle Daten ein, die der PC für den Zugang zum Internet benötigt.

5. Haben Sie alle Daten eingegeben, können Sie nun eine Verbindung zum Internet herstellen. Dafür einfach auf VERBINDEN klicken – *Windows* wählt nun die angegebene Nummer und verbindet Ihren PC mit dem Internet-Computer.

6. Wollen Sie künftig eine Verbindung mit dem Internet herstellen, geht das deutlich schneller und einfacher: Rufen Sie einfach den *Internet Explorer* auf. Dieser merkt, dass noch keine Verbindung ins Internet besteht und zeigt ein entsprechendes Fenster an, um die Wählverbindung aufzubauen.

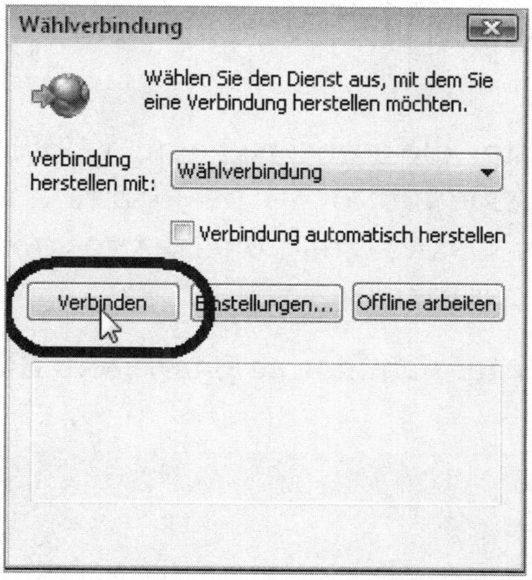

Abb. 4.4 Starten Sie den *Internet Explorer*. Um eine Verbindung ins Internet herzustellen, geben Sie mit VERBINDEN die Erlaubnis dazu.

Per DSL ins Netz

Windows für den Zugang zum Internet per DSL fit zu machen, ist fast noch einfacher als die Einrichtung des Modem-Zugangs. Haben Sie alle Geräte wie DSL-Splitter und DSL-Modem korrekt installiert, sind Sie nur noch wenige Mausklicks vom Zugang zum Internet entfernt.

Bereithalten sollten Sie die Zugangsdaten Ihres DSL-Anbieters. Haben Sie sich für *T-Online* entschieden, müssen Sie im Übrigen nicht einmal die mitgelieferte Software installieren. Es geht mit deutlich weniger Aufwand:

1. Rufen Sie über START die SYSTEMSTEUERUNG auf und wählen Sie die Kategorie NETZWERK- UND INTERNET. Klicken Sie dann auf das Symbol VERBINDUNG MIT NETZWERK HERSTELLEN.
2. Es öffnet sich ein neues Fenster. Da noch keine Netzwerkverbindung eingerichtet wurde, meckert *Windows* nun, dass kein Netzwerk gefunden wurde. Um die neue Verbindung

einzurichten, klicken Sie auf EINE VERBINDUNG ODER NETZWERK EINRICHTEN.

3. In der Auswahlliste, die nun erscheint, wählen Sie den obersten Eintrag VERBINDUNG MIT DEM INTERNET HERSTELLEN – RICHTET EINE DRAHTLOS-, BREITBAND- ODER WÄHLVERBINDUNG MIT DEM INTERNET EIN.
4. Klicken Sie danach auf den Eintrag BREITBAND (PPPOE).

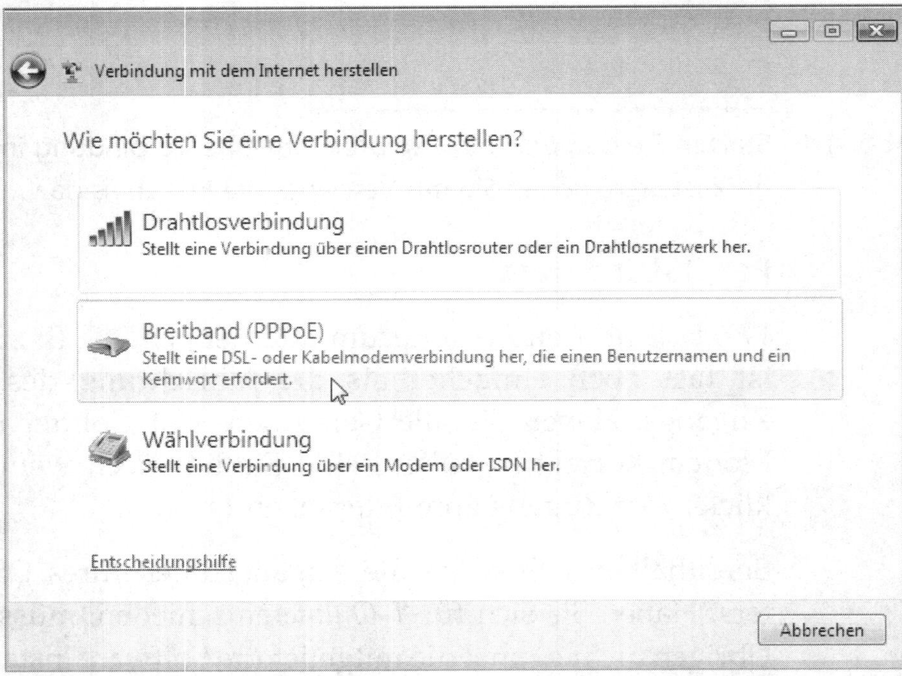

Abb. 4.5 Um eine Internetverbindung per Netzwerkkabel herzustellen, wählen Sie BREITBAND (PPPOE).

5. Sie müssen nun alle, für die Verbindung wichtigen, Daten eingeben. Bei einer Verbindung über *T-Online* kommt nun der eigentliche Trick: In das Feld BENUTZERNAME gehört eine recht „wilde“ Zahlen- und Buchstabenkombination. Tippen Sie dort nacheinander ein:

- Ihre Anschlusskennung
- Ihre *T-Online*-Nummer
- Ihre Mitbenutzernummer (in der Regel `0001`)
- und schließlich `@t-online.de`.

6. In das Feld KENNWORT geben Sie nun noch Ihr *T-Online*-Passwort ein.

7. Um die Verbindung zu *T-Online* herzustellen, können Sie nun einfach über das Startmenü das Programm *Internet Explorer* aufrufen; dieser sollte sich dann mit einem entsprechenden Einwahlfenster melden.

Eine Verbindung per WLAN herstellen

Gerade mit dem Notebook bietet es sich an, nicht das Modem oder die Kabelverbindung für den Internetzugang zu nutzen, sondern die drahtlose WLAN-Technik. Eine entsprechende WLAN-Karte ist heute in praktisch allen modernen Notebooks eingebaut.

Was Sie allerdings benötigen, ist ein so genannter **WLAN-Router**. Dieses Gerät kann Daten drahtlos mit der WLAN-Karte des Notebooks austauschen. Wenn Sie einen neuen DSL-Anschluss beantragen, bekommen Sie einen WLAN-Router in der Regel gegen einen geringen Aufpreis dazu. Ansonsten kosten die Geräte im Handel zwischen 40 und 90 Euro.

WLAN-Router einrichten

Die Verbindung zwischen Notebook und WLAN-Router ist recht schnell eingerichtet, allerdings müssen Sie vorher alle wichtigen Einstellungen am Router vornehmen. Denn nicht der PC, sondern der Router stellt die eigentliche Verbindung zum Internet her. Außerdem sollten Sie die Funkverbindung zwischen Router und PC verschlüsseln, damit kein Unbefugter die gesendeten Daten „mithören“ kann.

- Um den WLAN-Router einzurichten, müssen Sie ihn per Kabel mit dem Notebook verbinden, da noch keine Funkverbindung zwischen den beiden Geräten besteht.
- Danach starten Sie den *Internet Explorer* und rufen die Konfigurationsseite des Routers auf. Die genaue Adresse ist von Hersteller zu Hersteller verschieden; die Angaben finden Sie im Handbuch des WLAN-Routers.
- Auch die einzelnen Menüs, um die Einstellungen vorzunehmen, unterscheiden sich sehr voneinander. Daher kann ich Ihnen an dieser Stelle keine echte Hilfe bieten, sondern nur den Rat geben, sich dem Studium des Router-Handbuches zu widmen.

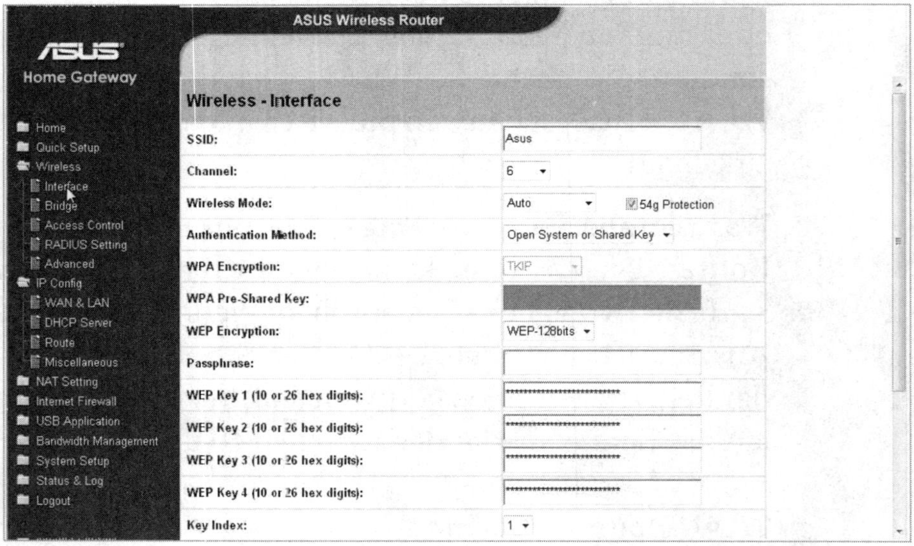

Abb. 4.6 Die Konfigurationsseite eines WLAN-Routers – hier kocht jeder Hersteller sein eigenes Süppchen.

- Eingeben müssen Sie die Daten für den Internet-Zugang. In der Regel erfolgt dieser bei einem DSL-Anschluss über die Verbindungsart *PPPoE*. Wenn Sie *T-Online* nutzen, können Sie die Zahlenkombination eingeben, die Sie einige Seiten vorher im Abschnitt über den Internetzugang per DSL finden.

- Zudem kann ich Ihnen nur empfehlen, eine Verschlüsselung für Ihr WLAN-Netzwerk einzurichten. Ein unverschlüsseltes Netzwerk ist wie ein offenes Buch; wer sich in Netzwerkdingen etwas auskennt, kann bei Ihnen mitlesen oder Ihre Internetverbindung nutzen.
- Die meisten Router kennen zwei verschiedene Verschlüsselungsarten: **WEP** und **WPA**. Wobei WEP inzwischen als recht unsicher gilt, da es mit relativ wenig Aufwand geknackt werden kann. Sie sollten daher nach Möglichkeit die Verschlüsselungsart WPA verwenden.

WLAN-Verbindung am Notebook einrichten

Nachdem Sie den WLAN-Router entsprechend konfiguriert haben, können Sie das Netzwerkkabel zum Notebook entfernen und den tragbaren PC für die drahtlose Verbindung fit machen. Das ist mit wenigen Mausklicks geschehen:

1. Achten Sie darauf, dass die WLAN-Karte aktiviert ist. Viele Notebooks haben kleine Schalter, mit denen sich die Karte abschalten lässt.
2. In der unteren, rechten Ecke des Bildschirms – im Infobereich der Taskleiste – finden Sie ein Symbol mit zwei Computer-Bildschirmen. Da Sie bisher keine Verbindung zum Internet hergestellt haben, sehen Sie ein rotes „X“ über dem Symbol.
3. Klicken Sie auf das Symbol, so öffnet sich ein kleines Menü. Dort wählen Sie den Eintrag VERBINDUNG MIT EINEM NETZWERK HERSTELLEN.

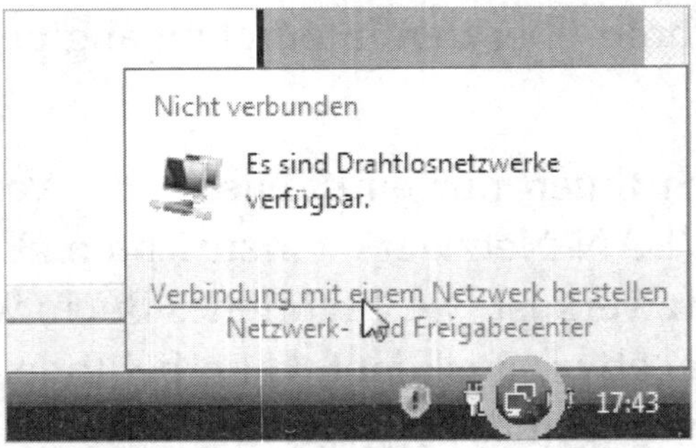

Abb. 4.7 Über das Symbol im Infobereich der Taskleiste können Sie eine Verbindung mit dem WLAN-Router herstellen.

4. *Windows* zeigt Ihnen nun alle Drahtlosnetzwerke an, die im Empfangsbereich Ihres Notebooks liegen. Da WLAN-Netze heute sehr weit verbreitet sind, werden hier möglicherweise sehr viele Einträge aufgelistet, Ihr eigenes Netzwerk sollten Sie aber auch darunter finden.
5. Zugleich sehen Sie hier sofort, ob ein Netzwerk verschlüsselt ist oder nicht – verschlüsselte Netzwerke bezeichnet *Windows* als SICHERHEITSAKTIVIERTES NETZWERK. Auch der Eintrag Ihres eigenen WLAN-Netzwerkes sollte entsprechend gekennzeichnet sein.
6. Machen Sie einen Doppelklick auf den Eintrag Ihres Netzwerkes, um eine Verbindung herzustellen. Sie müssen nun das zuvor von Ihnen im WLAN-Router eingetragene Kennwort eingeben.
7. Danach fragt Sie der Assistent, ob Sie das Netzwerk als Standard-Verbindung zum Internet verwenden möchten. Kreuzen Sie die Optionen DIESES NETZWERK SPEICHERN und DIESE VERBINDUNG AUTOMATISCH STARTEN an – *Windows* wird dann nach jedem Start die Verbindung zum WLAN-Router automatisch wieder aufnehmen.

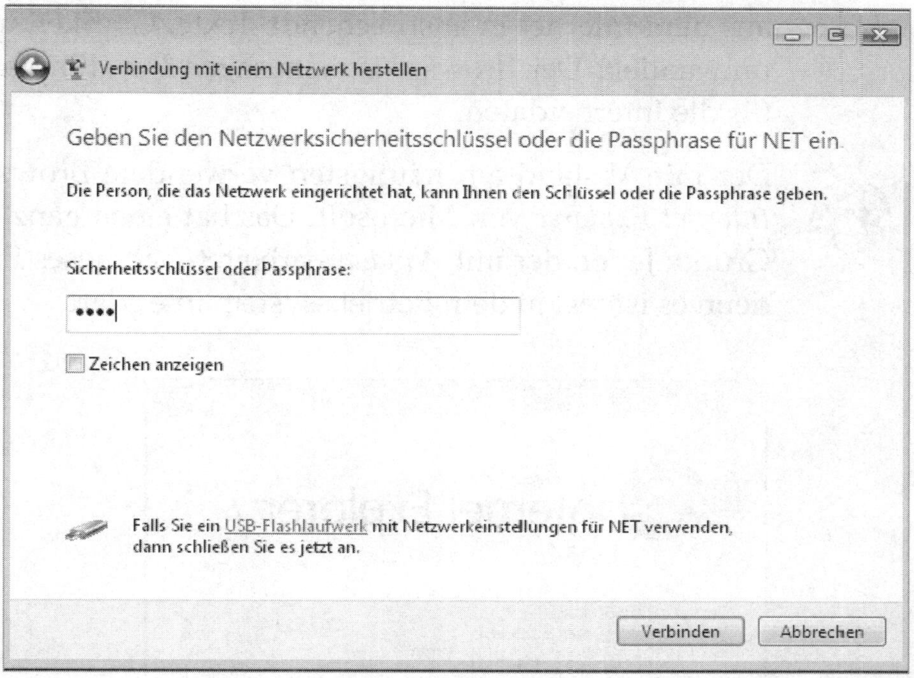

Abb. 4.8 Nur wenn Sie das korrekte Passwort eintragen, funktioniert die WLAN-Verbindung.

8. Als Letztes möchte der Assistent wissen, wo sich das Netzwerk befindet – ZU HAUSE, am ARBEITSPLATZ oder an einem ÖFFENTLICHEN ORT. *Vista* passt die Sicherheitseinstellungen entsprechend an. In der Regel werden Sie hier ZU HAUSE wählen können.
9. Haben Sie alles korrekt eingetragen, stellt *Vista* nun eine Verbindung zum WLAN-Router her – Sie können nun per WLAN auf das Internet zugreifen.

4.3 Mit dem Internet Explorer im Netz unterwegs

Um in die Datenfluten des *World Wide Webs* einzutauchen, benötigen Sie ein entsprechendes Programm, den so genannten **Browser**. Dabei handelt es sich um eine Software, die Daten aus dem Internet in ansprechende Texte, Grafiken und Seiten umwandelt. Der Browser ist sozusagen Ihr „Empfangsgerät" für die Internetdaten.

Der mit Abstand am häufigsten verwendete Browser ist der *Internet Explorer* von Microsoft. Das hat einen ganz einfachen Grund: Jeder, der mit *Windows* arbeitet, hat dieses Programm, denn es ist fest in dem Betriebssystem integriert.

Abb. 4.9 Fest in *Windows* eingebaut: der *Internet Explorer.*

Den Browser bedienen

Der *Internet Explorer* ist ein sehr leistungsfähiges Programm zum Surfen im Internet. Das Programm zu starten geht ganz einfach per Startmenü: Wenn Sie das Menü öffnen, finden Sie standardmäßig ganz links oben den Eintrag INTERNET – INTERNET EXPLORER. Durch einen Mausklick darauf wird der Browser gestartet.

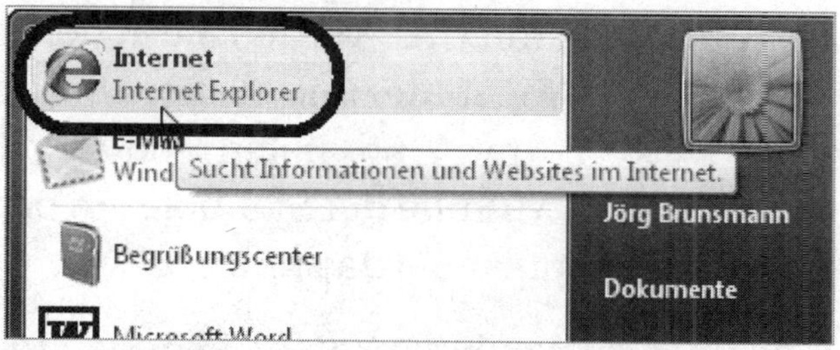

Abb. 4.10 Den *Internet Explorer* starten Sie am schnellsten per Startmenü.

Das A und O beim Surfen im Internet sind die so genannten **Hyperlinks**. Das sind Verweise auf andere Internetseiten oder auch -inhalte wie Datei-Downloads oder Multimediadateien.

Hyperlinks sind leicht zu erkennen: Sie sind in der Regel blau und unterstrichen dargestellt. Aber auch hinter Bildern oder anderen Elementen kann sich ein Hyperlink verbergen.

Wenn Sie den Mauszeiger auf einen Hyperlink bewegen, erscheint als Zeiger eine Hand mit ausgestrecktem Zeigefinger. Ein Mausklick an dieser Stelle öffnet die dazugehörige Seite. So können Sie sich von Seite zu Seite hangeln.

Abb. 4.11 Die Hand zeigt: Hinter dem Bild steckt ein Hyperlink.
Quelle: *www.wdr.de*

Bei Ihrer Reise durch das Internet werden Sie in der Regel mehrere unterschiedliche Angebote und Seiten besuchen. Der *Internet Explorer* verfolgt Ihre Aktivitäten und merkt sich, wo Sie überall schon waren. Mithilfe der Symbole am oberen Rand des *Internet Explorer*s können Sie das nutzen:

- Um eine Seite zurückzublättern, klicken Sie auf den nach links zeigenden Pfeil, den Sie oben links im Fenster des Internet Explorers finden. Wenn Sie mit dem Mauszeiger lediglich auf die Schaltfläche zeigen (nicht klicken!), sagt Ihnen *Windows*, zu welcher Seite Sie bei einem Mausklick gelangen.
- Sie können auch mehrere Schritte vor- bzw. zurückgehen. Klicken Sie dazu auf das kleine, nach unten gerichtete Dreieck neben dem Zurück-Pfeil. Der *Internet Explorer* zeigt dann eine Liste der zuletzt besuchten Seiten. Sie können die gewünschte Seite direkt anspringen.

Lädt der *Internet Explorer* eigentlich noch?
Anhand eines kleinen Symbols im *Internet Explorer* können Sie erkennen, ob derzeit Daten aus dem Internet übertragen werden. Der *Internet Explorer* kann mehrere Seiten gleichzeitig laden; Zugriff auf die einzelnen Seiten erhalten Sie durch den jeweiligen Reiter am oberen Rand des Programmfensters. Dort lässt sich auch erkennen, ob der Ladevorgang noch läuft: Sehen Sie hier das *Explorer*-Symbol, werden keine Daten mehr aus dem Internet übertragen, ansonsten sehen Sie einen animierten Kreis.

Seiten direkt aufrufen

Kennen Sie die Adresse eines Anbieters (z. B. *www.bundestag.de*), dann können Sie den *Internet Explorer* auf direktem Wege mit der gewünschten Seite verbinden.

1. Klicken Sie auf das Eingabefeld im oberen Bereich des Programms, so dass der darin angezeigte Text blau unterlegt ist.
2. Geben Sie nun die gewünschte Adresse ein und bestätigen Sie die Eingabe mit einem Druck auf die Eingabetaste – der *Internet Explorer* beginnt sofort die Seite im Internet zu suchen und zu laden.

Abb. 4.12 Die Adresse bringt Sie direkt zur gewünschten Seite.

Persönliche Favoriten

Bestimmt haben Sie nach kurzer Zeit schon einige persönliche Lieblingsseiten ausfindig gemacht, also Adressen, die Sie immer wieder ansteuern. Wenn Ihnen beim Surfen eine Seite besonders gut gefällt, können Sie diese ganz einfach in die so genannte **Favoriten-Liste** aufnehmen.

1. Laden Sie die Seite, die Sie in die Favoriten-Liste aufnehmen möchten.
2. Klicken Sie danach auf das Symbol des Sterns mit dem kleinen Pluszeichen, das Sie im linken, oberen Bereich des Programm-Fensters finden.
3. Es öffnet sich ein kleines Menü, hier wählen Sie den Eintrag ZU FAVORITEN HINZUFÜGEN.
4. Danach öffnet sich ein neues Fenster, in dem Sie Details für den neuen Favoriten festlegen können. Im Feld NAME erscheint der aktuelle Titel der Seite. Da einige Webseiten jedoch

über wenig aussagekräftige Titel verfügen, können Sie hier auch eine eigene Beschreibung der Verknüpfung eingeben.

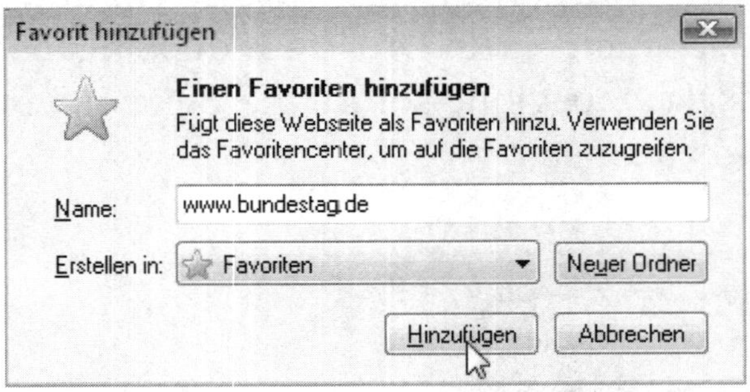

Abb. 4.13 So nehmen Sie eine Seite in Ihre Favoriten-Liste auf.

5. Um einen der Favoriten wieder aufzurufen, klicken Sie ganz einfach auf das kleine Sternsymbol, das Sie im linken, oberen Bereich des Programmfensters finden. Der *Internet Explorer* zeigt dann eine Liste mit allen vorhandenen Favoriten an. Dort wählen Sie den gewünschten Eintrag aus – die Seite wird geladen.

4.4 E-Mail mit Windows Mail

Elektronische Post – auch **E-Mail** genannt – ist der mit Abstand beliebteste Dienst im Internet. Auf Tastendruck lassen sich in Sekundenschnelle Nachrichten um die ganze Welt schicken. Und zwar ohne lange Beförderungszeiten oder hohe Portokosten. Wenige Sekunden nachdem Sie eine E-Mail auf die Reise geschickt haben, erreicht sie auch schon ihren Empfänger.

Das eigene E-Mail-Postfach

Um elektronische Post lesen und schreiben zu können, benötigen Sie ein **E-Mail-Postfach**. Dort werden Ihre elektronischen Briefe so lange zwischengespeichert, bis Sie diese auf Ihren eigenen Computer übertragen oder löschen.

Vielleicht haben Sie sogar schon ein **E-Mail-Konto**, ohne es zu wissen. Sind Sie beispielsweise Kunde bei *AOL* oder *T-Online*, dann gehört ein E-Mail-Konto zum festen Lieferumfang. Bei *AOL* beispielsweise ergibt sich Ihre E-Mail-Adresse unmittelbar aus Ihrem *AOL*-Namen. Haben Sie den *AOL*-Namen *maxmustermann*, dann lautet Ihre E-Mail-Adresse ganz einfach *maxmustermann@aol.com*.

GMX und Co.

Doch auch wenn Ihnen Ihr Online-Dienst oder Internet-Provider keine E-Mail-Adresse zur Verfügung stellt: Es gibt eine ganze Reihe von Anbietern, die Ihnen kostenlos eine Mail-Adresse bereitstellen. Der wohl bekannteste davon ist *GMX*.

Abb. 4.14 *GMX* ist einer der beliebtesten deutschen E-Mail-Dienste. Quelle: *www.gmx.de*

1. Wollen Sie sich dort anmelden, gehen Sie ins Internet und rufen die Seite *www.gmx.de* auf.

2. Dort finden Sie den Link MITGLIED WERDEN, den Sie anklicken. Für den gesamten Anmeldevorgang müssen Sie mit einem Zeitaufwand von etwa einer Viertelstunde rechnen.

3. Nach dem erfolgreichen Abschluss der Anmeldung bekommen Sie von *GMX* Ihre E-Mail-Adresse und Kundennummer mitgeteilt.

4. Zudem finden Sie dann auf dieser Seite die Angaben zu den so genannten **POP3**- und **SMTP-Servern**, die sie für das Einrichten eines Mail-Kontos in *Windows Mail* (siehe dazu den nächsten Abschnitt) benötigen. Diese Seite sollten Sie ausdrucken.

E-Mail mit Windows Mail

Um Ihr E-Mail-Konto professionell zu nutzen, hat *Vista* ein eigenes Programm an Bord. Es heißt *Windows Mail* und Sie müssen es nur noch an Ihre Bedürfnisse anpassen. Das Einrichten eines neuen Kontos ist mit wenigen Mausklicks erledigt:

1. Starten Sie *Windows Mail*. Sie finden dazu ein entsprechendes Symbol im linken oberen Bereich des Startmenüs.

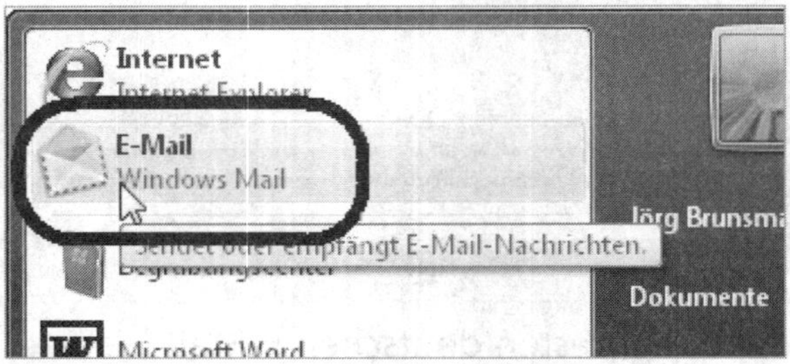

Abb. 4.15 Starten Sie *Windows Mail* per Startmenü.

2. Ist es das erste Mal, dass Sie *Windows Mail* starten, erscheint automatisch ein Assistent, der Ihnen bei der Einrichtung des Kontos hilft. Funktioniert das nicht, können Sie den Assistenten manuell starten über den Befehl EXTRAS • KONTEN.

Was ist mit *Outlook Express* passiert?

In den Vorgängerversionen von *Windows Vista* gab es ein anderes, ebenfalls kostenloses Programm für die Abfrage von E-Mails: *Outlook Express*. Für *Vista* hat Microsoft das Programm gründlich überarbeitet und ihm auch gleich einen neuen Namen verpasst: *Windows Mail*. Die Unterschiede zwischen den beiden Programmen sind nicht so groß, *Windows Mail* ist aber in vielen Bereichen gegenüber *Outlook Express* überarbeitet worden und bietet einige ganz neue Funktion wie zum Beispiel den *Windows*-Kalender.

1. Im nachfolgenden Dialogfenster sind alle bislang eingerichteten Konten aufgeführt. Klicken Sie auf die Schaltfläche HINZUFÜGEN und wählen Sie den Eintrag E-MAIL-KONTO.
2. In das Feld NAME geben Sie nun Ihren Vor- und Nachnamen ein und klicken auf WEITER.
3. Als Nächstes müssen Sie Ihre vollständige E-Mail-Adresse eingeben, also beispielsweise *max@mustermann.de.* Das @-Zeichen, an dem Sie eine E-Mail-Adresse immer erkennen können, geben Sie übrigens über die Tastenkombination [AltGr] und [Q] ein.
4. Tragen Sie im nächsten Fenster in das Feld POSTEINGANGSSERVER (POP3 ODER IMAP) den Servernamen oder die IP-Adresse des so genannten **POP3-Servers** ein. Der POP3-Server verwaltet alle neu eingetroffenen E-Mail-Nachrichten.
5. Anschließend klicken Sie auf das Eingabefeld NAME DES POSTAUSGANGSSERVERS (SMTP) und tragen dort den Namen oder die IP-Adresse des **SMTP-Servers** ein. Der SMTP-Server ist verantwortlich für das Verschicken von E-Mail-Nachrichten.

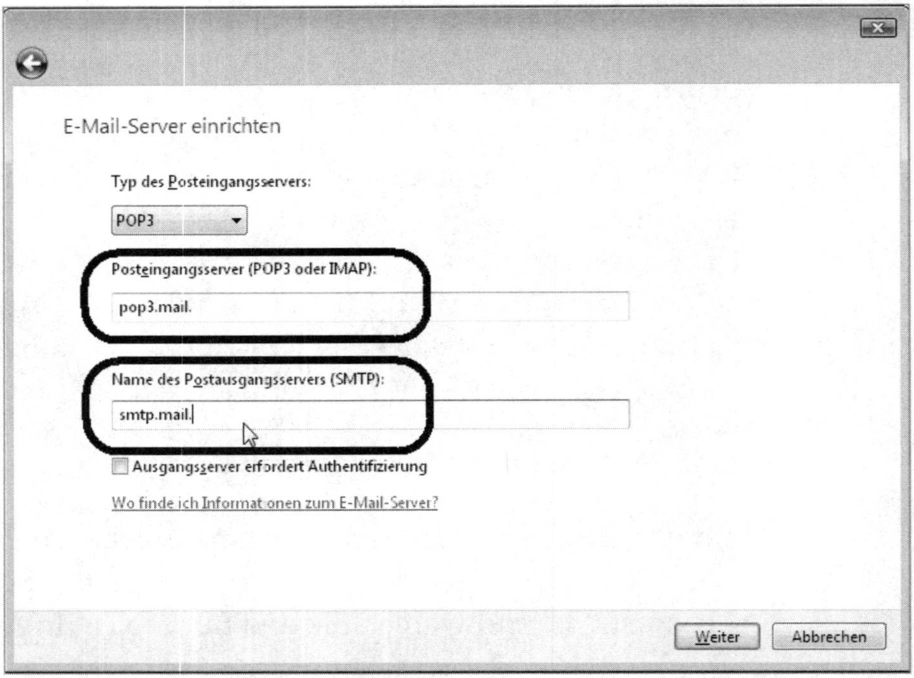

Abb. 4.16 Die Angaben zum POP3- und SMTP-Server bekommen Sie von Ihrem E-Mail-Anbieter (z. B. *GMX*).

6. Im nächsten Fenster tragen Sie in das Feld E-MAIL-BENUTZERNAME den Namen ein, mit dem Sie sich beim E-Mail-Server anmelden müssen. Bei manchen Anbietern (wie zum Beispiel *GMX*) müssen Sie hier die komplette E-Mail-Adresse eingeben (also zum Beispiel *maxmustermann@gmx.de*).

7. Anschließend tragen Sie in das Feld KENNWORT Ihr Passwort ein. Aus Sicherheitsgründen erscheinen während der Eingabe lediglich kleine Punkte. Lassen Sie das Feld KENNWORT frei, müssen Sie das Passwort bei jeder E-Mail-Abfrage erneut eingeben. Das ist etwas lästig, schützt Sie aber auch davor, dass andere Personen, die ebenfalls Zugang zu Ihrem PC haben, Ihre Mails abfragen können.

8. Sie haben nun alle erforderlichen Angaben gemacht und können den Assistenten beenden. *Windows* testet sofort, ob alle Daten korrekt sind und lädt auf dem Server wartende E-Mails herunter.

Schreiben und verschicken

Eine E-Mail zu schreiben und zu verschicken ist eine Sache von wenigen Augenblicken:

1. Klicken Sie in *Windows Mail* in der Symbolleiste auf NEUE E-MAIL.
2. Im oberen Teil des nachfolgenden Fensters finden Sie die Kopfzeilen der E-Mail, das ist quasi der „Adressaufkleber" des elektronischen Briefes. Hier werden der oder die Empfängeradressen und ein kurzer Betreff eingetragen.
3. Klicken Sie danach in die große weiße Fläche im unteren Bereich des Fensters und geben Sie Ihren eigentlichen Nachrichtentext ein. Die Eingabe ähnelt einer Textverarbeitung wie *Word*.
4. Sobald die Nachricht Ihren Vorstellungen entspricht, können Sie diese auf die Reise schicken. Klicken Sie hierzu auf die Schaltfläche SENDEN.
5. *Windows Mail* baut nun eine Verbindung ins Internet auf und schickt die Nachricht an den oder die Empfänger.

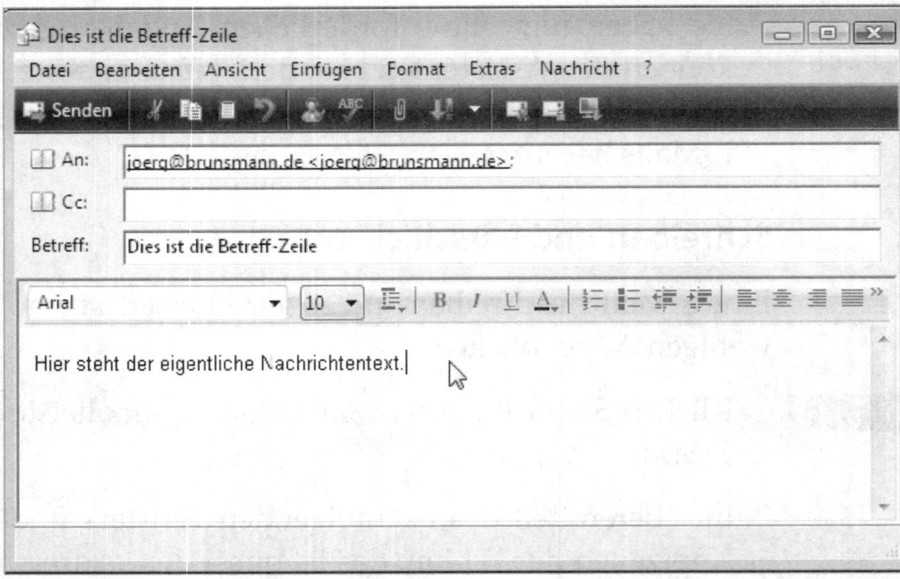

Abb. 4.17 Schritt für Schritt entsteht die neue E-Mail.

E-Mails empfangen

Nicht nur den Briefkasten vor der Haustür sollten Sie regelmäßig leeren. Auch der elektronische Internet-Briefkasten verlangt hin und wieder nach einem „Abholgang".

1. Um alle neuen Nachrichten abzuholen, die beim E-Mail-Server Ihres Internetanbieters auf Sie warten, klicken Sie einfach auf die Schaltfläche SENDEN/EMPFANGEN.

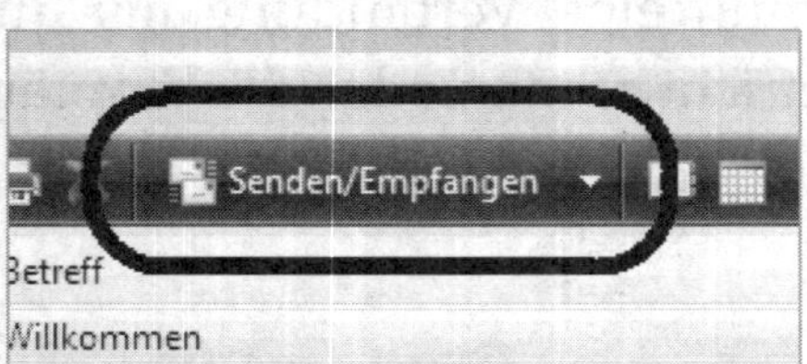

Abb. 4.18 SENDEN/EMPFANGEN erledigt zwei Arbeitsschritte auf einmal.

2. Alle neu eingetroffenen Nachrichten landen automatisch im Ordner *Posteingang*. Dort können Sie diese in Ruhe lesen. Dass eine oder mehrere neue Nachrichten auf Sie warten,

erkennen Sie auch an der Zahl hinter dem Text Posteingang. Hier zeigt *Windows Mail* die Anzahl ungelesener Mails an.

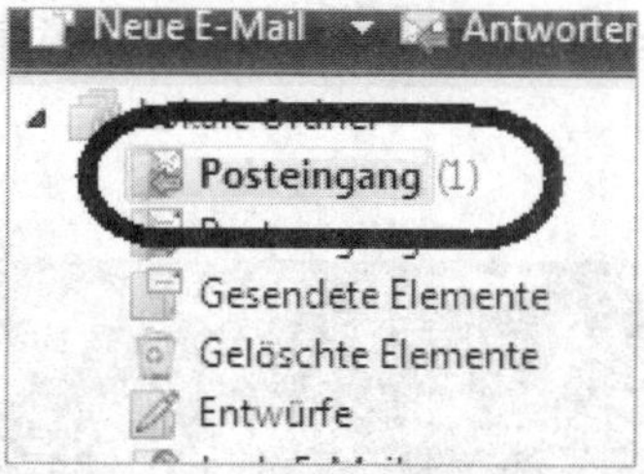

Abb. 4.19 Hier wartet eine ungelesene Nachricht auf Sie.

3. Wenn Sie eine der aufgeführten Nachrichten lesen möchten, klicken Sie im oberen Bereich des Fensters auf den angegebenen Betreff. *Windows Mail* blendet daraufhin den Nachrichtentext im unteren Bereich des Fensters ein.

4.5 Programme aus dem Internet laden

Neue Programme für den PC aus dem Internet zu laden ist heute kein Problem mehr. Das Internet platzt förmlich aus allen Nähten, wenn es um Software geht.

Das Schwierigste am so genannten **Download** ist, die Internetseite zu finden, auf der das gewünschte Programm zum Abruf bereitsteht. Es gibt aber eine Reihe von Anbietern, die Ihnen Listen mit interessanten Programmen zum Herunterladen anbieten. Eine deutschsprachige Auswahl finden Sie zum Beispiel auf der Seite von CNET Networks.

1. Rufen Sie dazu die Seite *www.zdnet.de* auf und wählen Sie den Bereich DOWNLOADS. Im Suchfeld am oberen Rand der Seite können Sie einen Suchbegriff eingeben oder sich über die Kategorien an Ihr gewünschtes Programm herantasten.

2. Schließlich haben Sie eine Liste mit allen verfügbaren Programmen und einer kurzen Beschreibung vor sich. Eventuell geht diese Liste über mehrere Seiten. Suchen Sie sich das gewünschte Programm heraus und klicken Sie auf den Titel der Software.

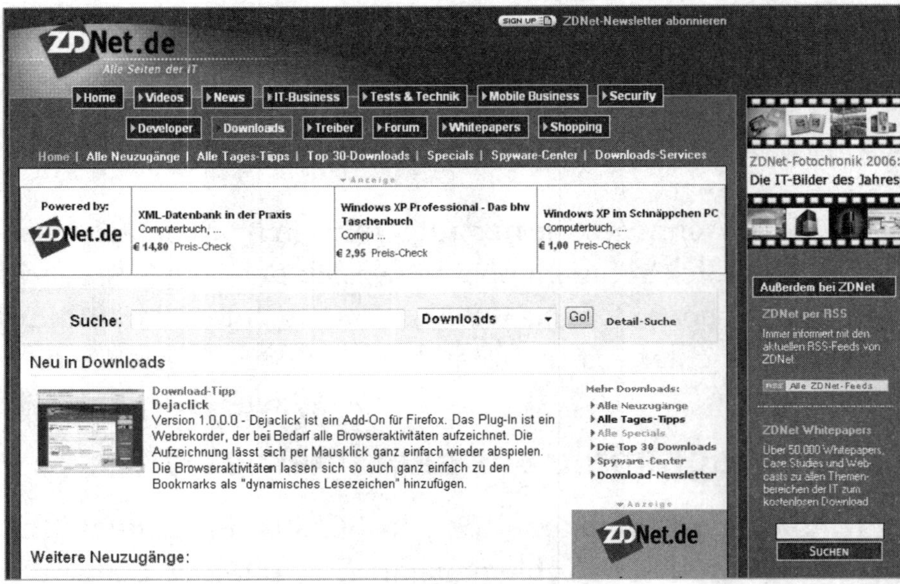

Abb. 4.20 Freie Auswahl: Was für ein Programm benötigen Sie?
Viele Portale bieten eine reichhaltige Auswahl.
Quelle: *www.zdnet.de/downloads/*

3. Nun können Sie direkt mit dem Download beginnen. Klicken Sie dazu auf JETZT HERUNTERLADEN.

4. Es kann sein, dass der *Internet Explorer* den Download zunächst aus Sicherheitsgründen abblockt. Sie müssen dann im oberen Bereich auf die Hinweiszeile klicken und den Download erlauben.

5. Es kann einige Sekunden dauern, doch dann sollte das Herunterladen der Datei beginnen. Es erscheint ein neues

Fenster, das die Übertragung des Programms ankündigt. Wählen Sie die Option SPEICHERN und klicken Sie auf OK.

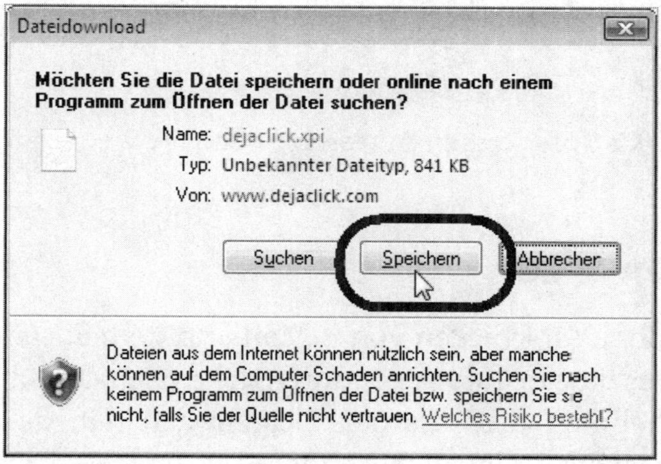

Abb. 4.21 Speichern Sie das Programm auf der Festplatte.

6. Geben Sie an, in welchem Ordner die Datei gespeichert werden soll. Danach werden die Daten aus dem Internet auf Ihren Computer übertragen und auf der Festplatte gespeichert.

7. Ist der Download beendet, verändert sich das Statusfenster. Um das Programm jetzt sofort zu installieren, klicken Sie auf ÖFFNEN.

Adresse	**Angebot an Software**
www.download.com	Breites Angebot internationaler Free- und Shareware, geordnet nach Kategorien und dem Beliebtheitsgrad
www.freeware.de	Kostenlose Software – größtenteils deutschsprachig – zum direkten Download; geordnet nach Kategorien

Adresse	Angebot an Software
www.tucows.com	Internationale Software, nicht nur für *Windows*, sondern auch für *Linux* oder das Betriebssystem *BeOS*; geordnet nach Kategorien, leider auf Englisch.

Tabelle 4.2 Unter diesen Adressen finden Sie weitere Software

4.6 Chatten & Co.

Neben dem Verschicken von E-Mail und dem Surfen im Internet gibt es eine dritte Anwendung, die entscheidend zur heutigen Beliebtheit des Internets beigetragen hat: das **Chatten**. Chatten ist eigentlich nichts anderes als miteinander zu „quatschen“. Dank Internet erreichen Sie Menschen, denen Sie vorher nie begegnet sind und die Hunderte oder sogar Tausende von Kilometern entfernt sein können.

Chat-Anbieter aussuchen

Als Startseite für Ihren Online-Plausch geeignet ist die Seite *www.webchat.de*. Sie finden hier eine Übersicht über zahlreiche deutschsprachige Chat-Angebote im Netz, geordnet nach Themen, sowie außerdem eine Hitliste mit den aktuell beliebtesten Chatrunden.

Abb. 4.22 *Webchat.de* ist ein guter Ausgangspunkt für Ihre Chat-Tour. Quelle: *webchat.de*

Haben Sie sich für einen der aufgeführten Anbieter entschieden, können Sie noch den genauen **Chat-Room** auswählen. Wählen Sie dabei möglichst keinen allzu vollen Raum. Den Chat-Room können Sie sich vorstellen wie ein großes Zimmer, in dem sich alle gleichzeitig mit allen unterhalten können.

Je voller der Raum, desto schwieriger fällt es natürlich, der Diskussion zu folgen. Wobei es normalerweise so läuft, dass Sie sich mit ein oder maximal zwei anderen Personen in diesem Raum unterhalten.

Haben Sie sich für eines der Chat-Themen entschieden, werden Sie automatisch zu der Internetseite des eigentlichen Chat-Anbieters weitergeleitet.

Bei einigen Anbietern müssen Sie sich registrieren, bevor Sie an der Diskussion teilnehmen können, bei anderen reicht die Angabe eines beliebigen Namens und Sie können sofort loslegen. Einen so genannten **Nickname** (Spitznamen) müssen Sie aber in jedem Fall eingeben, damit die anderen Teilnehmer Sie im Chat auch erkennen und ansprechen können.

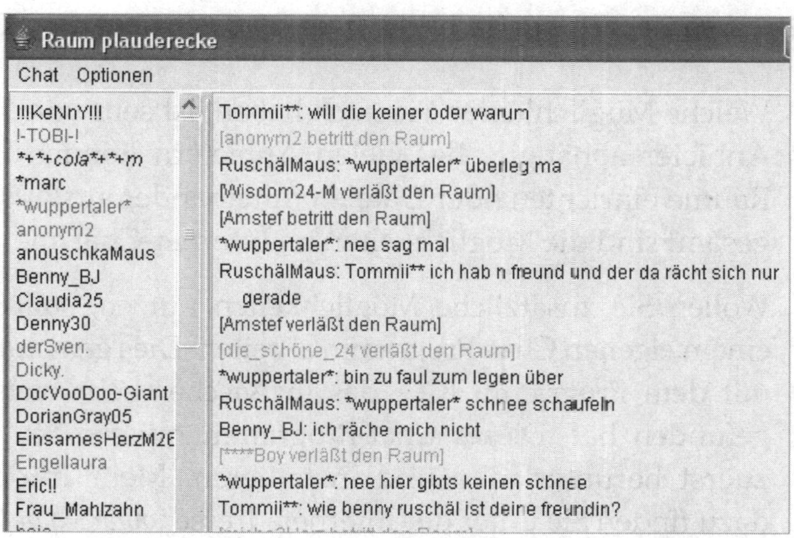

Abb. 4.23 Der Blick in einen typischen Chat-Raum. Quelle: *www.webchat.de*

Chat starten

Jetzt geht es wirklich los. Hat die Anmeldung geklappt, dann finden Sie sich direkt im Chat-Room wieder.

Im großen Fenster sehen Sie alle Nachrichten, die andere oder Sie selbst geschrieben haben. Zudem werden hier Statusmeldungen des Systems angezeigt, dazu gehört zum Beispiel die Meldung, wenn ein neuer Teilnehmer den Raum betritt oder wenn jemand den Raum verlässt.

Am unteren Rand des Fensters sehen Sie eine einzelne Leerzeile. Klicken Sie hier mit dem Mauszeiger hinein. Sie können jetzt Ihre Nachricht an die anderen Teilnehmer eingeben. Drücken Sie die Eingabe-Taste, wird die Nachricht gesendet und taucht im großen Chat-Fenster auf – sie ist jetzt für alle Chat-Teilnehmer sichtbar.

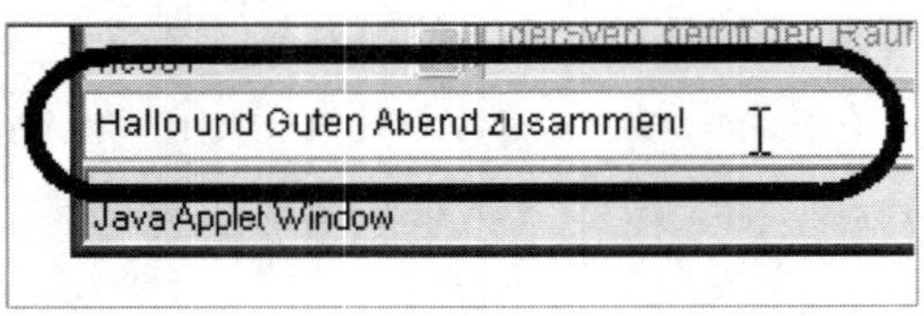

Abb. 4.24 Geben Sie hier Ihre Nachricht an die anderen Chatter ein.

Welche Möglichkeiten Sie noch haben, ist sehr vom jeweiligen Anbieter abhängig. Bei vielen Anbietern können Sie eigene Räume einrichten oder Dateien miteinander austauschen. Insgesamt sind die Möglichkeiten im Internet-Chat aber begrenzt.

Wollen Sie zusätzliche Möglichkeiten nutzen, sollten Sie mit einem eigenen Chat-Programm arbeiten. Dies geht zum Beispiel mit dem Programm *ICQ*, das inzwischen sehr viele Freunde gefunden hat. Dieses Chat-Programm müssen Sie allerdings zuerst herunterladen und installieren. Mehr Informationen dazu finden Sie unter der Internetadresse *www.icq.de*

Kapitel 5

Internet unterwegs

Das Internet ist für viele heute zum festen Bestandteil ihres Alltags geworden: mal eben schnell die neuesten Nachrichten lesen, den Wetterbericht fürs Wochenende prüfen oder nach den Sonderangeboten vom Supermarkt um die Ecke schauen.

Dank *DSL* und günstiger Flatrate-Tarife ist das unbegrenzte Surf-Vergnügen schon länger keine Veranstaltung mehr ausschließlich für Wohlhabende. Fernab des heimatlichen DSL-Anschlusses oder der häuslichen Telefonbuchse sieht es allerdings noch anders aus. Internet auf Reisen ist leider nicht so einfach – oder es geht kräftig an die Geldbörse. Da macht es Sinn, den Online-Aufenthalt etwas genauer zu planen und mit ein paar Tricks zu verkürzen.

5.1 Welcher Mobil-Zugang ist richtig?

Beim mobilen Internet-Zugang bleibt Ihnen nicht viel Auswahl. Handynetz oder öffentlicher WLAN-Zugang, das sind die beiden Hauptmöglichkeiten. Wobei WLAN zwar viele Vorteile hat, allerdings in der Regel auch auf größere Städte oder öffentliche Bereiche wie Bahnhöfe oder Flughäfen beschränkt bleibt. WLAN ist zudem ungeeignet, wenn Sie unterwegs sind, zum Beispiel in der Bahn oder im Auto sitzen: Die Reichweite von WLAN-Netzen beträgt wenige Hundert Meter – anders als beim Handy-Netzwerk gibt es hier keine Möglichkeit, das Signal von einem WLAN-Hotspot zum nächsten weiterzureichen.

Das Handynetz ist damit universeller und zudem weit verbreitetet: Kaum ein Fleckchen mehr in Deutschland, an dem nicht mindestens ein Handynetz verfügbar ist. Seit einiger Zeit gibt es sogar in vielen Gebieten das schnellere **UMTS**, den Nachfolger der bewährten GSM-Handynetze. Dafür schlagen GSM oder UMTS-Zugang auch finanziell deutlich stärker zu Buche.

Mit dem Handy ins Netz

Die mobile Internetverbindung mit dem Handy unterscheidet sich gar nicht so sehr von der traditionellen Verbindung mit Modem und Festnetzanschluss. Auch hier benötigen Sie ein Modem und einen Telefonanschluss. Den „Telefonanschluss" stellt das Handy dar, das Gerät ist quasi Ihre Anschlussleitung ins Internet.

Die in vielen Notebooks eingebauten Modems für den Betrieb an einer analogen Telefonleitung sind für den Handy-Zugang dagegen leider nicht geeignet; hier muss etwas anderes her.

„Echtes" Modem im Handy

Was viele Handybesitzer nicht wissen: Die meisten Geräte haben ein eingebautes Modem, auch ältere Modelle wie beispielsweise das lange Zeit beliebte Handy-Modell *Nokia 6210*.

In diesem Fall muss lediglich eine Verbindung zwischen Handy und Notebook hergestellt werden; der PC erkennt dann das Handy als normales Modem, das mit entsprechenden Befehlen angesprochen werden kann. *Windows* muss dem Handy lediglich mitteilen, welche Nummer es anwählen soll; alles andere übernimmt das Mobiltelefon.

Abb. 5.1 Ältere Handys gibt es heute zum Schnäppchenpreis – als Mobil-Modem sind sie absolut ausreichend. Quelle: *www.ebay.de*

Vorsicht Soft-Modem!

Manche Handys werden als „datenfähig" beworben, haben also auch ein Modem an Bord – könnte man zumindest meinen. Doch der Begriff täuscht mitunter. Das Handy kann nur mit einem Spezialprogramm – einem so genannten **Soft-Modem** – den Datenaustausch mit dem Internet steuern.

Die Softmodem-Programme sind jedoch – wenn sie für ältere Modelle überhaupt noch zu bekommen sind – recht teuer. Beim Neukauf eines Handys sollten Sie sich daher davon überzeugen, dass ein „echtes" Modem im Gerät eingebaut ist.

Die Verbindung zwischen Handy und Notebook

Um das Handy-Modem nutzen zu können, müssen Sie auf irgendeine Weise Handy und Notebook miteinander verbinden. Dazu gibt es mehrere Möglichkeiten, je nach Ausstattung von Handy und Notebook.

Infrarot

Die einfachste und schnellste Methode ist es, die beiden Geräte per Infrarot miteinander zu verbinden. Viele Notebooks bieten eine Infrarotschnittstelle und auch auf Seiten der Handys ist diese weit verbreitet. Inzwischen allerdings – vornehmlich aus Kostengründen – findet man sie immer öfter nur noch bei teureren Geräten.

Ist eine Infrarotschnittstelle eingebaut, muss sie lediglich per Menü aktiviert werden, danach richten Sie das Infrarotauge des Handys auf das Gegenstück des Notebooks, so dass sich die beiden Geräte „sehen" können. *Windows* erkennt nun automatisch das Gerät und installiert – falls das Handy wie ein normales Modem benutzt werden kann – einen Treiber für das Handy-Modem. Danach kann *Windows* auf das Modem zugreifen und darüber die mobile Internetverbindung aufbauen.

Kabel

Die zweite Möglichkeit, um Handy und Notebook miteinander zu vermählen: ein passendes Kabel zwischen den beiden Geräten. Das Problem hierbei ist, dass fast jeder Handy-Hersteller sein eigenes Schnittstellen-Süppchen kocht und nur selten ein Kabel mitliefert. Zum Glück gibt es solche Kabel inzwischen für relativ wenig Geld im Internet, beispielsweise bei *eBay* zu kaufen.

Ist die Verbindung der beiden Geräte erst einmal hergestellt, funktioniert die Kommunikation genauso wie bei der Infrarotverbindung: *Windows* sollte das Handy erkennen, den passenden Modem-Treiber installieren, und danach steht einem Verbindungsaufbau ins Internet nichts mehr im Wege.

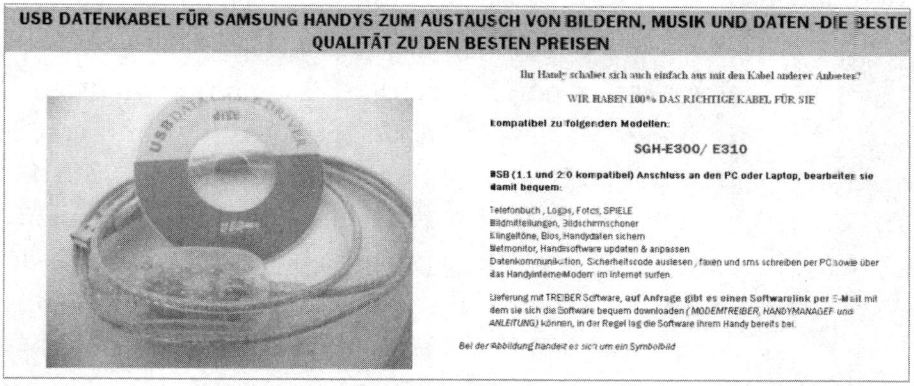

Abb. 5.2 Handy-Kabel sind meist Spezialkabel – dank *eBay* aber inzwischen problemlos zu bekommen. Quelle: *www.ebay.de*

Bluetooth

Die Funktechnik **Bluetooth** hat in den letzten Jahren enorm an Popularität gewonnen; inzwischen sind viele Handys mit der Technik ausgerüstet (vornehmlich, um drahtlose Headsets darüber zu nutzen) und auch viele Notebooks können mit dem „Blauzahn"-Funk aufwarten.

Im Grunde läuft der Aufbau einer Verbindung hier ähnlich ab wie bei der Infrarotverbindung. Nachdem sich die Geräte gegenseitig erkannt haben, muss *Windows* den passenden Treiber installieren, danach kann fröhlich miteinander kommuniziert werden. Der Vorteil von Bluetooth: Sie sind nicht auf eine Sichtverbindung zwischen den beiden Geräten angewiesen, und es gibt auch kein nervendes Kabel.

Wie schnell kann ich mobil surfen?

Falls Sie nicht das neue und schnelle UMTS nutzen, das mit Geschwindigkeiten auf DSL-Niveau daherkommt, ist die Internetverbindung mit dem Handy eher ein Rückschritt in alte Modem-Zeiten.

Ohne jede Zusatztechnik ist das GSM-Netz gerade einmal für eine Geschwindigkeit von 9,6 Kilobit pro Sekunde gut. Doch die Techniker haben bereits fleißig gefeilt und mit etlichen Tricks eine höhere Geschwindigkeit herausgeholt. **GPRS** (General Packet Radio Service) heißt die Technik, mit der im Mobilfunknetz Geschwindigkeiten bis zu 54 Kilobit pro Sekunde möglich sind – das entspricht ziemlich genau der Geschwindigkeit, die auch handelsübliche Analog-Modems schaffen. Mit weiteren technischen Kniffen geht es sogar noch schneller: Mittels der **EDGE**-Technik, die sich gerade langsam durchsetzt, können im GSM-Netz bis zu 384 Kilobit pro Sekunde erreicht werden.

So wählen Sie sich per Handy ins Internet ein

Klappt erst einmal die Verbindung zwischen Handy und Notebook, sind es nur noch wenige Schritte bis ins Internet. Allerdings müssen Sie sich entscheiden, wie und mit welchem Anbieter Sie mobil surfen wollen. Grundsätzlich bieten alle Mobilfunkanbieter die Möglichkeit einer **Internet-by-call**-Verbindung. Sie wählen die Zugangsnummer Ihres Mobilfunkanbieters und sind schon mit dem Internet verbunden.

Bei den meisten Mobilfunkanbietern ist nicht einmal eine Anmeldung erforderlich; nur wenn Sie mit *T-Mobile* einen Vertrag abgeschlossen haben, müssen Sie sich für die Nutzung des mobilen Internets vorher anmelden. In der folgenden Tabelle finden Sie die Zugangs- und Anmeldedaten für die vier deutschen Mobilfunknetze im Überblick.

	T-Mobile	Vodafone	E-Plus	O_2
Zugangsnummer	4122	229000	123100	464638
Nutzername	Wird nach Anmeldung mitgeteilt	Beliebig Eingabe	Keine	go@mobil.de
Kennwort	dto.	Beliebig	Keine Eingabe	internet
Preis pro Minute	0,199 €	0,09 € – 0,19 €	0,097 € – 0,199 €	0,15 €
Alle Angaben ohne Gewähr. Die Preise geben den Stand bei Drucklegung des Buches wieder.				

Tabelle 5.1: Mit diesen Nummern kommen Sie mobil ins Internet

Möglichkeit Nummer zwei für den mobilen Internetzugang: Sie nutzen weiterhin Ihren altbekannten Internetprovider wie *T-Online* oder *AOL*. Die meisten großen Provider haben in den Mobilfunknetzen nämlich auch eigene Zugangsnummern. Als Benutzernamen und Kennwort verwenden Sie die gleichen Daten wie beim Internetzugang zu Hause. In der Tabelle sehen Sie die wichtigsten Zugangsnummern im Überblick.

	T-Mobil	Vodafone	E-Plus	O_2
T-Online	191011	22123	01910	0191011
AOL	41914	22144	123100	46265
Arcor	–	22971	–	–
Debitel	22214	22214	–	–
Tiscali	–	–	–	752638
1 & 1	44101	22101	–	–
Alle Angaben ohne Gewähr.				

Tabelle 5.2: Mit diesen Nummern kommen Sie mit Ihrem Provider mobil ins Netz

Internetverbindung einrichten

Um mit dem Handy jetzt tatsächlich online zu gehen, sind nur noch ein paar Mausklicks erforderlich. *Windows* hilft sogar bei der Einrichtung der Verbindung.

1. Öffnen Sie die Systemsteuerung über Start • Systemsteuerung. Dort wählen Sie die Kategorie Netzwerk- und Internet. Klicken Sie auf den Eintrag Verbindung mit Netzwerk herstellen.

2. Wählen Sie jetzt Eine Verbindung oder Netzwerk einrichten. Sie bekommen nun eine Auswahlliste angezeigt mit verschiedenen Verbindungsarten. Da sich das Handy wie ein normales Modem verhält, wählen Sie hier den Eintrag Wählverbindung einrichten.

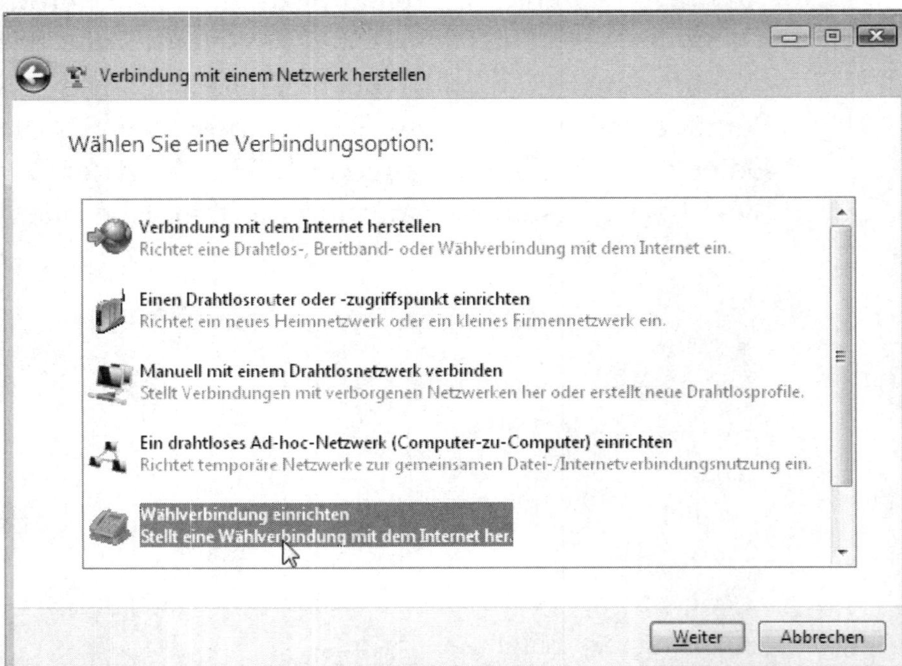

Abb. 5.3 Mit Wählverbindung einrichten stellen Sie auch die Mobil-Verbindung ins Internet her.

3. Geben Sie nun alle erforderlichen Daten wie die Zugangsnummer, Ihren Benutzernamen und das Passwort ein – danach klicken Sie auf VERBINDEN.

4. *Windows* versucht nun direkt, eine Verbindung mit dem Internet herzustellen. Sollte dieser Verbindungsversuch scheitern, klicken Sie auf PROBLEM DIAGNOSTIZIEREN, um anzeigen zu lassen, wo der Fehler liegt. Möglicherweise hat Ihr Handy gerade keinen Empfang.

5. Während Sie per Handy mit dem Internet verbunden sind, tickt übrigens fleißig der Gebührenzähler. Sie sollten daher die Verbindungsdauer recht kurz halten. Um die Verbindung zu trennen, reicht es, am Handy die AUFLEGEN-TASTE zu drücken.

5.2 WLAN unterwegs nutzen

Eigentlich ist die WLAN-Technik vor allem für den Hausgebrauch oder die Verwendung in Unternehmen konzipiert worden. In letzter Zeit aber haben auch andere Branchen die Funknetztechnik entdeckt. Hotels oder Cafés installieren WLAN-Router und bieten gegen Gebühr einen Zugang zum Internet an – ideal also, wenn Sie mit dem Notebook auf Reisen sind. Auch die *Deutsche Telekom* mit ihren Tochterunternehmen *T-Online* und *T-Mobile* betreibt eigene WLAN-Zugangspunkte, ebenso gibt es eine Reihe regionaler Anbieter.

Die meisten neuen Notebooks haben bereits eine WLAN-Karte eingebaut: *Centrino*-Notebooks zum Beispiel müssen damit ausgerüstet sein, um sich so nennen zu dürfen.

Der Nachteil: WLAN-Router haben eine recht begrenzte Reichweite; das jeweilige Netz reicht nicht allzu weit über das Café oder das Hotel hinaus. An eine flächendeckende Versorgung – wie beim Handy-Netz – ist daher noch lange nicht zu denken.

HotSpots ausfindig machen

Einen öffentlichen WLAN-Zugangspunkt nennen Experten einen **HotSpot** – einen „heißen Punkt". Einen solchen HotSpot ausfindig zu machen, funktioniert am besten per Internet. Dort gibt es eine Reihe von Seiten, die Ihnen weiterhelfen. Im Folgenden werden die wichtigsten Seiten im Überblick dargestellt.

http://www.connect.de
Im Bereich SERVICE finden Sie hier einen Eintrag WLAN-HOTSPOTS, der Sie zu einer Datenbank führt. Sie können dort nach HotSpots in Ihrer Stadt suchen; es sind insgesamt mehrere Tausend HotSpots registriert.

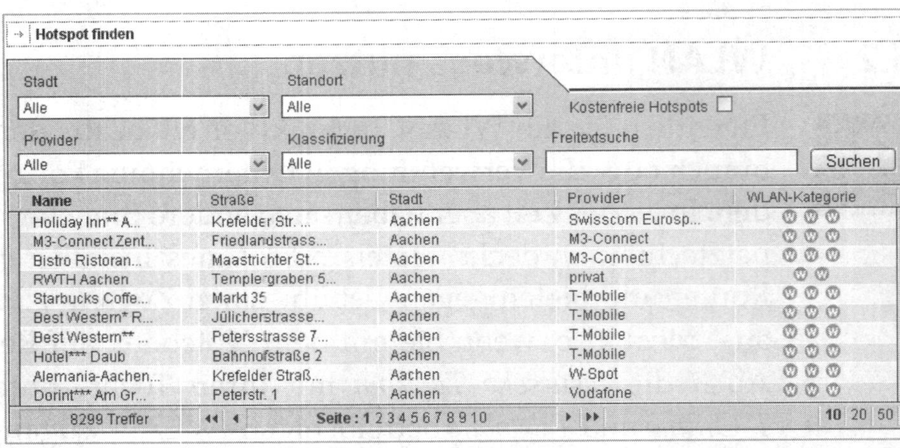

Name	Straße	Stadt	Provider	WLAN-Kategorie
Holiday Inn** A...	Krefelder Str. ...	Aachen	Swisscom Eurosp...	
M3-Connect Zent...	Friedlandstrass...	Aachen	M3-Connect	
Bistro Ristoran...	Maastrichter St...	Aachen	M3-Connect	
RWTH Aachen	Templergraben 5...	Aachen	privat	
Starbucks Coffe...	Markt 35	Aachen	T-Mobile	
Best Western* R...	Jülicherstrasse...	Aachen	T-Mobile	
Best Western** ...	Petersstrasse 7...	Aachen	T-Mobile	
Hotel*** Daub	Bahnhofstraße 2	Aachen	T-Mobile	
Alemania-Aachen...	Krefelder Straß...	Aachen	W-Spot	
Dorint*** Am Gr...	Peterstr. 1	Aachen	Vodafone	

Abb. 5.4 HotSpots lassen sich am besten per Internet ausfindig machen – daher vor Reiseantritt danach suchen!
Quelle: *www.businesshotspot.de*

http://www.t-mobile.de/hotspot
Informationen rund um die HotSpots von *T-Mobile*. Diese befinden sich zum überwiegenden Teil in Hotels, auf Flughäfen, Messegeländen oder in Cafés. Sind Sie bereits *T-Mobile*-Kunde, können Sie auf diese HotSpots zugreifen; die Abrechnung erfolgt dann über Ihre normale Telefonrechnung.

http://wlan.t-online.de
Auch der Internet-Provider *T-Online* betreibt eine Reihe von HotSpots. Auf dieser Seite finden Sie Informationen über Standorte und Zugangsmöglichkeiten. Zudem bietet *T-Online* ein eigenes Suchprogramm für HotSpots, den *WLAN-Access-Finder*.

http://www.businesshotspot.de
Hierbei handelt es sich um eine Datenbank in Zusammenarbeit mit dem Verband der Anbieter von Telekommunikations- und Mehrwertdiensten. Sie bietet einen Überblick über die HotSpots von verschiedenen Anbietern.

http://wlan.lycos.de
Die Webseite ist ein Angebot des Internetanbieters *Lycos*. Hier lässt sich ein Programm mit dem Namen *WLAN Sniffer* herunterladen, das speziell für das Notebook gedacht ist. Eine integrierte Datenbank hilft Ihnen, den nächstgelegenen HotSpot auszumachen. Zudem wird angezeigt, welche Funknetzwerke derzeit tatsächlich empfangen werden.

HotSpots nutzen

Die Nutzung eines HotSpots ist ein kleines Abenteuer – noch zumindest. Denn bisher hat sich kein Standard durchgesetzt, der den Zugang zu einem öffentlichen WLAN regelt. Den meisten HotSpots ist gemein: Sie müssen sich vorher anmelden, um die entsprechenden Zugangsdaten zu erhalten.

Zugang über Gutschein (Voucher)

Bei dieser Zugangsart müssen Sie vor der Nutzung des HotSpots einen Gutschein kaufen. Dieser enthält die erforderlichen Zugangsdaten, die für einen bestimmten Zeitraum gültig sind. Der Vorteil daran: Sie wissen ganz genau, was Sie der Ausflug ins Internet kostet.

Auf Rechnung surfen

Funktioniert ähnlich wie das Pay-TV auf dem Hotelzimmer: Sie lassen sich den HotSpot-Zugang für den Zeitraum Ihres Aufenthaltes freischalten, abgerechnet wird anschließend beim Verlassen des Hotels. Wichtig: Nach Möglichkeit sollte es sich um ein Pauschalangebot handeln; zeit- oder volumenabhängige Angebote können sonst für teure Überraschungen sorgen.

Abrechnung über bestehende Verträge

Dies ist vor allem dann möglich, wenn Sie mit einem HotSpot-Anbieter bereits einen anderen Vertrag haben. Zum Beispiel einen Handy-Vertrag bei *T-Mobile*. In der Regel müssen Sie die HotSpot-Nutzung freischalten lassen und erhalten dann Zugriff auf die jeweiligen Firmen-HotSpots. Die Abrechnung erfolgt dann über Ihre normale Rechnung – zum Beispiel über Ihre Handy-Rechnung.

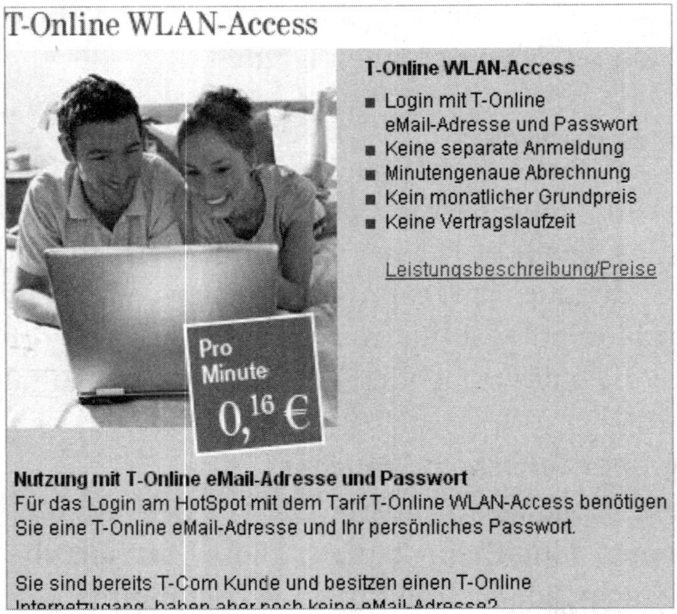

Abb. 5.5 Ob der Minutenpreis von 0,16 € pro Minute bei *T-Online* ein Schnäppchen ist? Quelle: *www.t-online.de*

Beim HotSpot anmelden

Haben Sie erst einmal den HotSpot in Ihrer Nähe gefunden, den Sie nutzen wollen, können Sie mit *Windows Vista* sehr schnell die Verbindung herstellen:

1. Rechts unten, im Infobereich der Taskleiste finden Sie ein kleines Symbol mit zwei Computerbildschirmen. Da Sie bisher keine Verbindung hergestellt haben, ist darüber ein rotes „x" zu sehen.
2. Klicken Sie das Symbol an und wählen Sie aus dem Menü VERBINDUNG MIT EINEM NETZWERK HERSTELLEN.
3. *Windows* zeigt nun alle möglichen Netzwerkverbindungen an – darunter sollte sich auch der Name des HotSpots befinden, mit dem Sie eine Verbindung herstellen möchten.

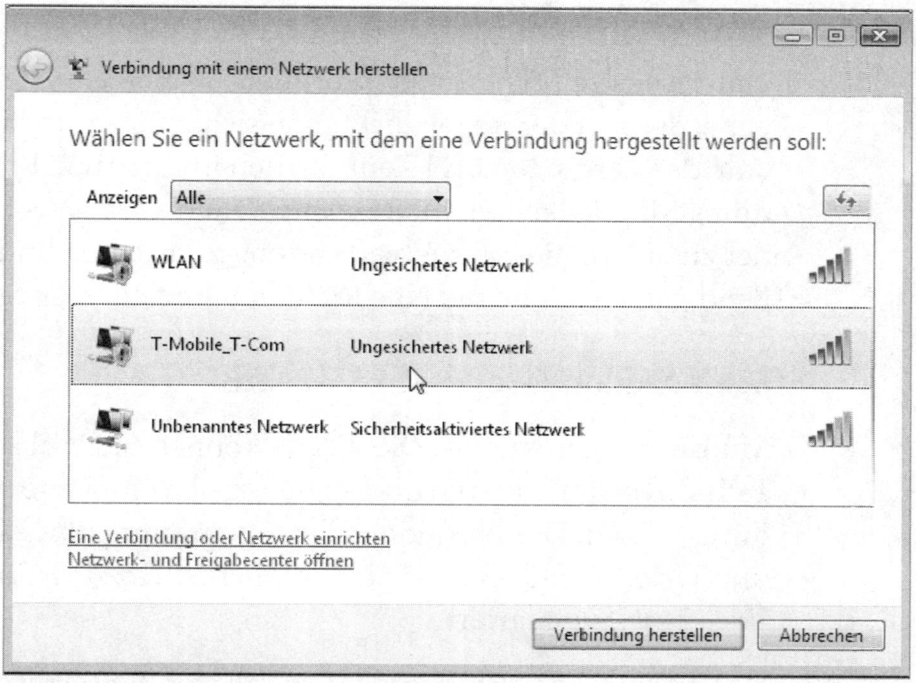

Abb. 5.6 *Windows* findet HotSpots automatisch.

4. Klicken Sie den Namen dieses Eintrags an und wählen Sie VERBINDUNG HERSTELLEN.

5. Falls das Netzwerk verschlüsselt ist, müssen Sie nun das Passwort eingeben. Handelt es sich um ein unverschlüsseltes Netzwerk, was bei öffentlichen HotSpots häufig der Fall ist, warnt *Windows* Sie vor der Verbindung. Diese Warnung können Sie ignorieren – klicken Sie auf TROTZDEM VERBINDEN.

6. Fragt *Windows* Sie nach dem Ort, an dem sich das Netzwerk befindet, wählen Sie ÖFFENTLICHER ORT – dadurch werden die Sicherheitseinstellungen entsprechend angepasst und ihr PC ist besser geschützt.

5.3 Auch ohne Internetverbindung auf dem Laufenden bleiben

Unterwegs sein und doch informiert – keine ganz leichte Aufgabe, denn in der Regel klickt man sich online durch die Angebote der Zeitungen und Zeitschriften im Internet. Es gibt allerdings Möglichkeiten, interessante Seiten vorab aus dem Internet zu laden, die Internetverbindung zu trennen und anschließend ganz in Ruhe die Nachrichten oder Seiten zu lesen.

Schlagzeilen lesen mit RSS-Feeds

Mit den so genannten **RSS-Feeds** können Sie Webseiten oder Teile davon abonnieren und später – auch ohne Internetverbindung – lesen. Das besondere: Das Programm zum Abonnieren und Lesen von RSS-Feeds ist im *Internet Explorer* für *Windows Vista* bereits integriert.

Der Nachteil der RSS-Feeds: Die meisten Betreiber von Internetseiten, die solche Feeds anbieten, speichern nur wenige

Informationen darin – meist geht es nicht über Schlagzeilen hinaus. Aber immerhin benötigen Sie keine zusätzlichen Programme und können sich schnell über einige wichtige Dinge informieren.

So abonnieren Sie einen RSS-Feed

Wenn auf einer Internetseite ein oder mehrere RSS-Feeds angeboten werden, wird das entsprechende RSS-Symbol im *Internet Explorer* farbig dargestellt.

1. Klicken Sie auf den kleinen Pfeil, rechts neben dem RSS-Symbol, um zu sehen, welche Feeds angeboten werden. Sie können dort direkt einen der Feeds auswählen.

Abb. 5.7 Viele Seiten bieten mehr als einen RSS-Feed an. Quelle: *heise.de*

2. Sie bekommen nun den RSS-Feed angezeigt und können auf diese Weise direkt beurteilen, ob es sich lohnt, ihn zu abonnieren.
3. Haben Sie sich für ein Abo entschieden, das übrigens absolut kostenlos ist, klicken Sie auf DIESEN FEED ABONNIEREN.
4. In einem Fenster können Sie dem Feed noch einen anderen Namen geben, klicken Sie dann auf ABONNIEREN.

RSS-Feeds lesen

Die einmal abonnierten RSS-Feeds lassen sich mit wenigen Mausklicks wieder aufrufen:

1. Rufen Sie das Favoriten-Menü des *Internet Explorers* auf. Sie müssen dazu nur auf den kleinen, gelben Stern klicken, den Sie links oben im Programmfenster finden.

2. Wechseln Sie in den Reiter FEEDS. Hier sind alle von Ihnen abonnierten Feeds aufgelistet – Sie müssen nur den gewünschten Eintrag anklicken.

Abb. 5.8 Über den Reiter FEEDS haben Sie alle abonnierten RSS-Feeds im Blick.

RSS-Feed aktualisieren

Normalerweise müssen Sie sich um die Aktualisierung der von Ihnen abonnierten Feeds gar nicht kümmern: Immer, wenn Sie den *Internet Explorer* starten, überprüft dieser automatisch, ob sich an den RSS-Feeds etwas geändert hat und bringt Ihre Abos auf den neuesten Stand. Sie können diese Überprüfung aber auch manuell durchführen:

1. Rufen Sie das Favoriten-Menü des *Internet Explorers* auf (der kleine gelbe Stern, links oben im Programmfenster) und wechseln Sie in den Reiter FEEDS.

2. Zeigen Sie mit der Maus auf den Eintrag des Feeds, den Sie aktualisieren möchten. In der jeweiligen Zeile erscheint am rechten Rand ein kleines Symbol mit zwei Pfeilen.

3. Klicken Sie auf das Symbol, wird die Aktualisierung durchgeführt; Sie müssen in diesem Moment natürlich mit dem Internet verbunden sein.

Mehr Infos mit dem eigenem Offline-Reader

Mit den oben beschriebenen Schritten können Sie RSS-Feeds bequem auch für unterwegs verfügbar machen. Allerdings sind bei den Feeds die Informationen meist nur auf das Nötigste beschränkt. Wollen Sie mehr Informationen mitnehmen (und zum Beispiel auch Bilder der Internetseite betrachten), hilft eine andere Methode: *InfoRapid Internet Zeitungsleser* nennt sich das Programm, das zudem noch kostenlos erhältlich ist. Sie können es unter der Internetadresse *www.inforapid.de* herunterladen.

Nachdem Sie das Programm installiert und gestartet haben, finden Sie am linken Rand des Programmfensters eine Art Navigationsleiste mit verschiedenen Einträgen.

1. Hier sind Dutzende von Informationsseiten bereits vorbereitet. Machen Sie einen Doppelklick auf eine der Kategorien (z. B. WETTER), so öffnet sich dieser Ordner und zeigt Ihnen die einzelnen Infoseiten, die zur Verfügung stehen.
2. Wollen Sie eine dieser Infoseiten offline verfügbar machen, klicken Sie mit der Maus darauf – das Symbol der Seite wird mit einem roten Haken versehen, als Zeichen, dass die Seite abonniert wurde.

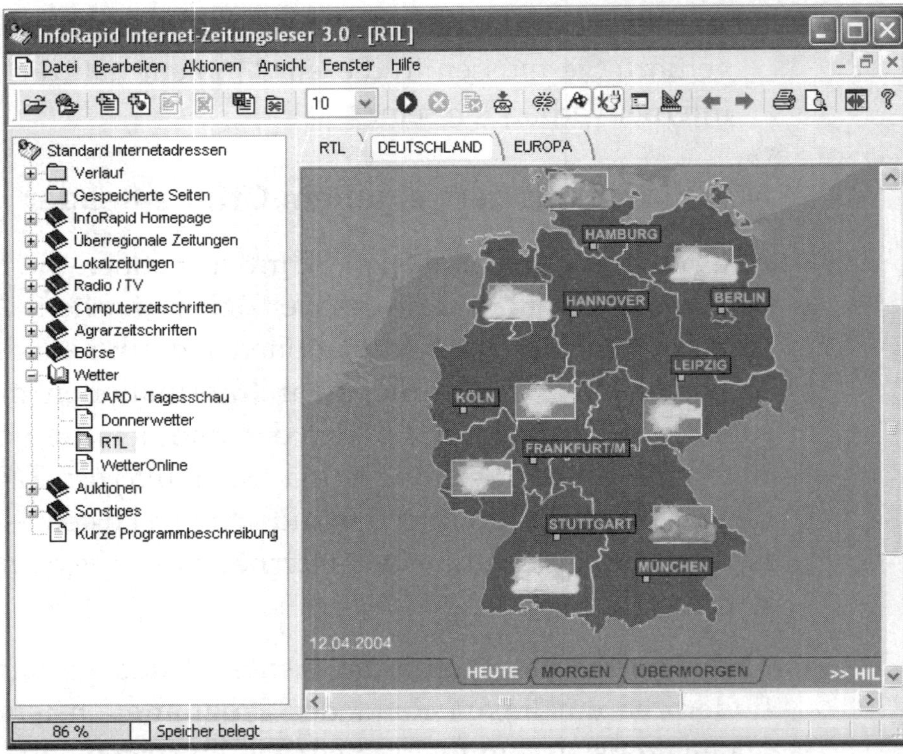

Abb. 5.9 Der *InfoRapid Internet Zeitungsleser* macht Seiten für das Lesen ohne Internet verfügbar.

3. Haben Sie alle gewünschten Seiten markiert, wählen Sie aus dem Menü AKTIONEN den Eintrag DOWNLOAD STARTEN. Nun werden alle Daten aus dem Internet abgerufen.
4. Danach wählen Sie den Befehl AKTIONEN • OFFLINEBETRIEB. Die Symbole aller offline verfügbaren Seiten sind nun grau unterlegt; klicken Sie auf das jeweilige Symbol, um die Seite anzuzeigen.

Kapitel 6
Schutz gegen Viren und Co.

In puncto Datensicherheit gehört das Internet nicht gerade zu den besten Orten. Wenn Sie sich im Internet auf die Datenreise begeben, sollten Sie sich stets bewusst sein, mit welchen Sicherheitsproblemen Sie rechnen müssen. **Viren** oder andere Schädlinge können Ihren PC lahmlegen und Daten löschen, gefährliche Software wie **Spyware**-Programme können Sie ausspionieren und Ihre Daten stehlen.

6.1 Viren & Co.: Diese Gefahren drohen im Internet

Im Internet wandern die Daten nicht direkt von Computer zu Computer, sondern besuchen unterwegs zahlreiche andere Computer, die diese Daten lediglich weiterreichen. Und hier liegt das Problem: Wenn Sie beispielsweise bei einem Versandhaus einen Artikel per Kreditkarte bezahlen wollen, wandern Ihre Kreditkartendaten von Computer zu Computer, bis sie schließlich beim Versandhaus angelangt sind. Es ist dabei natürlich möglich, die Daten unterwegs abzufangen.

Leider nutzen einige Kriminelle diese Sicherheitslücke und durchsuchen die Datenpakete nach interessanten Informationen.

Glücklicherweise gibt es eine Möglichkeit, die Sicherheit im Netz zu erhöhen. Zahlreiche Anbieter verwenden für den Zugriff auf ihre Seiten so genannte **Sichere Server**. Diese verhindern, dass Unbefugte die gesendeten oder empfangenen

Daten lesen können, denn die Daten werden nur verschlüsselt übermittelt.

Ob Sie eine sichere Verbindung benutzen, können Sie in der Adresszeile des *Explorers* ablesen. Bei einer sicheren Verbindung erscheint rechts neben der Adresse der gerade angezeigten Internetseite ein kleines, verriegeltes Vorhängeschloss. Solange die sichere Verbindung besteht, werden alle Daten in verschlüsselter Form über die Leitung geschickt.

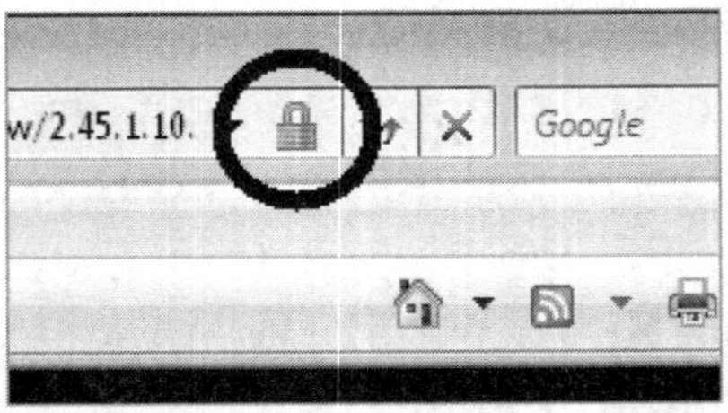

Abb. 6.1 Unauffällig aber wichtig – das Schlosssymbol zeigt: Dies ist eine gesicherte Verbindung.

Spyware – die Datenschnüffler

Möglicherweise versuchen Datendiebe allerdings auch direkt auf Ihren PC zuzugreifen. Das kann sich durchaus lohnen, denn *Windows* speichert interessante Daten, auch wenn Sie dies gar nicht ausdrücklich so wollen.

Spyware nennt man die unangenehmen Programme, die darauf aus sind, Einblick in Ihre Daten zu bekommen. Die meisten Spyware-Programme sind dabei vergleichsweise „harmlos“: Sie sollen z. B. Ihr Surfverhalten ausspionieren, um Ihnen beispielsweise genau die Werbebotschaften präsentieren zu können, die Sie interessieren. Trotzdem: Spyware-Programme haben nichts auf Ihrem Computer verloren, schon gar nicht, wenn sie sich ungefragt installieren. Zum Glück hat Microsoft mit *Windows Vista* vorgesorgt und liefert das

Betriebssystem mit einem Programm namens *Defender* aus – dieses Programm kann Spyware erkennen und entfernen.

E-Mail & Makroviren

Ein weiteres Sicherheitsproblem stellen E-Mails dar, insbesondere Mails, die neben dem eigentlichen Text eine angehängte Datei oder andere Daten übermitteln. Hier besteht das Risiko, dass Sie sich einen **Virus** einfangen, der dann alles Mögliche auf Ihrem Rechner anstellen kann. Das reicht von harmlosen Aktionen wie bunte Bildchen anzeigen bis hin zum Löschen der kompletten Festplatte. Abhilfe schafft ein **Virenscanner**, der auf keinem *Windows*-PC fehlen sollte.

Abb. 6.2 Ein Virenscanner ist ein „Muss" für *Windows*. Zum Glück gibt es dafür sogar kostenlose Programme. Quelle: *www.bitdefender.de*

Würmer, Trojanische Pferde & Co.

Besonders fies sind Viren, die Ihren Rechner zwar mehr oder weniger unangetastet lassen, sich dafür aber hemmungslos des Internets bedienen. Diese so genannten **Würmer** erfreuen sich zunehmender Beliebtheit und tauchen seit einigen Jahren immer öfter auf.

Würmer greifen auf Ihr Adressbuch in *Windows Mail* oder *Outlook* zu und versenden sich selbstständig an alle Adressen, die dort gespeichert sind.

Die Empfänger öffnen die entsprechende Mail wahrscheinlich unbedarft, immerhin ist ihnen der Absender in der Regel bekannt. Auch hier tritt dann wieder der Virus in Aktion und versendet sich selbst an alle Einträge im Adressbuch. Die Folge: Das Internet wird geradezu überflutet von einer unglaublichen Menge unerwünschter Mails. Teile des Internets sind in der Vergangenheit durch diese E-Mail-Viren für Stunden oder gar Tage lahmgelegt worden.

Vorsicht vor Dialern

Zum Glück wieder deutlich seltener werden die so genannten **Dialer**. Das sind zwar keine Viren, aber die Programme können Ihnen erheblichen finanziellen Schaden zufügen. Betroffen sind ausschließlich Nutzer, deren Computer sich per Modem oder ISDN ins Internet einwählt.

Dialer funktionieren fast immer nach dem gleichen Schema: Mittels eines meist eindeutig zweideutigen „Lockangebotes" werden Sie dazu gebracht, ein Programm zur Interneteinwahl aus dem Netz zu laden. Verbunden ist das in der Regel mit dem Versprechen, über diese Verbindung ganz „besondere" Inhalte abrufen zu können.

Meist laden Sie hier aber einen Internetzugang auf Ihren Computer, der eine teure **0900er-Nummer** anwählt. Da kann das Surfen mit mehr als 1,80 € pro Minute zu Buche schlagen.

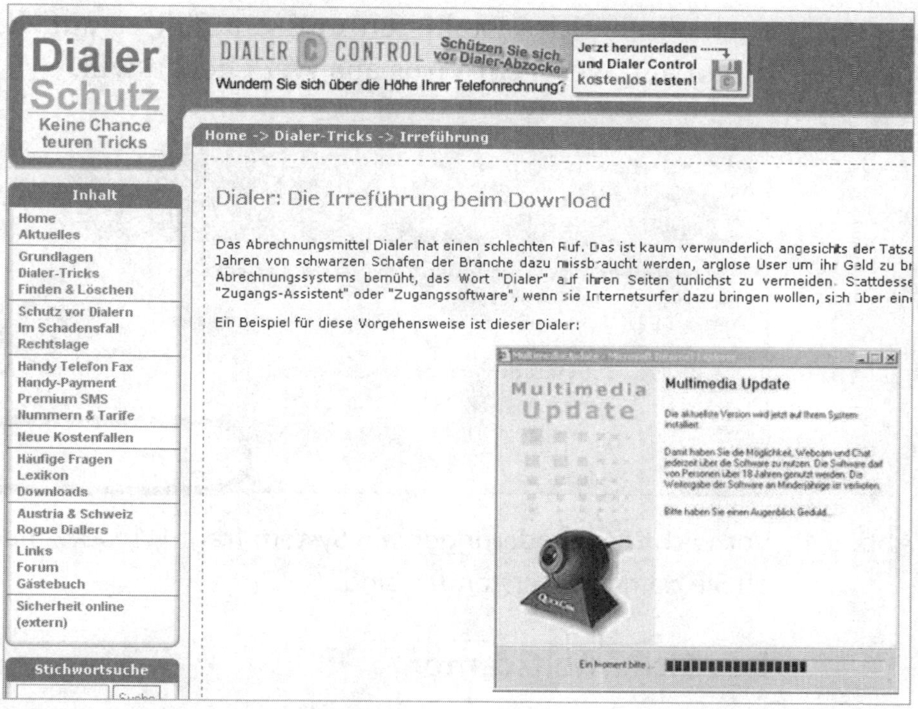

Abb. 6.3 Dialer können teuer werden – auf der Seite *www.dialerschutz.de* finden Sie Rat und Hilfe.

6.2 So kann Windows Sie schützen

Gegen viele der Gefahren, die im Internet lauern, kann *Windows* Sie schützen. Manche Schutzmechanismen greifen vollautomatisch und ohne Ihr Zutun, andere müssen Sie erst aktivieren oder nach Ihren Vorstellungen gestalten.

Windows fragt nach

Mit *Windows Vista* hat Microsoft versucht, die Sicherheit des Systems drastisch zu erhöhen. Eine der wichtigsten Maßnahmen: Immer wenn weitreichende Veränderungen am System anstehen, fragt *Windows* zuvor nach, ob Sie als Nutzer mit dieser Änderung auch einverstanden sind. Das ist zum Beispiel bei der Installation von Programmen der Fall. Und da auch Viren sich installieren müssen, fällt es auf diese Weise direkt auf, wenn ein Virus ans Werk gehen will.

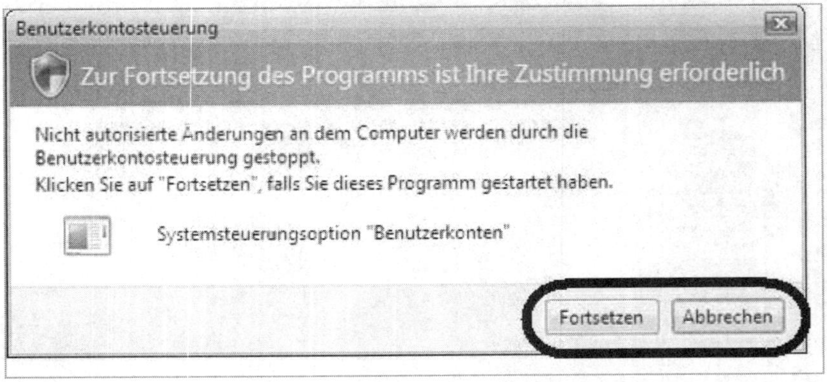

Abb. 6.4 Vor wichtigen Änderungen am System fragt *Windows* nach, ob Sie damit einverstanden sind.

Das Sicherheitscenter

Im *Windows*-Sicherheitscenter finden Sie alle Programme und Einstellungen rund um die Sicherheit, die Sie selbst beeinflussen können. So zum Beispiel die *Firewall* oder das automatische Herunterladen von Updates. Das Sicherheitscenter erreichen Sie über die Systemsteuerung:

1. Rufen Sie über das STARTMENÜ die SYSTEMSTEUERUNG auf. Dort klicken Sie auf die Kategorie SICHERHEIT.
2. Es öffnet sich ein neues Fenster, dort finden Sie ganz oben den Eintrag SICHERHEITSCENTER. Klicken Sie diesen an, wird das Sicherheitscenter von *Vista* angezeigt.
3. Normalerweise sollten alle Einträge, die Sie hier sehen, grün sein. Das bedeutet: Es ist alles in Ordnung.
4. Hat *Windows* aber Probleme oder ernsthafte Lücken in der Sicherheit des Systems festgestellt, wird der jeweilige Bereich gelb bzw. rot dargestellt. Sie sollten dann entsprechend den *Windows*-Hinweisen Abhilfe schaffen.

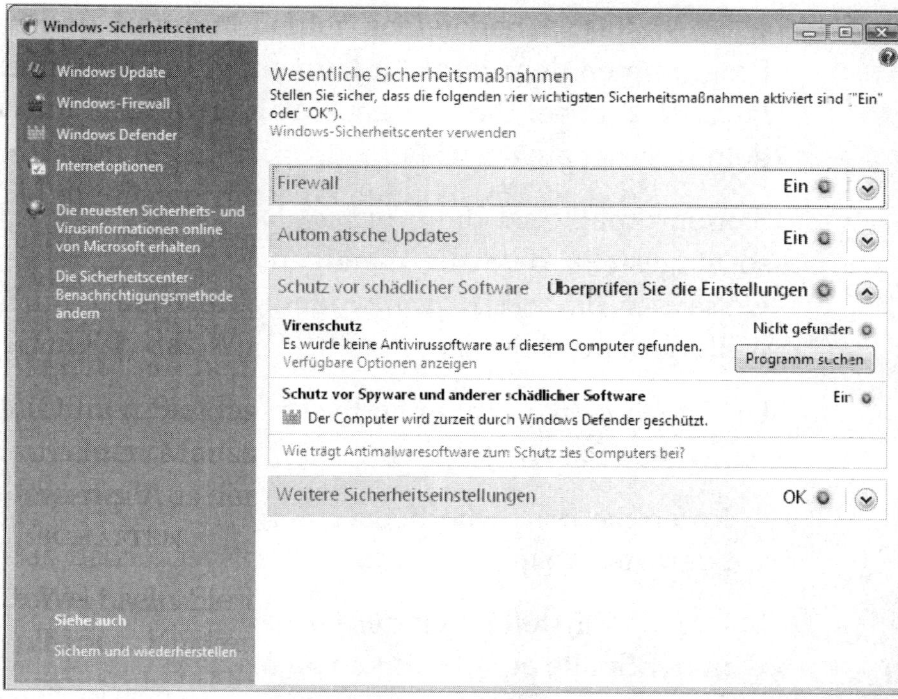

Abb. 6.5 Im Sicherheitscenter von *Vista* sehen Sie sofort, wie es um Ihren PC bestellt ist.

5. Es gibt im Sicherheitscenter verschiedene Abschnitte, die sich mit unterschiedlichen Sicherheitsaspekten des PCs beschäftigen.

Die Windows Firewall

Aufgabe der *Firewall* ist es, den Datenverkehr mit dem Internet zu kontrollieren. Ohne *Firewall* dürfen alle Programme nach Belieben und über alle Kommunikationswege (die so genannten **Ports**) Daten mit dem Internet austauschen. Das machen sich beispielsweise **Trojaner**-Programme zunutze: Unbemerkt schicken Sie auf einem bestimmten Port Informationen über Ihren PC an eine vorgegebene Mail-Adresse.

Die *Firewall* überwacht den Datenverkehr und lässt nur jene Programme zum Zuge kommen, die ungefährlich sind. Sie selbst können dabei ins Geschehen eingreifen und bestimmten Programmen den Zugriff erlauben oder auch verwehren – die *Firewall* fragt bei Ihnen nach, sobald ein Programm Daten mit dem Internet austauschen will.

Standardmäßig ist die *Windows-Firewall* aktiviert und bereits so eingestellt, dass die gängigen Programme wie beispielsweise der *Internet Explorer* oder *Windows Mail* ungehindert weiterarbeiten können.

Um die *Firewall* genauer an Ihre eigenen Bedürfnisse anzupassen, gehen Sie wie folgt vor:

1. Rufen Sie das Sicherheitscenter von *Windows* über START • SYSTEMSTEUERUNG • SICHERHEIT • SICHERHEITSCENTER auf.
2. Um die Einstellungen der *Firewall* zu verändern, klicken Sie in der Spalte auf der linken Seite auf WINDOWS FIREWALL.

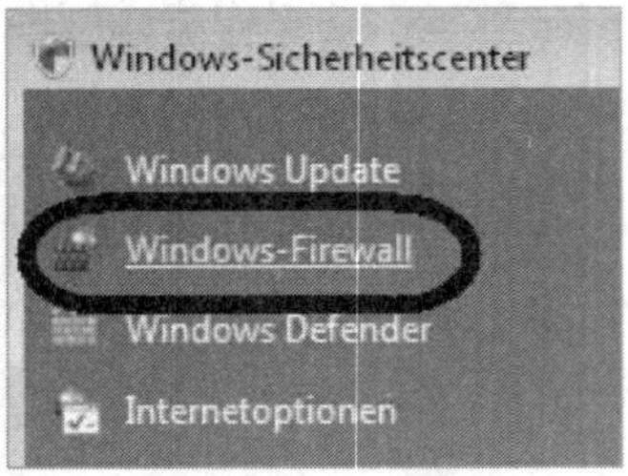

Abb. 6.6 Um die Einstellungen der *Firewall* zu ändern, klicken Sie das Symbol in der linken Spalte an.

3. Es öffnet sich ein neues Fenster, das Ihnen Details zu den Einstellungen der *Firewall* zeigt. Klicken Sie dort auf EINSTELLUNGEN ÄNDERN.
4. Sie müssen nun bestätigen, dass Sie tatsächlich die Einstellungen der *Firewall* verändern wollen. Klicken Sie auf FORTSETZEN, öffnet sich erneut ein Fenster.

5. Sie können nun die *Windows-Firewall* gezielt konfigurieren oder auch abschalten.

Abb. 6.7 Über dieses Dialogfenster lässt sich die *Windows-Firewall* gezielt konfigurieren und sogar abschalten.

Automatische Updates

Immer wieder kommt es vor, dass Sicherheitslücken in *Windows* entdeckt werden. Um diese Lücken zu schließen veröffentlicht Microsoft mit schöner Regelmäßigkeit Sicherheitsupdates für das Betriebssystem. In früheren Versionen von *Windows* war es Standard, dass der Anwender sich selbst um das Herunterladen und die Installation dieser Updates kümmern musste. Das Ergebnis: Auf vielen PCs wurden die neuen Programme nicht installiert; die Lücken blieben bestehen.

Um das zu ändern, ist *Windows Vista* so eingestellt, dass Sicherheits-Updates dort automatisch heruntergeladen und installiert werden. Über den Bereich AUTOMATISCHE UPDATES können Sie das Update-Verhalten von *Windows* gezielt beeinflussen.

1. Rufen Sie das *Windows* Sicherheitscenter auf über START • SYSTEMSTEUERUNG • SICHERHEIT • SICHERHEITSCENTER.
2. Auf der linken Seite des Fensters finden Sie einen Eintrag WINDOWS UPDATE, den Sie anklicken.
3. Sie bekommen nun ein Informationsfenster angezeigt, das alle wichtigen Daten rund um die *Windows*-Updates anzeigt. So können Sie hier unter anderem erkennen, ob noch Updates zur Installation ausstehen und wann das letzte Mal Neuerungen für das Betriebssystem heruntergeladen und installiert wurden.

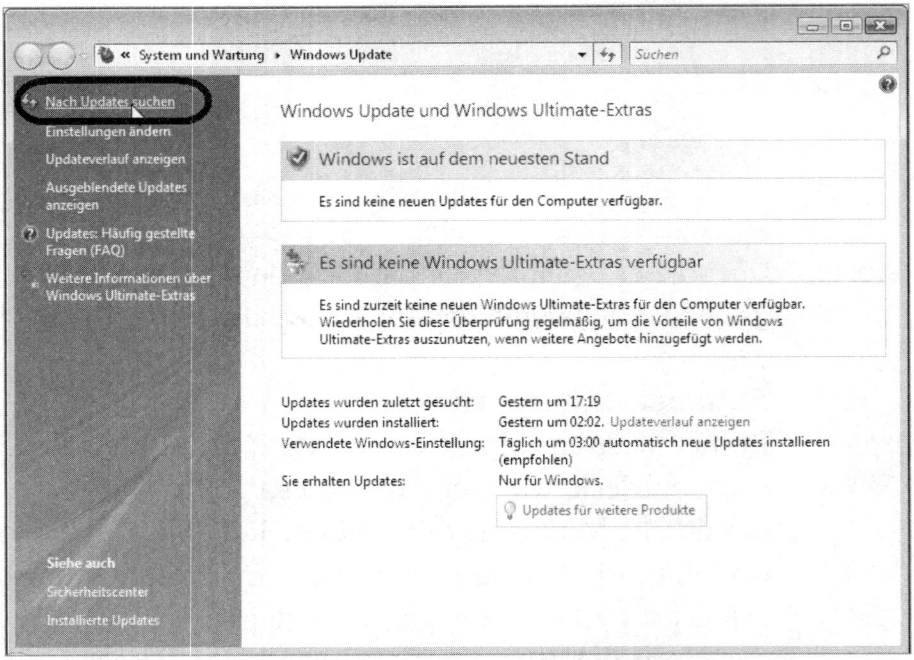

Abb. 6.8 Das Informationsfenster verrät, wann das letzte Mal Updates heruntergeladen wurden.

4. Wollen Sie manuell nach neuen Updates suchen, klicken Sie auf NACH UPDATES SUCHEN. Sie finden diesen Eintrag auf der linken Seite des Fensters.

5. Wollen Sie das Update-Verhalten von *Windows* ändern, klicken Sie auf EINSTELLUNGEN ÄNDERN.

6. Es öffnet sich ein neues Fenster; hier können Sie festlegen, ob *Windows* Aktualisierungen automatisch herunterladen und installieren soll und zu welchem Zeitpunkt dies jeweils passieren soll.

7. Die automatische Update-Funktion auszuschalten, ist keine gute Empfehlung. Sie verpassen dann alles, was an wichtigen Neuerungen für Ihr System angeboten wird.

Schutz vor schädlicher Software

Mit *Vista* hat Microsoft ein neues Schutzprogramm eingeführt, das den PC insbesondere vor Spyware-Programmen schützen soll. Das Programm nennt sich *Windows Defender* und wird durch die Update-Funktion von *Vista* auf den jeweils aktuellsten Stand gebracht. Auch eine Überprüfung auf Spyware-Programme findet normalerweise automatisch statt, Sie können jedoch auch manuell eine solche Überprüfung starten, wenn Sie den Verdacht haben, auf Ihrem PC könnte sich eines der gefährlichen Programme eingenistet haben.

1. Öffnen Sie das Sicherheitscenter über START • SYSTEMSTEUERUNG • SICHERHEIT • SICHERHEITSCENTER.

2. Klicken Sie dort auf den Eintrag WINDOWS DEFENDER, den Sie auf der linken Seite des Fensters finden.

3. Sie sehen dort, wann *Windows* das letzte Mal auf Spyware-Programme überprüft wurde, und wie diese Prüfung ausgefallen ist.

4. Wollen Sie manuell eine Prüfung starten, klicken Sie auf ÜBERPRÜFUNG.

Abb. 6.9 Sie können *Windows* auch manuell auf Spyware-Programme überprüfen.

Im Bereich Schutz vor schädlicher Software des Sicherheitscenters zeigt *Windows* zudem noch an, wie es um den Virenschutz Ihres PCs bestellt ist. *Vista* bringt zwar kein eigenes Anti-Viren-Programm mit, ist aber in der Lage, die gängigsten Virenscanner und deren Status (zum Beispiel, ob sie noch aktuell sind) zu erkennen.

Ist *Windows* der Meinung, dass der Virenschutz des PCs nicht ausreicht, wird im Sicherheitscenter entsprechend eine Warnung angezeigt.

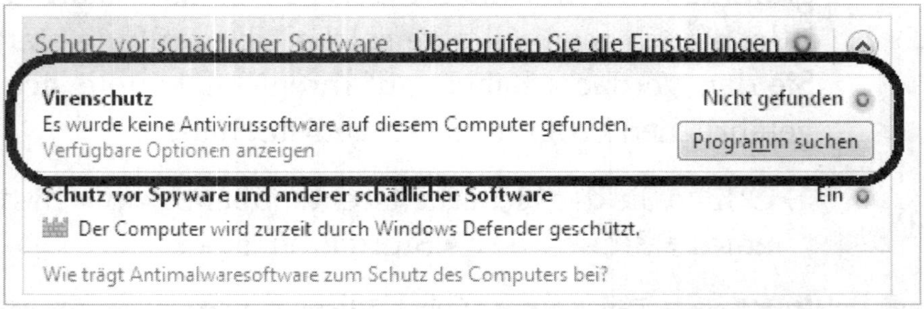

Abb. 6.10 Kein Virenscanner installiert? Das Sicherheitscenter von *Windows* schlägt Alarm ...

Informationen, wie Sie sich besser vor Viren schützen können, finden Sie einige Seiten weiter in diesem Kapitel.

6.3 So können Sie den Schutz noch erhöhen

Gegenüber früheren Versionen hat Microsoft die Sicherheit in *Windows Vista* schon deutlich verbessert. Allerdings können Sie selbst einiges dazu beitragen, um erst gar keine Probleme mit Viren und anderer schädlicher Software zu bekommen.

Mehr Sicherheit im Umgang mit E-Mails

Auch *Windows Mail* kennt verschiedene Sicherheitseinstellungen, mit denen Sie verhindern können, dass eine „feindliche" E-Mail unbemerkt einen Virus auf Ihrem PC ablegt.

1. Starten Sie *Windows Mail* und öffnen Sie das Fenster für die Sicherheitseinstellungen über EXTRAS • OPTIONEN. Dort wechseln Sie in die Registerkarte SICHERHEIT.

2. Im Bereich VIRENSCHUTZ können Sie nun festlegen, wie *Windows Mail* mit dubiosen E-Mails verfahren soll. Aktivieren Sie die Option WARNEN, WENN ANWENDUNGEN MEINE E-MAIL-ADRESSE VERWENDEN, dann gibt das Programm eine entsprechende Meldung aus, falls ein anderes Programm auf Ihr Adressbuch zugreift. Gegen Virusattacken dieser Art sind Sie damit gefeit.

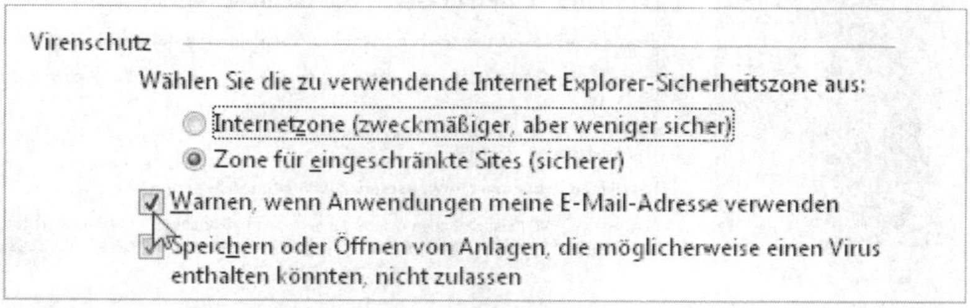

Abb. 6.11 Sorgen Sie für mehr Sicherheit in *Windows Mail*.

3. Auch die Option SPEICHERN ODER ÖFFNEN VON ANLAGEN, DIE MÖGLICHERWEISE EINEN VIRUS ENTHALTEN KÖNNTEN, NICHT ZULASSEN sollten Sie aktivieren. Empfängt das Pro-

gramm eine Mail, die dem Programm dubios vorkommt, kann diese gar nicht erst geöffnet werden, der Virus kann auf diese Weise auch nicht aktiv werden.

4. Darüber hinaus gilt die Grundregel: E-Mails, die Ihnen dubios vorkommen oder von unbekannten Absendern stammen, sollten Sie ignorieren und direkt löschen – auf keinen Fall öffnen oder mitgeschickte Dateien aufrufen.

So schützen Sie sich vor Viren

Viren sind keine Krankheit, die sich Ihr PC „mal eben so" einfangen kann. Im Gegenteil: Sie können durch Ihr Verhalten aktiv dazu beitragen, dass sich kein Virus auf der Festplatte breit machen kann.

- Kontrollieren Sie die Festplatte regelmäßig mit einem Virensuchprogramm. Ein kostenloses Programm finden Sie unter *www.free-av.de*

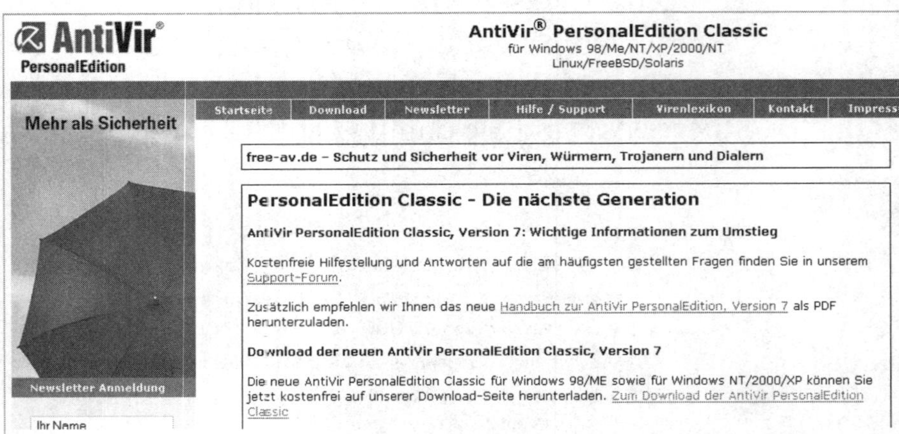

Abb. 6.12 Einen kostenlosen Virenscanner für Privatpersonen gibt es unter *www.free-av.de*

- Installieren Sie keine Software aus dubiosen Quellen. Wenn Sie per E-Mail unaufgefordert ein Programm zugeschickt bekommen, öffnen Sie die Mail gar nicht erst. Hinter harmlos wirkenden Spaßprogrammen verbergen sich häufig gefährliche Viren.

- Achtung: Meist versuchen die Hacker, Sie auf irgendeine Art und Weise zu provozieren, so dass Sie die Mail doch noch öffnen. Zum Beispiel durch Nachrichten wie „Ihr Zugang wurde gesperrt“, „Letzte Mahnung“ oder „Ihre Kreditkarte wurde mit 1.000 Euro belastet“. Statt der angeblichen Rechnung findet sich im Anhang dann das Virusprogramm.
- Halten Sie *Windows* immer auf dem aktuellen Stand. Immer wieder tauchen Berichte über Sicherheitslücken auf. Viren nutzen mit Vorliebe diese Lücken, die mit so genannten **Patches** per Update-Funktion geschlossen werden. Deaktivieren Sie daher die automatische Update-Funktion von *Windows* nicht.

6.4 Sicher auch unterwegs

Der Virenscanner gehört zur Grundausstattung eines PCs, egal ob Desktop-PC oder Notebook. Gerade beim Mobil-Surfen können Sie aber noch ein paar weitere Vorkehrungen treffen, um es Hackern so schwer wie möglich zu machen. Das gilt insbesondere, wenn Sie ein fremdes WLAN-Netzwerk nutzen.

Datei-Freigaben aufheben

Arbeiten Sie mit Ihrem Notebook normalerweise in einem Netzwerk, haben Sie auf dem Rechner wahrscheinlich auch einzelne Ordner oder ganze Laufwerke für die Nutzung im Netzwerk freigegeben. Das können sich Hacker zunutze machen und auf Ihre Daten zugreifen. Heben Sie die Freigabe daher auf, während Sie mobil surfen.

1. Klicken Sie den freigegebenen Ordner mit der rechten Maustaste an und wählen Sie aus dem Kontextmenü den Eintrag FREIGABE.
2. Es öffnet sich ein neues Fenster; klicken Sie hier auf ERWEITERTE FREIGABE.
3. Bestätigen Sie die Sicherheitsabfrage und entfernen Sie das Häkchen vor der Option DIESEN ORDNER FREIGEBEN.

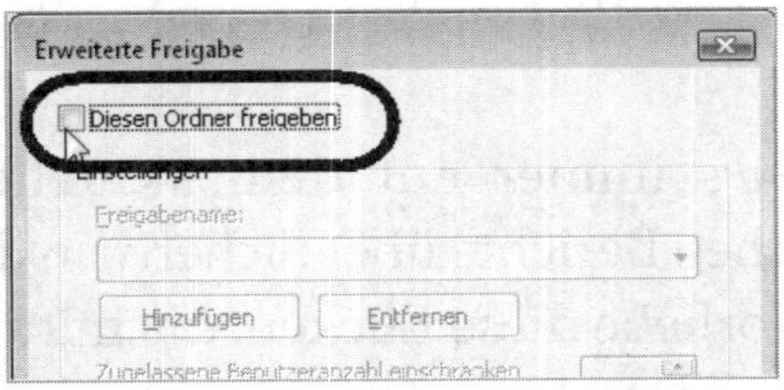

Abb. 6.13 Unterwegs sollten Sie auf die Freigabe von Daten verzichten.

Vorsicht vor WLAN-Schnüfflern

Seit Kurzem macht ein besonders fieser Trick unter Hackern die Runde: Sie installieren in unmittelbarer Umgebung eines öffentlichen HotSpots einen weiteren HotSpot – nämlich den eigenen, der aber den gleichen Namen wie der öffentliche Zugangspunkt trägt.

Fallen Sie auf den Trick herein und surfen versehentlich über den HotSpot des Hackers, kann dieser Ihren gesamten Datenverkehr mitlesen; unter Umständen erfährt er sogar wichtige Zugangskennungen für Ihr E-Mail-Postfach oder gar für Ihr Bankkonto.

Seien Sie also besonders vorsichtig, wenn Sie Ihr Notebook mit einem öffentlichen HotSpot verbinden – oder rufen Sie in dieser Zeit zumindest keine problematischen Seiten wie die Ihrer Bank auf (siehe nächstes Kapitel).

Kapitel 7
Online-Banking

Für viele Bankkunden ist es traurig, aber wahr: Die klassische Bankfiliale mit persönlicher Betreuung stirbt aus. Immer mehr Filialen werden geschlossen oder durch unpersönliche Automaten-Center ersetzt. Der Gang zum Geldautomaten statt zum Auszahlungsschalter ist schon seit mehreren Jahren Standard.

Für Sie als Kunden und Internetnutzer allerdings hat die Automatisierung auch Vorteile. Viele Banken haben ihr System so umgestellt, dass auch per Internet viele Geschäfte erledigt werden können. Ein wenig Vorsicht ist allerdings in Sicherheitsfragen geboten, um nicht auf Betrüger hereinzufallen – deren Angriffe immer häufiger und ausgefeilter werden.

7.1 Das ist per Online-Banking machbar

Für viele der alltäglichen Bankgeschäfte müssen Sie gar keine Bankfiliale mehr besuchen, denn das meiste lässt sich inzwischen online per Internet erledigen. Das gilt insbesondere für Überweisungen oder die schlichte Kontrolle Ihres Kontostandes. Kennen müssen Sie dafür natürlich die Homepage Ihrer Bank. Dass auch Ihr Geldinstitut **Online-Banking** anbietet, ist sehr wahrscheinlich; es gibt kaum eine Bank, die hier noch nicht mitmacht.

Abb. 7.1 Fast alle Banken bieten heute einen Online-Zugriff aufs Konto an. Quelle: *db24.de*

Meist müssen Sie allerdings einmalig beantragen, dass Ihr Konto für den Online-Zugang freigeschaltet wird. Das ist nur schriftlich oder persönlich in der Filiale möglich. Der Grund dafür sind nicht zuletzt die Sicherheitsprobleme, die es beim Online-Banking unzweifelhaft gibt und vor denen Sie sich besonders in Acht nehmen sollten – wie das geht, erfahren Sie etwas weiter unten in diesem Kapitel. Die folgende Tabelle gibt einen Überblick über die Startseiten der wichtigsten deutschen Banken:

Bank	**Homepage**	**Zugang zum Konto**
Deutsche Bank	www.deutsche-bank.de/pbc	Bereich Kunden-Login
Dresdner Bank	www.dresdner-bank.de	Bereich Online-Banking
Commerzbank	www.commerzbank.de	Bereich Privatkunden • Online Services

Bank	Homepage	Zugang zum Konto
Sparkassen	www.sparkasse.de	Bereich zum Online-Banking Eigene Bank muss per PLZ herausgesucht werden – Verweis führt auf die Seite der regionalen Sparkasse
Volksbanken / Raiffeisenbanken	www.volksbank.de	Bereich Privatkunden • Finden Sie Ihre Volksbank Raiffeisenbank Eigene Bank muss per PLZ oder BLZ-Suche ermittelt werden – Verweis führt auf eigene Seite der regionalen Bank
Postbank	www.postbank.de	Bereich Online-Banking

Tabelle 7.1: Die Internetseiten wichtiger Banken im Überblick

Alle Angaben sind ohne Gewähr. Die Tabelle erhebt keinen Anspruch auf Vollständigkeit!

Folgende Bankdienstleistungen lassen sich in der Regel problemlos bei allen Banken per Internet erledigen:

- Kontostandabfrage
- Abfrage der Kontoumsätze
- Überweisungen

- Daueraufträge einrichten, verändern und löschen
- Freistellungsaufträge einrichten, ändern und löschen

Viele Banken bieten darüber hinaus auch einen **Wertpapierservice** an, so dass Sie Aktien und Fonds per Internet kaufen und verkaufen können.

Was aus verständlichen Gründen online nicht machbar ist, das sind Einzahlungen und das Einlösen von Schecks. Zudem bestehen die meisten Banken darauf, dass Sie nicht nur online Ihre Kontostände und -umsätze einsehen, sondern Ihnen diese auch in Papierform vorliegen. Drucken Sie Ihre Kontoauszüge nicht in regelmäßigen Abständen in einer der Filialen aus, werden Ihnen diese meist per Post nach Hause geschickt – in der Regel gegen entsprechende Gebühren.

7.2 PIN, TAN und HBCI – so sorgen Sie für Sicherheit

Um Ihre Bankgeschäfte abzusichern, haben sich die Banken verschiedene Sicherheitstechniken ausgedacht. Betrüger versuchen zwar, diese Verfahren auszuhebeln, doch, wenn auch Sie als Bankkunde etwas Vorsicht walten lassen, sind die Verfahren recht sicher. Folgende Methoden zur Absicherung sind üblich:

Sichere Internetverbindung

Diese Maßnahme ist ein absolutes Muss bei allen Banken und bei allen Online-Banking-Geschäften. Tauschen Sie wichtige Daten per Internet aus, sollten Sie das nur über eine **sichere Verbindung** durchführen, denn nur diese garantiert, dass kein „Lauscher“ die Daten zwischen Ihrem PC und der Bank abfangen und entschlüsseln kann.

Im *Internet Explorer* können Sie klar erkennen, ob es sich bei der aufgebauten Verbindung um eine sichere handelt.

- Dass es sich um eine sichere Verbindung handelt, erkennen Sie an einem Symbol in der Adresszeile des *Internet Explorers*. Surfen Sie über eine sichere Verbindung, wird am rechten Rand der Adresszeile ein kleines gelbes Schlosssymbol eingeblendet.
- Zweites Erkennungsmerkmal ist die Adresse der gerade aufgerufenen Seite. Deren Name sollte mit dem Kürzel *https://* beginnen – die Adressen ungesicherter Seiten fangen dagegen mit *http://* an.

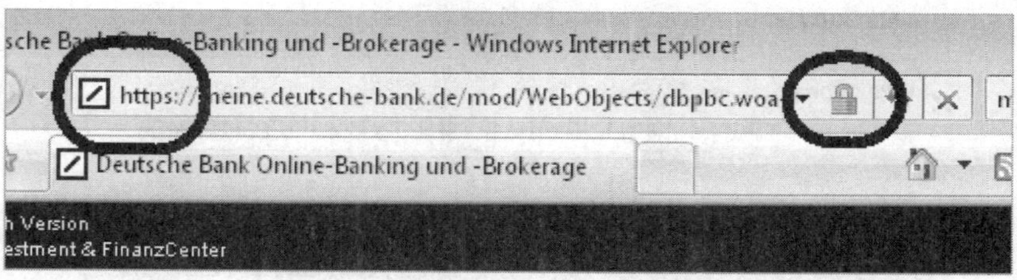

Abb. 7.2 Beim Online-Banking sollten Sie darauf achten, dass Sie nur mit einer sicheren https-Verbindung arbeiten.

Das PIN-TAN-Verfahren

Dies ist der Klassiker beim Online-Banking. Nach der Anmeldung bei Ihrer Bank bekommen Sie eine geheime **PIN**. Diese Abkürzung steht für „**P**ersönliche **I**dentifikations-**N**ummer" Mit dieser meist vierstelligen Nummer melden Sie sich auf der Internetseite Ihrer Bank an, sie dient dem Zugriff auf Ihr Konto. Mit der PIN und Ihrer Kontonummer allein können Sie schon alle Informationen rund um Ihr Konto abrufen – den Kontostand ebenso wie die Kontoumsätze. Die PIN sollten Sie daher ganz besonders sicher aufbewahren, damit sie nicht in falsche Hände gerät.

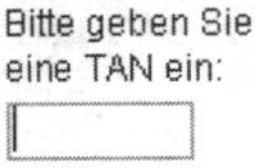

Zudem bekommen Sie von der Bank eine Liste mit weiteren Geheimnummern, den so genannten TANs. Die Abkürzung **TAN** steht für „**T**rans-**A**ktions-**N**ummer“. Eine TAN benötigen Sie immer dann, wenn Sie eine Aktion durchführen wollen, zum Beispiel eine Überweisung tätigen oder einen Dauerauftrag einrichten.

Für jede Aktion benötigen Sie eine der TAN-Ziffern von der Liste. Die TAN ist danach verbraucht – Sie können sie auf der Liste durchstreichen. Sind alle TANs verbraucht, benötigen Sie eine neue Liste; diese wird Ihnen in der Regel von der Bank vollautomatisch zugeschickt.

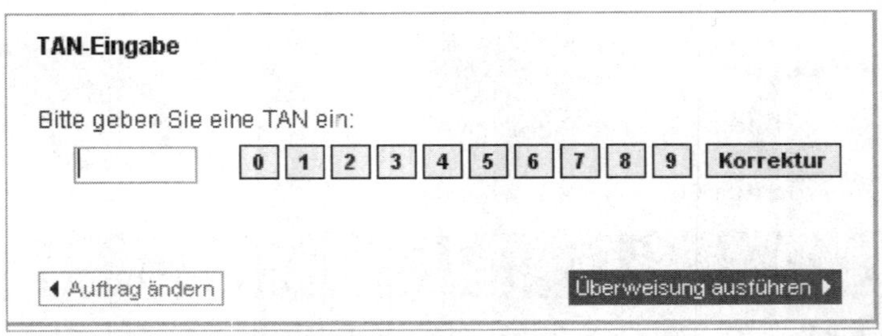

Abb. 7.3 Jede Transaktion – zum Beispiel eine Überweisung – muss mit einer gültigen TAN bestätigt werden. Quelle: *db24.de*

Die dezidierte TAN-Liste

Nachdem es immer öfter Probleme mit gestohlenen TAN-Listen gegeben hat, haben sich die Banken ein etwas anderes Verfahren ausgedacht, das es Betrügern schwerer machen soll. Bei der so genannten **dezidierten TAN** ändert sich für Sie als Kunde nur wenig. Sie bekommen nach wie vor von der Bank eine Liste mit TANs. Der einzige Unterschied gegenüber dem alten Verfahren: Die TANs sind jetzt durchnummeriert.

Bei einer Überweisung genügt es nicht mehr, irgendeine TAN von der Liste einzugeben, Sie müssen genau die TAN eingeben, nach der die Bank fragt. Vor dem Ausführen der Überweisung heißt es dann: „Bitte geben Sie die TAN Nummer XX ein".

Betrügern wird so das Leben erschwert, denn mit den TAN-Nummern allein können Sie nichts mehr anfangen, es muss schon zusätzlich angegeben sein, um welche TAN es sich handelt.

Aufwendig, aber sicherer: HBCI

Das klassische PIN-TAN-Verfahren ist in den letzten Jahren in die Kritik geraten, denn immer öfter versuchen Betrüger, Ihnen die wichtigen Geheimziffern zu entlocken. Die Schwachstelle ist dabei weniger die Technik als viel mehr der Mensch: Da die Betrüger immer geschickter werden, haben sie immer öfter Erfolg. Abhilfe schafft hier das **HBCI-Verfahren**. Es funktioniert so, dass Sie von der Bank eine Art Kreditkarte bekommen, auf der alle wichtigen Zugangsdaten gespeichert sind. Mittels eines Kartenlesegerätes, das an den PC angeschlossen wird, und einer Spezialsoftware identifizieren Sie sich gegenüber der Bank. Nur wer die Karte hat, kann also über das Konto verfügen – Diebstahl mittels Internet ist damit ausgeschlossen.

An der Sache gibt es nur zwei Haken: Zum einen müssen Sie für HBCI ein Kartenlesegerät kaufen; mindestens 20 bis 40 Euro sind dafür fällig. Nicht alle Banken unterstützen dieses Verfahren und bieten vergünstigte Kartenlesegeräte an.

Zweitens führt HBCI dazu, dass Sie Online-Banking praktisch nur noch an Ihrem heimischen PC machen können, an dem auch das Kartenlesegerät angeschlossen und die Spezial-Software installiert ist. Beim PIN-TAN-Verfahren können Sie dagegen überall den Kontostand abfragen oder Überweisungen durchführen, auch im Büro oder unterwegs, aus dem Internet-Café heraus. Per Notebook können Sie zwar theoretisch auch von unterwegs HBCI-Banking machen, doch da Sie dafür stets das Kartenlesegerät mitnehmen müssen, ist das ein lästiger Aufwand.

Abb. 7.4 Mit einem Kartenlesegerät werden Ihre Bankgeschäfte besonders sicher. Manche Banken bieten solche Geräte vergünstigt an. Quelle: *db24.de*

7.3 Phishing & Co. – davor müssen Sie sich in Acht nehmen

Beim Online-Banking betrogen zu werden, das ist wohl das Schlimmste, was Ihnen im Internet passieren kann. Schließlich hat dann ein wildfremder Mensch die Verfügungsgewalt über Ihr Konto. Er kann also nicht nur Ihren Kontostand einsehen, sondern das Konto auch noch ausplündern.

Die Schwachstelle ist dabei in der Regel der Mensch selbst – indem er PIN und TAN dem Betrüger mitteilt. **Phishing** nennt sich die Methode, mit der Betrüger dies erreichen. Sie schicken Ihnen eine E-Mail, die aussieht, als käme diese von der Bank. Darin werden Sie aufgefordert, eine von den Betrügern angegebene Seite zu besuchen und sich mit PIN und TAN anzumelden.

Das genau sollten Sie aber auf gar keinen Fall machen – denn die vermeintliche Bank-Seite sieht nur so aus, als käme sie tatsächlich von der Bank; in Wirklichkeit ist es eine von den Betrügern ins Internet gestellte Seite.

Volksbanken Raiffeisenbanken

Sehr geehrte Kundin, sehr geehrter Kunde,

Der technische Dienst der Bank fuhrt die planmassige Aktualisierung der Software durch Fur die Aktualisierung der Kundendatenbank ist es notig, Ihre Bankdaten erneut zu bestatigen. Dafuer mussen Sie unseren Link (unten) besuchen, wo Ihnen eine spezielle Form zum Ausfullen angeboten wird.

http://www.volksbank.de/ C1256B56003097E2.nsf/X851A68E4F14128EFC1256C670055579C

Diese Anweisung wird an allen Bankkunden gesandt und ist zum Erfullen erforderlich.

Abb. 7.5 Bitte nicht darauf reinfallen – die Mail sieht zwar „offiziell" aus, kommt aber von Betrügern.

Wer genau hinschaut, kann den Betrug auch erkennen – oft ist die Mail oder der Text auf der Betrüger-Seite etwas ungelenk formuliert – beispielsweise fehlen oft die Umlaute.

Klar verständliches Deutsch ist aber trotzdem kein sicheres Erkennungszeichen für eine offizielle Seite, denn die Betrüger werden immer geschickter. Ihre Seiten sehen denen der Bank immer ähnlicher. Um nicht auf den Betrug hereinzufallen, sollten Sie folgende Ratschläge beherzigen:

- Arbeiten Sie mit PIN und TAN-Liste, dann heben Sie diese an einem sicheren Ort auf – und zwar unbedingt getrennt.
- Geben Sie PIN und TAN niemals an andere weiter – weder direkt noch telefonisch noch per Internet!
- TANs werden nur dann benötigt, wenn Sie eine konkrete Transaktion durchführen wollen – keine Bank fragt bei der Anmeldung danach.

- Reagieren Sie nicht auf E-Mails, die Sie zur „Sicherheitsanmeldung“ bei Ihrer Bank auffordern. Diese Mails sind immer gefälscht und sollen Sie nur dazu bewegen, Ihre PIN und TAN preiszugeben.
- Falls es Ihnen möglich ist, arbeiten Sie mit dem HBCI-Verfahren. Das ist deutlich sicherer.
- Sollten Sie den Verdacht haben, einem Betrugsversuch aufgesessen zu sein, informieren Sie sofort Ihre Bank und lassen Sie das Konto sperren. Die Betrüger werden versuchen, umgehend Geld von Ihrem Konto abzubuchen.

Der Windows-Phishing-Filter

Mit *Vista* hat Microsoft eine neue Funktion in den *Internet Explorer* integriert, die es Phishing-Betrügern deutlich schwerer machen soll. Seiten, die Ihnen nicht ganz sauber vorkommen, können Sie per Phishing-Filter überpüfen lassen. Dafür führt Microsoft eine Datenbank, die alle bekannten Phishing-Seiten enthält und ständig aktualisiert wird.

Hundertprozentigen Schutz bietet der Phishing-Filter allerdings auch nicht: Die Betrüger arbeiten heute ungemein schnell, so dass eine neue Phishing-Seite möglicherweise noch gar nicht in der Microsoft-Datenbank registriert ist. Eine sinnvolle Hilfestellung ist der Filter aber in jedem Fall. Mit folgenden Schritten können Sie ihn nutzen:

1. Wenn Sie sich auf einer Seite befinden, die Sie für eine Phishing-Seite halten, klicken Sie auf das Symbol Extras, das Sie oben rechts im Programmfenster finden.
2. Aus dem Menü wählen Sie den Befehl Phishingfilter • Diese Website überprüfen.

3. Der *Internet Explorer* stellt nun eine Verbindung zur Datenbank von Microsoft her und sagt Ihnen, ob es sich um eine bereits bekannte Phishing-Seite handelt.

4. Wichtig: Auch wenn der *Internet Explorer* Entwarnung gibt, kann es sich trotzdem um eine Phishing-Seite handeln – nur dass diese in der Microsoft-Datenbank eben noch nicht gelistet ist.

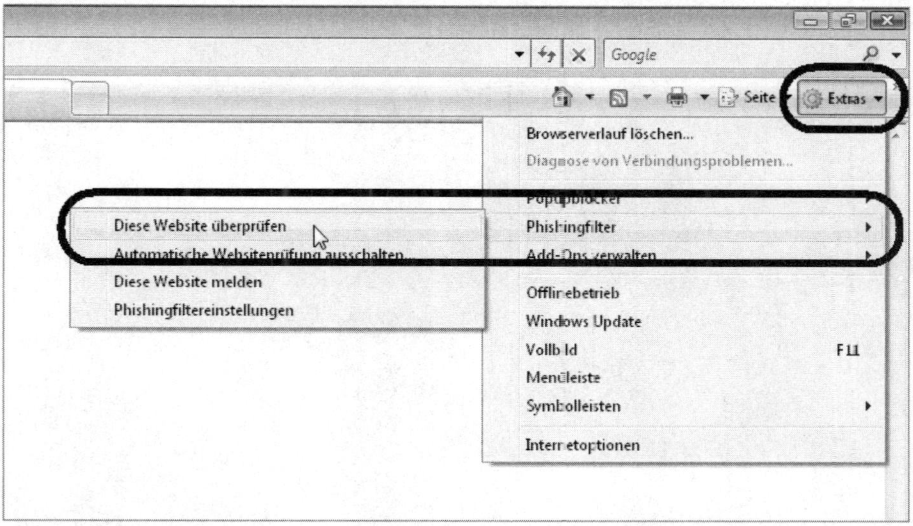

Abb. 7.6 Der *Internet Explorer* kann helfen, eine Phishing-Seite als solche zu erkennen.

5. Sind Sie dagegen sicher, dass Sie es mit einer Phishing-Seite zu tun haben, sollten Sie dies Microsoft melden, damit die Adresse der Seite in die Datenbank aufgenommen werden kann. Auf diese Weise können andere Internetnutzer schneller gewarnt werden.

6. Um eine Seite als Phishing-Seite zu melden, wählen Sie im *Internet Explorer* den Befehl Extras • Phishingfilter • Diese Website melden.

Kapitel 8

Briefe schreiben mit dem PC

Briefe mit dem PC zu schreiben ist eine der häufigsten Anwendungen für den Computer. Kein Wunder, denn im Vergleich zur althergebrachten Schreibmaschine bietet der PC eine Unmenge an zusätzlichen Möglichkeiten. Sie können den gesamten Text ganz in Ruhe am Bildschirm überarbeiten, ehe Sie ihn zu Papier bringen. Zudem haben Sie zahllose Möglichkeiten, verschiedene Formatierungen und Schriften zu verwenden oder Grafiken und Bilder einzubauen.

8.1 Word: der Standard und die Alternativen

Wenn von Textverarbeitung am PC die Rede ist, dann denken die meisten Menschen heute vor allem an ein Programm: *Word* von der Firma Microsoft (die auch Hersteller Ihres Betriebssystems *Windows* ist). *Word* ist heute der absolute Standard und das wohl am weitesten verbreitete Textverarbeitungsprogramm für den PC – auch dieses Buch ist mit Hilfe von *Word* entstanden.

Die Dominanz von *Word* hat sich erst in den letzten Jahren entwickelt. Früher gab es eine Vielzahl ausgefeilter Konkurrenzprodukte. Sie müssen auch nicht unbedingt mit *Word* arbeiten, denn es gibt durchaus Alternativen.

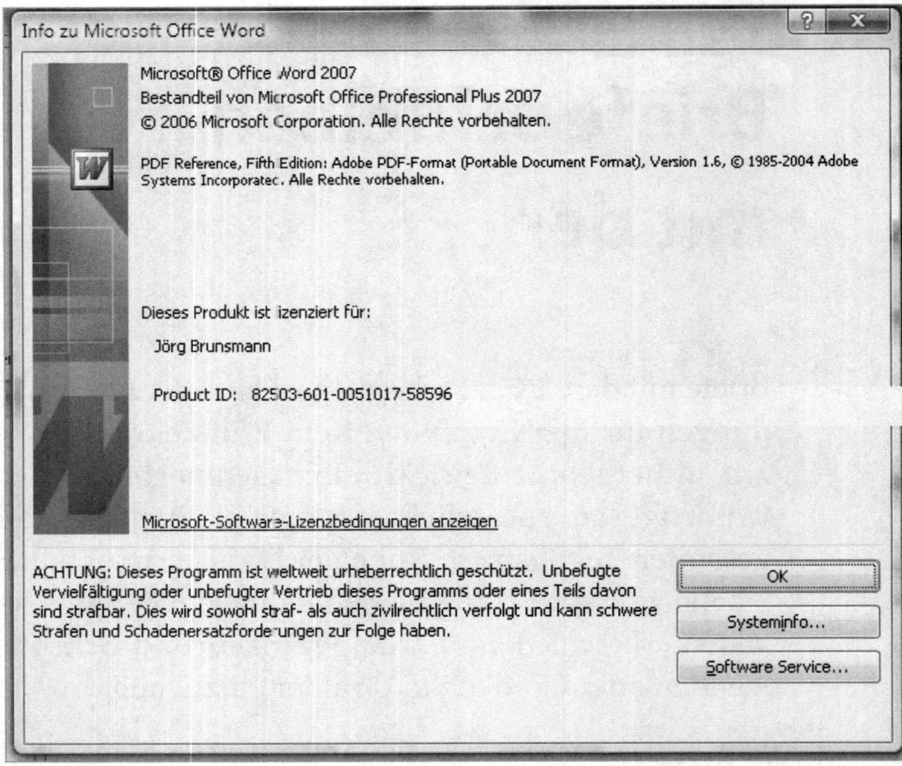

Abb. 8.1: *Microsoft Word* ist heute der absolute Standard in Sachen Textverarbeitung.

Darüber nachzudenken macht vor allem dann Sinn, wenn Sie ein Textverarbeitungsprogramm kaufen müssen, weil auf Ihrem neuen Rechner kein vernünftiges Programm mitgeliefert wurde.

Auch wenn Sie nicht dauernd Dokumente im *Word*-Format von anderen Anwendern erhalten oder diese an andere PC-Nutzer weitergeben müssen, ist eines der Konkurrenzprodukte von *Word* durchaus eine geeignete Alternative – zumal diese in der Regel deutlich billiger sind als das Microsoft-Programm.

Kostenlos und schon dabei: WordPad

Für die Bewältigung ganz einfacher Text-Aufgaben müssen Sie überhaupt kein Geld ausgeben, denn *Windows Vista* bringt eine einfache Textverarbeitung bereits mit. Das Programm heißt *WordPad,* und Sie finden es unter START • ALLE PROGRAMME • ZUBEHÖR • WORDPAD.

Mit *WordPad* können Sie Texte schreiben, speichern und ausdrucken. Auch einfache Formatierungen wie Schriftart und -größe oder Fett- und Kursivschrift beherrscht das Programm. Sogar Grafiken und Bilder lassen sich einbinden.

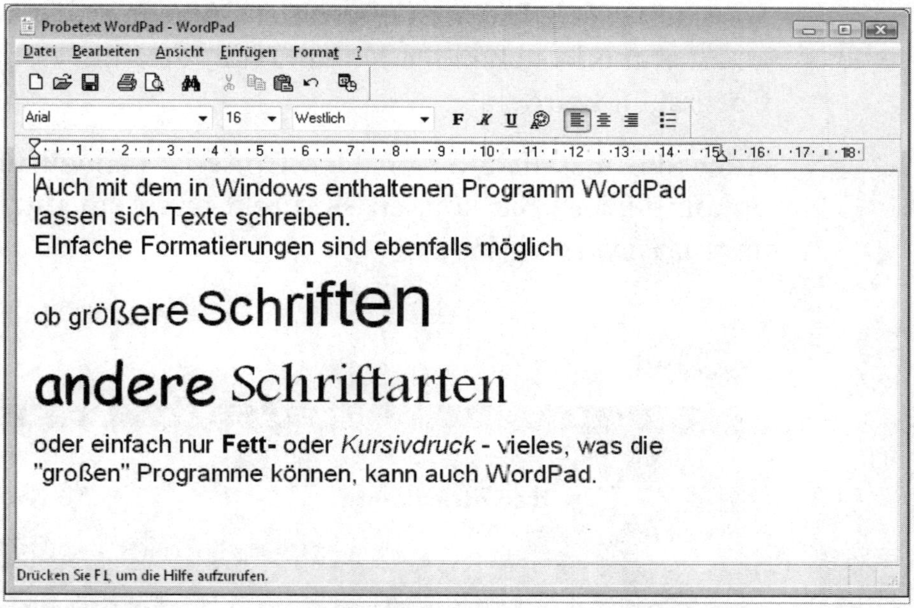

Abb. 8.2 Ausreichend für den Anfang: *WordPad* im Einsatz.

Der neue Stern am Office-Himmel: OpenOffice

Neben einer ganzen Reihe kleinerer Programme sind es vor allem zwei Programmpakete, die *Word* Konkurrenz machen. Zum einen ist dies *OpenOffice*, zum zweiten *StarOffice*. Beide Programme sind so etwas wie Brüder: *StarOffice* wurde in den 1980er-Jahren in Deutschland erdacht und entwickelt.

1999 kaufte der Computerkonzern Sun die Rechte an dem Programm. Das Unternehmen brachte kurz daraufhin *Sun Star-*

Office heraus – und zwar komplett kostenlos. Hier liegen die Ursprünge von *OpenOffice* – die heute kostenlos erhältliche Version *OpenOffice 2* basiert in vielen Teilen noch immer auf *StarOffice*. Sun hat sein *Office*-Paket inzwischen auch weiterentwickelt; es ist für rund 80 Euro im Softwarehandel zu haben.

OpenOffice 2 hat vieles, was *Microsoft Office* auch bietet – nur eben völlig kostenlos. Außerdem – und das macht es Umsteigern besonders leicht – beherrscht *OpenOffice* fast perfekt die Übernahme bestehender Dokumente, die mit *Word, Excel* & Co. erstellt wurden.

Auch die Installation von *OpenOffice* ist schnell und relativ unkompliziert. Sie können es direkt aus dem Internet unter *www.openoffice.org* laden.

Abb. 8.3 Sie suchen eine Alternative zu *Word*? *OpenOffice* steht dem Microsoft-Programm in nichts nach ... Quelle: *www.openoffice.de*

8.2 Briefe schreiben und gestalten

Im Folgenden lernen Sie, wie Sie *Word* bedienen und einen Brief schreiben und gestalten. Haben Sie früher schon einmal mit *Word* gearbeitet, dann wird es Sie wahrscheinlich überraschen, wie das aktuelle *Word 2007* daherkommt. Denn statt der bisher üblichen Menüs wie DATEI, BEARBEITEN oder ANSICHT gibt es jetzt nur noch Symbolleisten, die alle Befehle enthalten. Viele Umsteiger sind durch die neue Bedienoberfläche erst einmal gründlich irritiert, doch wer das Grundprinzip begriffen hat, kommt auch mit der neuen Programmversion gut zurecht.

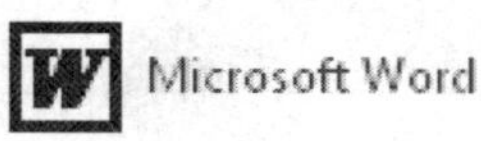

Haben Sie *Word* bereits installiert, können Sie das Programm mit wenigen Mausklicks starten:

1. Öffnen Sie das Startmenü und wählen Sie den Eintrag ALLE PROGRAMME. Sie finden dort als Symbol ein blaues *W* in einem weißen, blau umrandeten Kasten. Klicken Sie darauf, wird *Word* gestartet. Eventuell müssen Sie auch erst unter ALLE PROGRAMME die Programmgruppe MICROSOFT OFFICE öffnen – manchmal versteckt sich dort das Programmsymbol.

2. Sofort nach dem Start ist *Word* für die Eingabe von Text bereit: Wenn Sie genau hinschauen, erkennen Sie am oberen, linken Rand des Schreibfeldes einen kleinen, blinkenden Strich. Dies ist der **Cursor** – wenn Sie eine Taste drücken, erscheint an dieser Stelle das nächste Zeichen.

3. Mit der Eingabe eines Zeichens rückt der Cursor eine Stelle nach rechts. Um Großbuchstaben einzugeben, benutzen Sie wie gewohnt die Hochstell-Taste.

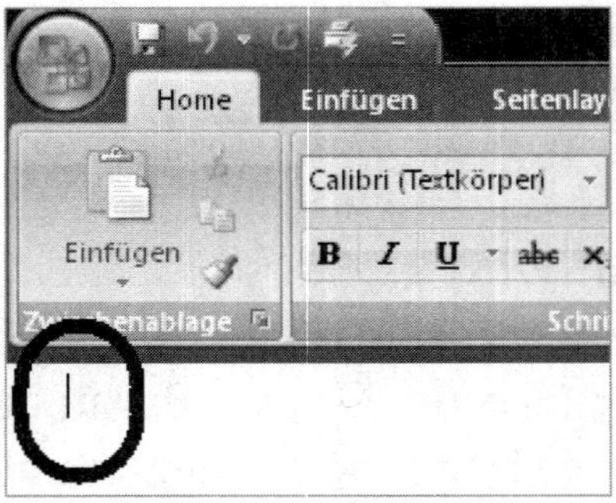

Abb. 8.4 Den kleinen, blinkenden Strich nennt man auch *Cursor*. Hier erscheint das nächste Zeichen.

4. Beim Schreiben müssen Sie keine Rücksicht darauf nehmen, wenn das Ende einer Zeile erreicht wird. Passt ein Wort nicht mehr in die aktuelle Zeile, setzt *Word* dies automatisch in die nächste Zeile.
5. Sie können natürlich auch manuell in die nächste Zeile wechseln. Drücken Sie die Eingabe-Taste, springt der Cursor an den Anfang der nächsten Zeile.
6. Zugleich beginnen Sie damit einen neuen Absatz. Drücken Sie daher nur dann die Eingabetaste, wenn Sie einen neuen Absatz beginnen wollen. Ansonsten funktionieren bestimmte Absatzformatierungen wie beispielsweise der Blocksatz nicht mehr.
7. Haben Sie sich vertippt? Kein Problem: Mit der Rück-Taste, die sich meist über der Eingabe-Taste befindet, bewegen Sie die Schreibmarke einen Schritt zurück. Das letzte Zeichen, das Sie eingegeben haben, wird dadurch automatisch gelöscht.

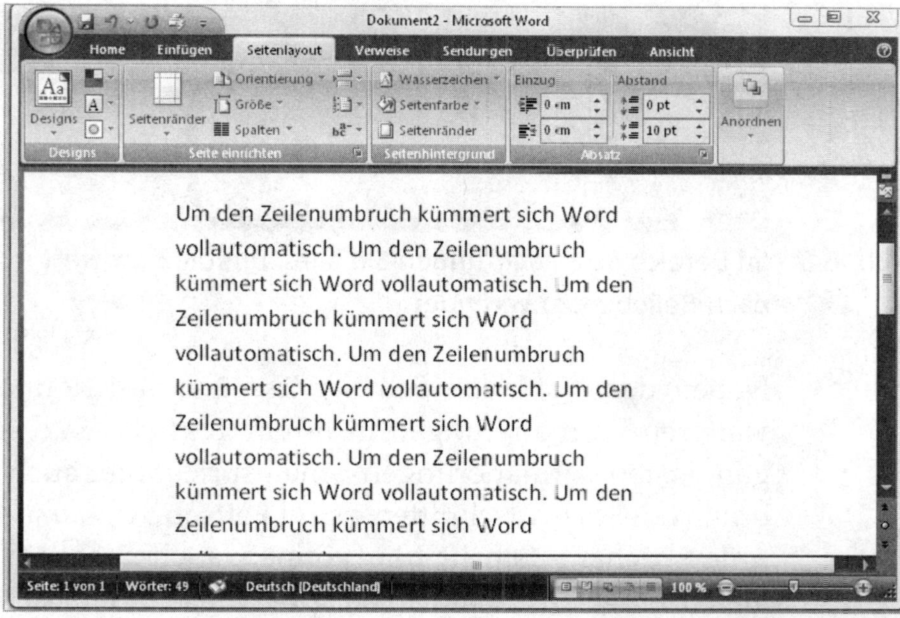

Abb. 8.5 Um den Zeilenumbruch müssen Sie sich nicht kümmern, das macht *Word* automatisch.

Schriftart und -größe wählen

Direkt nach dem Programmstart verwendet *Word* für die Buchstaben, die Sie eingeben, eine Standardschriftart und -größe. Sie können aber jederzeit eine andere Schriftart oder -größe wählen.

1. Markieren Sie den jeweiligen Textabschnitt, den Sie verändern möchten, und wählen Sie aus dem Menü FORMAT den Befehl ZEICHEN.

2. Wechseln Sie in den Bereich HOME. Dort finden Sie einen Abschnitt SCHRIFTART, in dem sich alle wichtigen Veränderungen in Sachen Schrift vornehmen lassen. Die beiden Listenfelder mit der Schriftart und -größe können Sie ausklappen, indem Sie auf die Pfeile am rechten Rand des Listenfeldes klicken. Wählen Sie aus der Liste die gewünschte Schriftart und -größe.

Abb. 8.6 Im Bereich Schriftart finden Sie alles, um die Schriftart und -form nach Belieben zu verändern.

Neben der Wahl von Schriftgröße und -art können Sie mit weiteren Formatierungen in Ihrem Text Akzente setzen. Die gängigsten Formatierungen – man spricht hier auch von Attributen oder Schriftschnitten – sind **Fettschrift**, *Kursivschrift* und unterstrichene Schrift. Sie können auch mehrere Attribute gleichzeitig setzen und so beispielsweise unterstrichenen Text in fetter Kursivschrift setzen.

1. Markieren Sie dazu den Textbereich, den Sie formatieren wollen. In der Symbolleiste finden Sie zum Setzen der Attribute entsprechende Symbole.

2. Klicken Sie auf das **F**, um den markierten Text in **Fettschrift** erscheinen zu lassen. Mit dem Symbol *K* können Sie die markierte Textpassage in *Kursivschrift* setzen; das U-Zeichen sorgt dagegen für unterstrichenen Text. Um eine Formatierung wieder zu entfernen, wenden Sie diese einfach erneut an.

Wichtig für das Aussehen Ihres Textes ist auch die Ausrichtung der Wörter innerhalb eines Absatzes.

- Standardmäßig richtet *Word* den Text am linken Seitenrand aus; man spricht auch von **linksbündiger Ausrichtung**. Ihre Texte sehen dann aus wie ein Schreibmaschinenbrief.

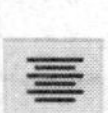

- Mit dem Symbol Zentriert wird ein Textabsatz genau in der Mitte zwischen den beiden Seitenrändern platziert.

- Die **rechtsbündige Ausrichtung** platziert den Textabsatz am rechten Seitenrand. Verwenden können Sie diese Ausrichtung zum Beispiel für Datumsangaben in Briefen.
- Die Ausrichtung **Blocksatz** schließlich sorgt für ein besonders professionelles Aussehen Ihrer Texte: Der Absatz wird so ausgerichtet, dass er sowohl mit dem linken als auch mit dem rechten Seitenrand bündig abschließt. Der Zwischenraum wird gleichmäßig innerhalb der Textzeile verteilt; der Absatz erscheint dadurch als ein Block.

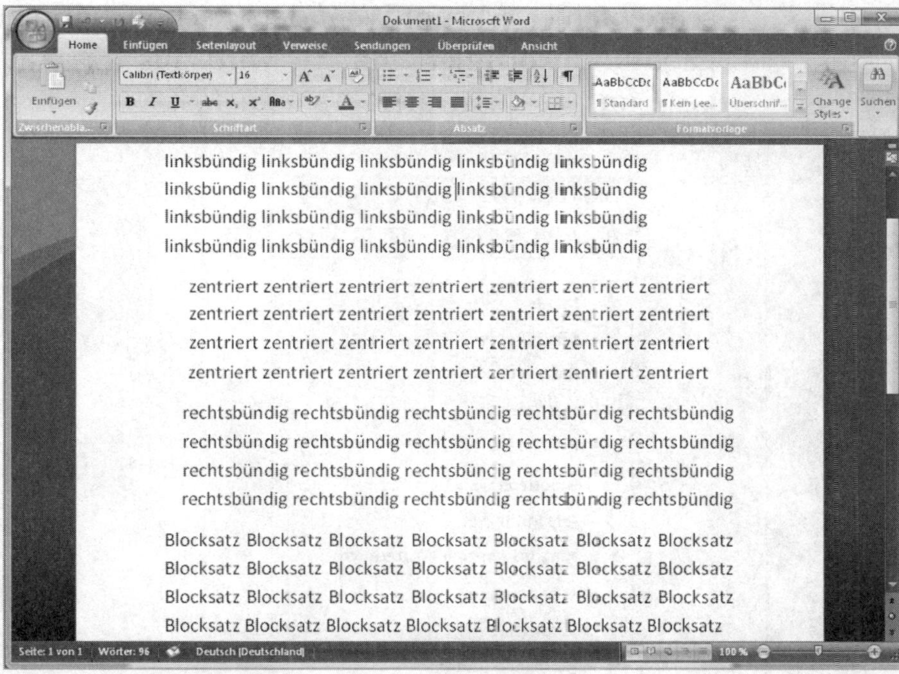

Abb. 8.7 Die Ausrichtung eines Absatzes als Blocksatz sorgt für ein besonders professionelles Aussehen.

8.3 Rechtschreibprüfung und mehr: so hilft Word beim Schreiben

Word kennt zahlreiche Möglichkeiten, Ihnen beim Schreiben Ihrer Dokumente zu helfen. Beispielsweise mit der Rechtschreibprüfung oder dem Synonymlexikon.

Die Rechtschreibprüfung

- Während Sie tippen, versucht *Word* ständig zu erahnen, welches Wort Sie gerade schreiben wollen. Manchen Rechtschreibfehler erkennt *Word* daher schon während der Eingabe und korrigiert ihn. So wird aus `wiel` automatisch `weil` und `dsa` korrigiert *Word* zu `das`.

Abb. 8.8: Ein falsch geschriebenes Wort lässt sich per Kontextmenü korrigieren.

flasch

- Glaubt *Word* ein falsch geschriebenes Wort erkannt zu haben, dann weist das Programm Sie auf den vermeintlichen Fehler hin: Das Wort wird mit einer roten Schlangenlinie unterstrichen.

- Ein Klick mit der rechten Maustaste auf das vermeintlich falsch geschriebene Wort zeigt Ihnen einen oder mehrere Korrekturvorschläge an.

Grafiken einfügen

Word bringt von Haus aus bereits eine ganze Reihe von Grafiken mit. Wollen Sie etwas bebildern, lohnt es sich, in diese so genannte **ClipArt-Galerie** einen Blick zu werfen. Für viele Situationen sind dort bereits fertige Grafiken zu finden.

1. Um die ClipArt-Galerie zu durchblättern, klicken Sie im Bereich EINFÜGEN auf das Symbol CLIPART. *Word* blendet daraufhin am rechten Rand des Programms einen zusätzlichen Bereich ein.

2. Die Grafiken in der ClipArt-Galerie sind nach Schlüsselwörtern katalogisiert. Geben Sie einen Begriff in das Feld SUCHEN NACH ein und klicken Sie auf OK. Geben Sie kein Suchwort ein, bekommen Sie alle vorhandenen Dateien angezeigt, darunter auch Videos und Tondateien.

3. Das Ergebnis der Suche sehen Sie ebenfalls im Aufgabenbereich. Wählen Sie hier in Ruhe ein Bild aus.

4. Um eines der angezeigten Bilder in Ihr Dokument einzufügen, machen Sie einen Doppelklick auf das Bild. Das Bild wird daraufhin an der aktuellen Cursor-Position eingefügt. Nach dem Einfügen der Grafik bleibt der Aufgabenbereich geöffnet. Sie können nun weitere Grafiken auswählen und einfügen.

Abb. 8.9 *Word* bringt einen eigenen Grafikkatalog, die so genannten ClipArts, mit.

5. Um ein eigenes Bild einzufügen, klicken Sie statt auf CLIPART auf das Symbol BILD. Sie können die Bilddatei danach von der Festplatte auswählen.

8.4 Dokumente speichern und wieder öffnen

Haben Sie früher mit der Schreibmaschine oder auch per Hand einen Brief erstellt, dann haben Sie ihn für gewöhnlich in einen Umschlag gesteckt und abgeschickt. In manchen Fällen und vor allem in Büros wurde von dem Brief allerdings zuvor eine Kopie gemacht und abgeheftet.

Word bietet Ihnen im Prinzip etwas ganz Ähnliches an: Sie können Ihren Brief abspeichern.

1. Um den aktuellen Text zu speichern, klicken Sie auf das Symbol mit der Diskette.
2. Falls Sie den Text bisher noch nicht gespeichert haben, möchte *Word* von Ihnen wissen, in welchem Ordner und unter welchem Namen das Dokument gespeichert werden soll. Für die Eingabe öffnet sich ein neues Fenster.
3. Auf der linken Seite finden Sie dort eine Leiste, auf der *Word* Ihnen einige besondere Speicherorte auf Knopfdruck zur Verfügung stellt, darunter zum Beispiel auch den Desktop. Haben Sie sich „verirrt", kommen Sie auf diese Art und Weise per Mausklick schnell zu diesem wichtigen Ordner zurück.
4. In dem großen, weißen Feld rechts daneben sehen Sie alle Dateien und Ordner, die sich im aktuell geöffneten Ordner bereits befinden.

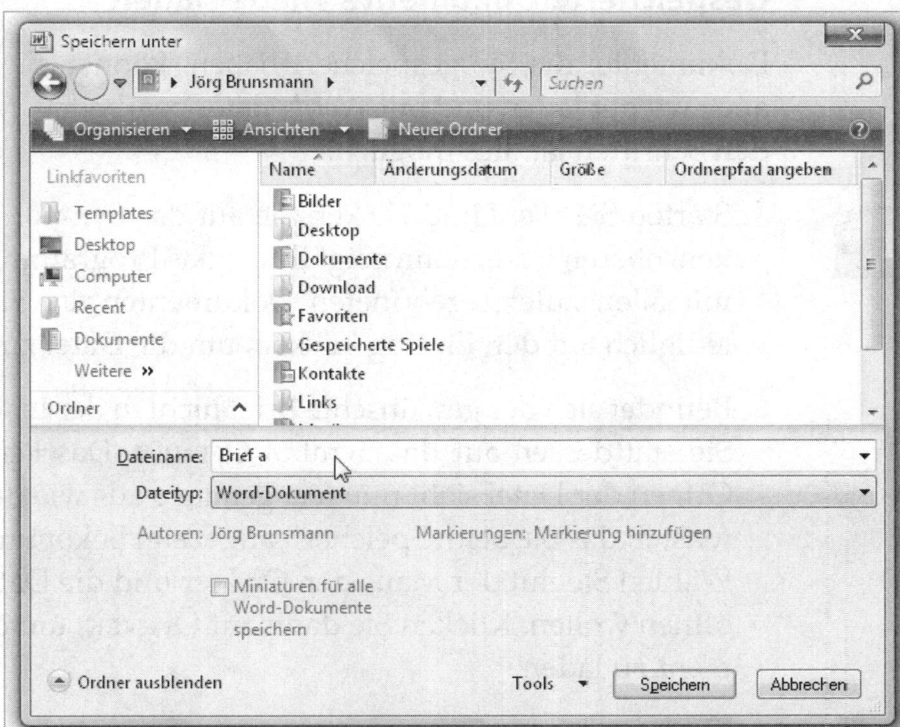

Abb. 8.10 Legen Sie Dateinamen und Speicherort Ihres neuen Textes fest.

5. Zum Speichern des Dokuments finden Sie im unteren Bereich des Fensters ein Eingabefeld mit der Bezeichnung Dateiname. *Word* macht Ihnen dort sogar einen Vorschlag für den Dateinamen. Sie können aber natürlich auch einen eigenen Namen eingeben. Der Name einer Datei kann maximal rund 250 Zeichen lang sein.

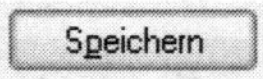

6. Klicken Sie auf die Schaltfläche Speichern, damit *Word* die Datei nun an der gewünschten Stelle ablegt. Alles, was Sie bisher eingegeben haben, ist damit sicher auf der Festplatte gespeichert.

7. Klicken Sie nun erneut auf das Symbol der Diskette in der Symbolleiste, dann speichert *Word* den Text in seiner aktuellen Form. Dateinamen und Speicherort haben Sie ja bereits eingegeben, es öffnet sich daher kein neues Dialogfenster.

Gespeicherte Dokumente wieder laden

Dokumente, die Sie gespeichert haben, können Sie natürlich auch wieder laden und mit *Word* weiter bearbeiten. Mit folgenden Schritten ist dies möglich:

1. Starten Sie *Word* und klicken Sie auf das Symbol in der linken, oberen Ecke, dann zeigt Ihnen das Programm eine Liste mit allen zuletzt geöffneten Dokumenten an. Sie müssen lediglich auf den Eintrag klicken, um die Datei zu laden.

2. Befindet sich der gewünschte Brief nicht in der Liste, klicken Sie stattdessen auf das Symbol Öffnen. Das Fenster zum Öffnen der Datei sieht nun fast genauso aus wie das Dialogfenster, das Sie beim Speichern angezeigt bekommen haben. Wählen Sie mit der Maus den Ordner und die Datei, die Sie öffnen wollen. Klicken Sie dann auf Öffnen, um das Dokument zu laden.

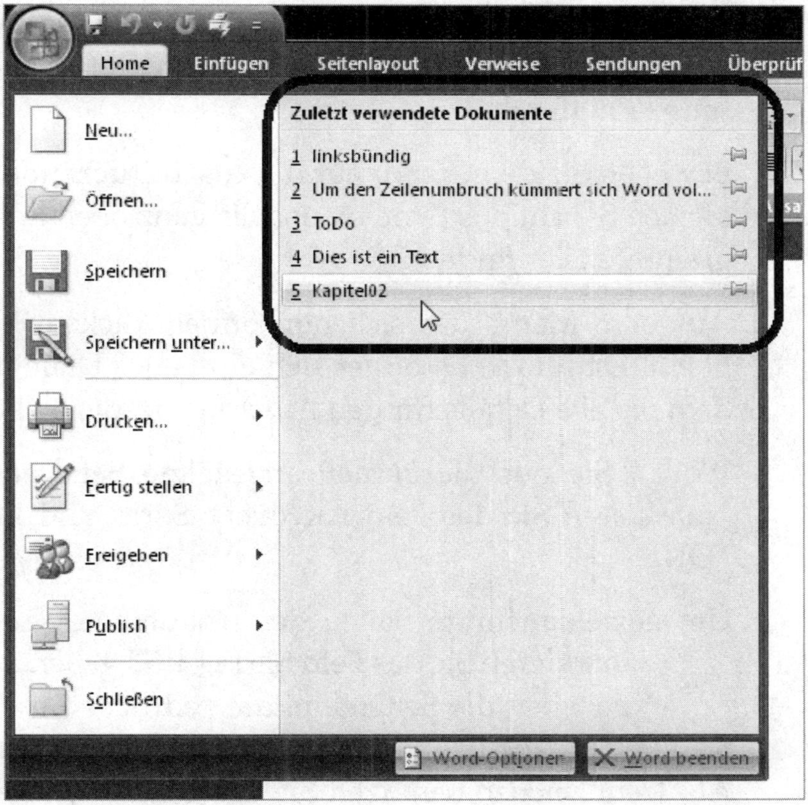

Abb. 8.11 Praktisch: *Word* bietet direkten Zugriff auf alle Dokumente, die Sie vor Kurzem geöffnet oder gespeichert haben.

8.5 Dokumente ausdrucken

Ihr Text ist komplett, das Layout fertig und alles sieht so aus, wie Sie es haben möchten? Dann ab aufs Papier mit Ihrem Dokument. Sie sollten dazu natürlich den Drucker eingeschaltet und mit Papier und passenden Tintenpatronen versorgt haben.

Um Ihr Dokument ohne Umwege zum Drucker zu schicken, klicken Sie auf das Symbol des Druckers, das Sie oben links im Programmfenster finden. *Word* schickt dann das komplette Dokument direkt zum Drucker, ohne dass noch ein weiteres Dialogfenster angezeigt wird.

Falls Sie bei umfangreichen Dokumenten nur einzelne Seiten des Textes ausdrucken wollen, bietet *Word* dafür eine entsprechende Funktion:

1. Bewegen Sie den Cursor auf die auszudruckende Seite und klicken Sie auf das Symbol, das Sie ganz oben links im Programmfenster finden.
2. Aus dem Menü, das sich nun öffnet, klicken Sie auf den Befehl DRUCKEN. Es öffnet sich ein neues Dialogfenster, in dem Sie alle Details für den Ausdruck festlegen können.
3. Wollen Sie nur die aktuell angezeigte Seite ausdrucken, markieren Sie das Feld AKTUELLE SEITE und klicken auf OK.

4. Um gezielt mehrere Seiten des Dokumentes zu drucken, markieren Sie das Feld SEITEN und geben im Textfeld daneben die Seiten ein, die gedruckt werden sollen. Sie können einzelne Seiten und ganze Abschnitte drucken. Als Trennzeichen benutzen Sie das Semikolon für einzelne Seiten oder den Bindestrich für zusammenhängende Seiten.

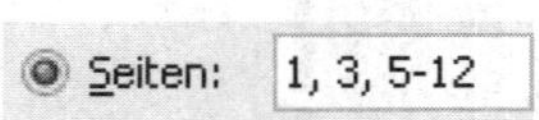

Kapitel 9
Digitalkamera im Griff

Digitalkameras werden immer beliebter. Selbst im Discounthandel finden Sie heute regelmäßig Angebote an „digitalen Knipsmaschinen". Professionellen Spiegelreflexkameras können die Digitalkameras zwar noch nicht das Wasser reichen, doch für den Schnappschuss zwischendurch reicht es allemal. Besonders praktisch: Die gemachten Bilder können ohne Entwicklungszeit sofort präsentiert werden. Haben Sie Ihr Notebook dabei, geht das auch am meist recht großen Notebook-Bildschirm – das sieht wesentlich professioneller aus als die Präsentation auf dem mickrigen Kamera-Display. Zudem haben Sie mit *Windows* die Möglichkeit, die Bilder quasi nach Belieben zu verändern.

9.1 Digitalkamera anschließen

Der Anschluss einer Digitalkamera an einen Computer mit *Windows Vista* ist heute absolut unproblematisch. Alle modernen Kameras arbeiten mit einem USB-Anschluss, bei dem der PC automatisch erkennt, dass ein neues Gerät angeschlossen wurde. In vielen Fällen kann *Windows* sogar vollautomatisch den passenden Treiber installieren. Sie sollten dem PC nur ein wenig helfen, indem Sie die zur Kamera mitgelieferte CD in das Laufwerk einlegen; *Windows* kann dann auf den Kamera-Treiber des Herstellers zugreifen und das Programm installieren.

Im Infobereich der Taskleiste erscheint dann nach einiger Zeit nur der Hinweis, die neue Hardware sei erfolgreich installiert worden und könne jetzt benutzt werden – mehr bekommen Sie von der Neuinstallation gar nicht mehr mit.

Abb. 9.1 *Windows* zeigt den Namen der Kamera an – der richtige Treiber wurde gefunden.

Nicht jede Digitalkamera meldet sich korrekt an!

Es kann passieren, dass Ihre Digitalkamera trotz korrekter Installation nicht in der *Windows*-Übersicht der Scanner und Kameras auftaucht.

Das ist keine Fehlfunktion, sondern hat einen einfachen Grund: Viele Kameras melden sich nicht als Kamera am System an, sondern wie ein weiteres Laufwerk. Sie finden dann in der Übersicht ARBEITSPLATZ einen zusätzlichen WECHSELDATENTRÄGER. Das ist gar nicht so unvorteilhaft, denn Sie können mit diesem Wechseldatenträger so umgehen wie beispielsweise mit einem Diskettenlaufwerk.

Sollte die Installation nicht automatisch funktionieren, können Sie in der Regel auf das Installationsprogramm von der mitgelieferten CD zurückgreifen. Legen Sie dazu die CD ein und warten Sie, bis das Installationsprogramm startet.

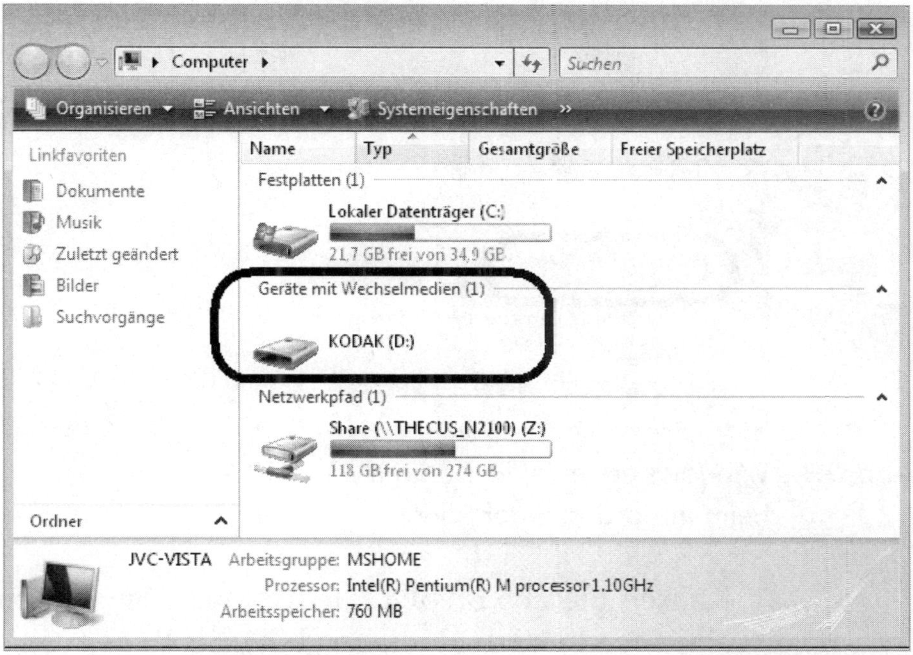

Abb. 9.2 Viele Kameras melden sich inzwischen als Wechseldatenträger bei *Windows* an.

Bilder von der Kamera übertragen

Ist die Digitalkamera richtig in *Windows* installiert, dann ist es ein Kinderspiel, die Fotos auf den Rechner zu übertragen. Nur wenige Handgriffe und Sie können Ihre Fotos in voller Pracht auf dem PC-Monitor anschauen.

Schließen Sie die Kamera an den Computer an und schalten Sie diese ein. *Windows* erkennt nun automatisch die Kamera und öffnet ein Fenster, das Ihnen hilft.

Abb. 9.3 *Windows* erkennt die Kamera und hilft beim Importieren der Bilder.

1. Klicken Sie auf BILDER IMPORTIEREN. Sie starten dadurch einen Assistenten, der Ihnen hilft, die Bilder von der Kamera auf die Festplatte des PCs zu kopieren.

2. Im ersten Schritt können Sie den Bildern einen Namen geben. *Windows* verwendet diesen Namen und hängt eine fortlaufende Nummer an. Sie müssen allerdings keinen Namen vergeben, es werden dann die Dateinamen von der Kamera übernommen.

3. Im nächsten Schritt werden die Bilder von der Kamera kopiert. Dies kann einige Zeit dauern; *Windows* hält Sie auf dem Laufenden, wie weit die Datenübertragung schon abgeschlossen ist.

4. Sind alle Bilder auf den PC kopiert, öffnet *Windows* automatisch die FOTOGALERIE. Sie können die Bilder dort in Ruhe betrachten. Um Batterien zu sparen, sollten Sie die Kamera nun ausschalten.

Abb. 9.4 *Windows* hält Sie auf dem Laufenden, wie weit die Datenübertragung schon fortgeschritten ist.

5. Wollen Sie die Bilder später wieder anschauen, finden Sie diese in Ihrem persönlichen Ordner, im Unterordner BILDER.

Der Profi-Tipp: Bilder am Fernseher betrachten

Mit *Windows Vista* können Sie aus Ihren Fotos sogar eigene DVDs erstellen. Der *Windows DVD Maker* (START • ALLE PROGRAMME • WINDOWS DVD MAKER) kommt auch mit Bilddateien zurecht und kann diese als Diashow zu einem Film zusammenfassen.

Noch schöner lassen sich die Fotos mit ein wenig Zusatzsoftware auf dem Fernseher präsentieren. Sie können dabei dann mit verschiedenen Überblendeffekten hantieren und sogar Musik unterlegen.

9.2 Fotos und Grafiken bearbeiten

Windows Vista bringt mit *Paint* ein Zusatzprogramm mit, mit dem sich auch Bilder bearbeiten lassen. Professionellen Ansprüchen genügt dieses Programm zugegebenermaßen nicht; für einfache Aufgaben aber ist es ganz brauchbar.

Wird es schwieriger, sollten Sie auf die Software anderer Hersteller zurückgreifen. Gerade im Bereich der Bildbearbeitungsprogramme ist das heute kein großes Problem mehr. Sie finden eine fast unüberschaubare Zahl von Programmen. Um aber zunächst mit *Paint* zu arbeiten, sind folgende Schritte nötig:

1. Sie starten das Programm über START • ALLE PROGRAMME • ZUBEHÖR • PAINT.
2. Auf der linken Seite des Programmfensters von *Paint* finden Sie eine Reihe von Symbolen, mit denen Sie ein Werkzeug zum Bearbeiten einer Grafik auswählen können. Gehen Sie mit dem Mauszeiger auf eines der Symbole, bekommen Sie in der Statusleiste am unteren Ende des Programmfensters eine Beschreibung des Befehls angezeigt.

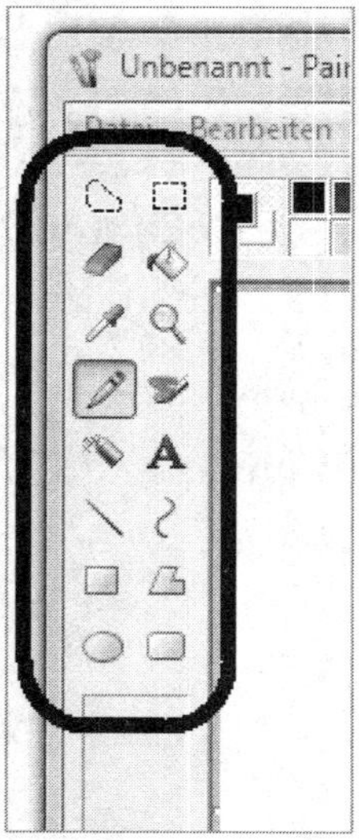

Abb. 9.5 Die Werkzeugleiste von *Paint* hilft bei der Bildbearbeitung.

3. Was möglich ist mit *Paint*, sind solche Dinge wie das Einfügen von Text oder einfache Änderungen an der Grafik. Sie können beispielsweise Linien oder Rechtecke in die bestehende Grafik hineinmalen.

9.3 Bilder drucken

Auch zum Drucken von Bildern hält *Windows* eine sehr sinnvolle Funktion bereit. Sie können die Bilder gleich so anordnen, dass möglichst wenig des noch immer teuren Fotopapiers verschenkt wird. Ein hilfreiches Programm steht Ihnen dabei zur Seite.

1. Öffnen Sie den Ordner mit den Bildern, die Sie ausdrucken wollen. Markieren Sie dort alle Bilder, die gedruckt werden sollen. Am einfachsten geht das, indem Sie die [Strg]-Taste gedrückt halten und nacheinander alle zu druckenden Bilder mit der Maus anklicken.
2. Klicken Sie danach auf das Symbol DRUCKEN, das Sie in der Zeile oberhalb der Bilder finden.

Abb. 9.6 Klicken Sie auf DRUCKEN, um die markierten Bilder zu Papier zu bringen.

Windows öffnet daraufhin ein Fenster; hier können Sie alle Einstellungen rund um den Druck treffen:

1. In der Zeile oberhalb des Fotos finden Sie die Felder DRUCKER, PAPIERGRÖSSE, QUALITÄT UND PAPIERTYP. Hier geben Sie entsprechend an, auf welchem Drucker und auf welcher Art von Papier die Bilder ausgedruckt werden. Wichtig: Drucken Sie auf speziellem Fotopapier, müssen Sie das dem Drucker über das Listenfeld PAPIERTYP unbedingt mitteilen, die Qualität leidet sonst darunter.

2. Im Abschnitt auf der rechten Seite legen Sie fest, wie groß das Bild gedruckt werden soll bzw. wie viele Bilder *Windows* auf einer Seite unterbringen soll. Sie können Bilder formatfüllend drucken, so dass z. B. nur ein einziges Bild auf eine DINA4-Seite passt. Sie können mit der Einstellung KONTAKTABZUG aber auch bis zu 35 Bilder auf einer DINA4-Seite unterbringen.

3. In der Zeile unter dem Foto geben Sie an, wie häufig ein einzelnes Bild gedruckt werden soll. Haben Sie zehn verschiedene Bilder ausgewählt und stellen dort als Kopienzahl „5" ein, werden insgesamt 50 Bilder ausgedruckt.

4. Den größten Bereich des Fensters schließlich nimmt das eigentliche Foto ein. Sie können hier in der Vorschau sehen, wie die Bilder später aus dem Drucker kommen. *Windows* verrät Ihnen auch, wie viele Seiten insgesamt gedruckt werden. Mit einem Mausklick auf den Pfeil in dieser Zeile können Sie alle Vorschauseiten in Ruhe durchblättern.

5. Sind Sie mit der Vorschau und allen Einstellungen zufrieden, klicken Sie auf DRUCKEN. Die Bilder werden dann direkt zum Drucker geschickt, der nach wenigen Sekunden seine Arbeit aufnehmen sollte.

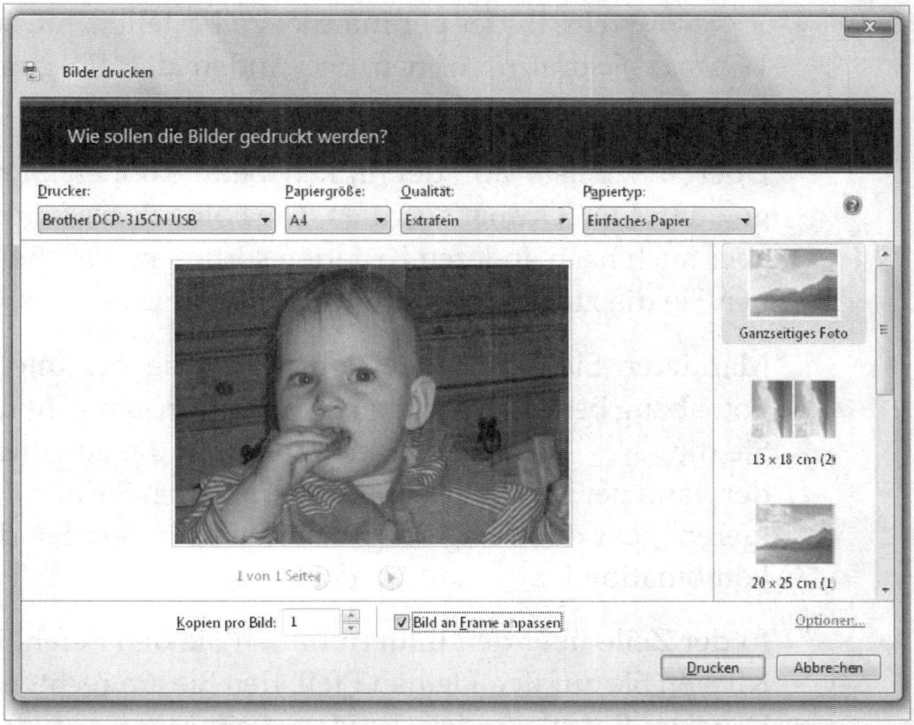

Abb. 9.7 Vor dem Ausdruck können Sie genau festlegen, wie die Fotos gedruckt werden sollen.

9.4 Fotoabzüge per Internet bestellen

Gute Drucker liefern heute hervorragende Ausdrucke in Fotoqualität. Der Unterschied zu Abzügen aus dem Fotolabor ist aber trotzdem häufig sichtbar. Hinzu kommt: Wirklich billig ist der Ausdruck auf dem eigenen Drucker nicht; Tinte und Papier haben ihren Preis. Ein Argument mehr, um Digitalfotos im Fotolabor „ausdrucken" zu lassen.

An *Windows* zumindest soll dieses Vorhaben nicht scheitern: Das Betriebssystem unterstützt Sie mit einem Programm, das die Bilder per Internet an ein Fotolabor schicken kann. Mit folgenden Schritten funktioniert es:

Windows-Fotogalerie

Um Bilder per Internet zu bestellen, müssen Sie die *Windows-Fotogalerie* öffnen. Sie finden das Programm unter START • ALLE PROGRAMME • WINDOWS-FOTOGALERIE.

Über die Leiste auf der linken Seite können Sie nun den gewünschten Ordner aufrufen. Die Fotogalerie kann die Bilder aber auch nach anderen Kriterien sortieren, zum Beispiel können Sie die zuletzt importierten Bilder anzeigen lassen.

Markieren Sie alle Bilder, von denen Sie per Internet einen Fotoabzug bestellen möchten. Am einfachsten geht das, indem Sie die [Strg]-Taste gedrückt halten und die gewünschten Bilder dann per Mausklick markieren. Wollen Sie alle Bilder markieren, geht das übrigens ganz einfach, indem Sie die Tastenkombination [Strg] und [A] drücken.

In der Zeile über den Bildern finden Sie den Befehl DRUCKEN. Klicken Sie auf den kleinen Pfeil, den Sie am rechten Rand des Drucken-Befehls finden. Es klappt ein Menü auf; dort klicken Sie auf den Eintrag ABZÜGE BESTELLEN.

Abb. 9.8 Um per Internet Fotoabzüge Ihrer Bilder zu bestellen, müssen Sie die *Windows-Fotogalerie* besuchen.

Es öffnet sich ein neues Fenster mit einem Assistentenprogramm, das Ihnen beim Bestellen der Abzüge hilft. Sie müssen dafür natürlich mit dem Internet verbunden sein.

Als Erstes sucht der Assistent im Internet nach Fotolaboren, die sich in Ihrer Nähe befinden. Sie können in der Regel zwischen Anbietern auswählen, die ein dichtes Filialnetz haben und bei denen Sie die Abzüge abholen können, oder solchen, die die fertigen Abzüge zu Ihnen nach Hause schicken.

Da der Assistent per Internet gesteuert wird, sehen die einzelnen Schritte anders aus, je nachdem, für welchen Anbieter Sie sich entscheiden. Im Prinzip aber funktioniert der Bestell-Assistent nach immer dem gleichen Muster: Sie melden sich bei dem jeweiligen Anbieter an, wählen die auszudruckenden Bilder und in welchem Format diese auf Fotopapier gebannt werden sollen. Zudem müssen Sie natürlich auch Ihre Adresse angeben und festlegen, wie Sie die Bilder bezahlen möchten.

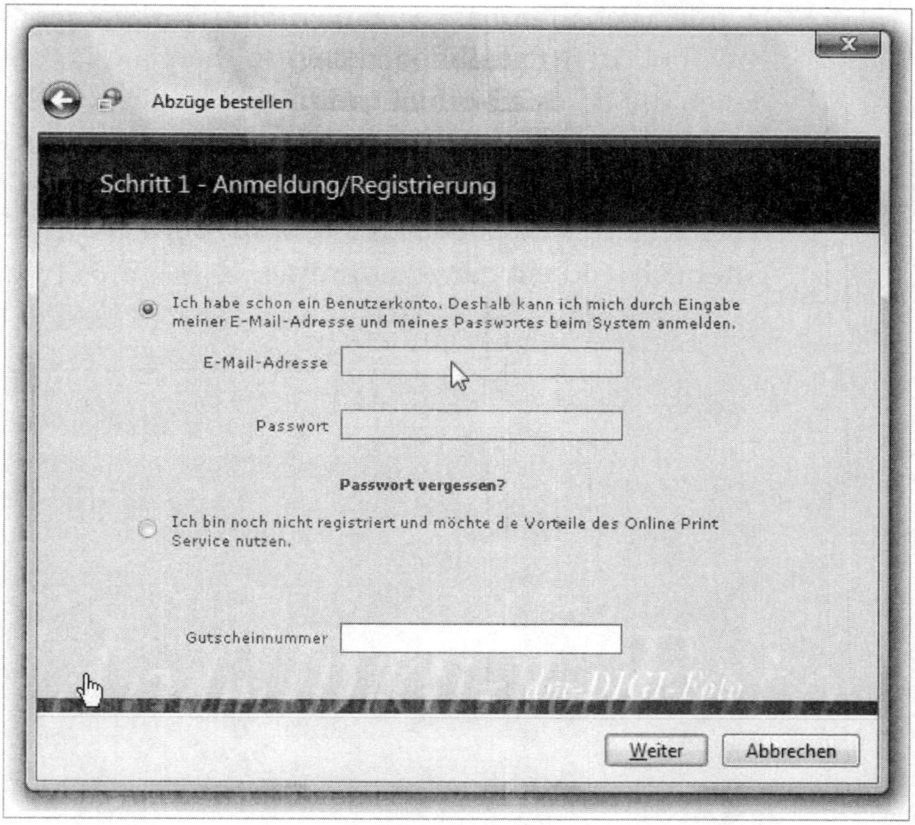

Abb. 9.9 Bevor die Fotos an den gewünschten Anbieter übertragen werden, müssen Sie sich in der Regel dort registrieren.

Der Bestell-Service von *Windows* ist eine praktische Sache, hat allerdings einen Haken: Durch ihn haben Sie nur Zugriff auf Anbieter, die von Microsoft ausgewählt wurden. Sie sind in Ihrer Auswahl damit recht eingeschränkt.

Zumindest preislich dürfte es interessant sein nach anderen Anbietern zu schauen, die Ihre Dateien auch ohne den *Windows*-Assistenten annehmen und zu Fotopapier bringen.

Zudem bietet die Fotoindustrie inzwischen weitere Möglichkeiten, bei denen der Bestell-Assistent von *Windows* nicht mithalten kann.

Wenn Sie schon mal ein professionell hergestelltes Fotobuch in Händen gehalten haben, wissen Sie um die Unterschiede zu gewöhnlichen Fotoabzügen oder althergebrachten Alben, in denen die Fotos eingeklebt werden. Um ein solches Fotobuch zu erstellen, bekommen Sie vom Fotolabor in der Regel eine entsprechende Software zur Verfügung gestellt. Der Service hat allerdings auch seinen Preis: 30 Euro für ein 30-seitiges Fotobuch sind ein gängiger Preis.

Kapitel 10
Musik, MP3 und Film: Multimedia nutzen

Auch wenn Sie mit dem Notebook auf Reisen sind, müssen Sie nicht auf multimediale Unterhaltung verzichten. Die Probleme, die es im Umgang mit den meist voluminösen Multimedia-Dateien gibt, lassen sich – beispielsweise dank ausgefeilter Komprimierungstechniken – gut lösen. Bei Musikdateien ist es das inzwischen sehr weit verbreitete **MP3-Format**, das die Daten auf Handtaschenformat bringt, beim Video heißt das entsprechende Format **DivX**.

10.1 Stapel auf der Festplatte: CDs und DVDs emulieren

CDs und DVDs mit auf die Reise zu nehmen, ist nicht nur unpraktisch, sondern auch risikoreich. Die teuren Scheiben können verloren gehen, beschädigt oder gar gestohlen werden.

Die bessere Methode: Emulieren Sie den Datenträger einfach. Spezielle Programme gaukeln *Windows* vor, es gäbe ein oder mehrere optische Laufwerke im Computer. Diese **virtuellen Laufwerke** lassen sich fast wie ein normales Laufwerk benutzen, nur dass Sie keinen realen Datenträger einlegen, sondern einen virtuellen.

Diese **Image** genannten Dateien erstellen die Programme ebenfalls: Der Inhalt von CDs und DVDs wird komplett eingelesen und in komprimierter Form als Datei auf der Festplatte abgelegt. Auf diese Weise ist es möglich – je nach Größe Ihrer Festplatte – einige Dutzend Datenträger ständig mit dabei zu haben; seien es nun Audio-CDs, Spiele oder Film-DVDs.

Emulationsprogramm auswählen

Es gibt zahlreiche Programme, mit denen sich Laufwerke für den PC emulieren lassen. Hier eine kleine Auswahl:

- Klingt nach Hochprozentigem, ist aber garantiert jugendfrei: Der Anbieter Alcohol-Soft (*www.alcohol-soft.com*) hat zwei Versionen seines Emulators im Angebot: *Alcohol 52 %* und *Alcohol 120 %*. Wie unschwer zu erraten, ist *Alcohol 120 %* die umfangreichere Version, es enthält zusätzlich die Möglichkeit CDs und DVDs zu brennen. Für den Normalfall genügt allerdings der „kleine Bruder" *Alcohol 52 %*. Er kostet gut 20 Euro, die große Version gibt es ab 29 Euro.

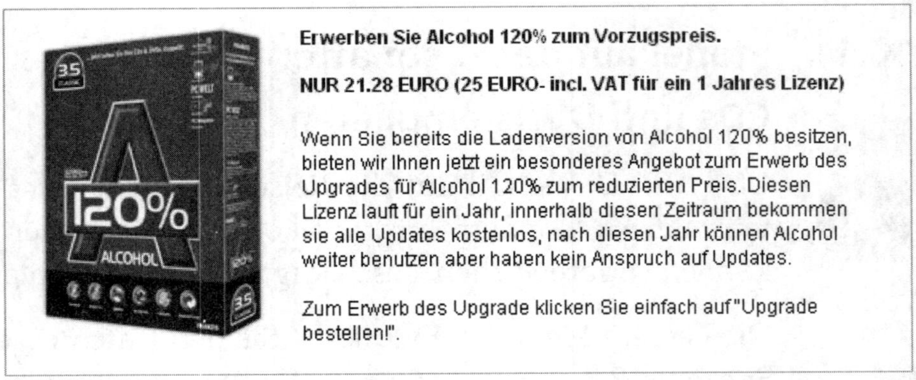

Abb. 10.1 Die Programme der *Alcohol*-Reihe gehören zu den bekanntesten Emulations-Programmen. Quelle: *www.alcohol-soft.com*

- Vom Hersteller Paragon kommt die Software *CD-ROM Emulator*. Auch wenn der Name des Programms anderes vermuten lässt, auch DVDs lassen sich damit einlesen. Die Software kostet knapp 20 Euro; mehr Informationen dazu erhalten Sie unter *www.cdrom-emulator.de*

- *VirtualCD* war eines der ersten Programme am Markt. Es kann natürlich inzwischen auch DVDs einlesen und kostet knapp 40 Euro. Mehr Informationen hält die Seite *www. virtualcd.de* für Sie bereit.

Alcohol 52 % nutzen

Alcohol 52 % ist eines der bekanntesten und beliebtesten Emulationsprogramme, die Anleitungen auf den folgenden Seiten beziehen sich daher auf die Bedienung dieses Programms. Im Prinzip funktionieren aber alle Programme ganz ähnlich.

Nach der Installation von *Alcohol 52 %* müssen Sie den Rechner neu starten, denn *Alcohol* greift sehr tief in die Einstellungen von *Windows* ein. Nach dem Neustart finden Sie im Ordner *Computer* ein zusätzliches Laufwerk – von *Windows* als *DVD-Laufwerk* bezeichnet. Dies ist das virtuelle Laufwerk, das von *Alcohol* eingerichtet wurde, und das Sie mit dem Programm verwalten können.

Dass es sich wirklich um das virtuelle Laufwerk handelt, können Sie per Kontextmenü herausfinden: Klicken Sie das Laufwerksymbol mit der rechten Maustaste an, im Kontextmenü gibt es den Eintrag IMAGE EINBINDEN. Dieser Befehl ist bei einem realen Laufwerk nicht vorhanden.

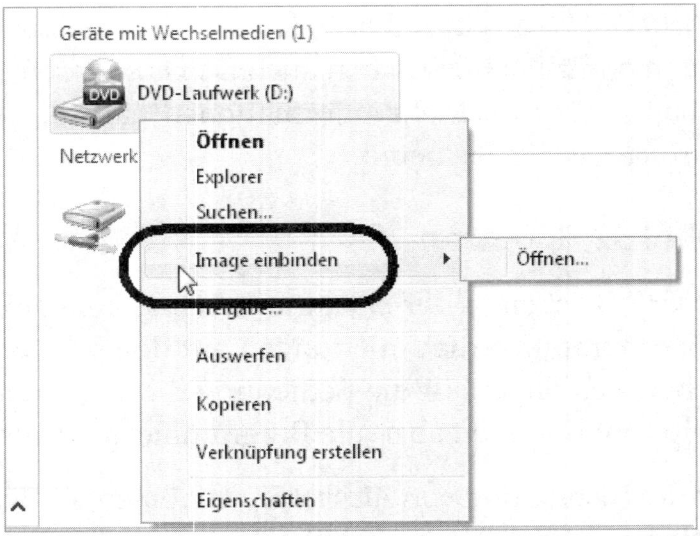

Abb. 10.2 Im Ordner *Computer* finden Sie das virtuelle Laufwerk von *Alcohol* – erkennbar am Zusatzbefehl IMAGE EINBINDEN.

CD oder DVD einlesen

Mit dem im Arbeitsplatz-Ordner sichtbaren virtuellen Laufwerk ist *Alcohol* dauerhaft auf Ihrem Rechner aktiviert – Sie müssen das Hauptprogramm allerdings starten, wenn Sie ein Image erstellen oder die Image-Dateien verwalten wollen.

1. Wählen Sie aus dem Startmenü den Eintrag ALLE PROGRAMME. Sie finden dort eine Gruppe ALCOHOL 52 %. Klicken Sie auf das gleichnamige Programmsymbol.
2. Das Programm präsentiert sich vom Aussehen her ganz ähnlich wie ein *Windows*-Ordner. Das Hauptmenü mit allen wichtigen Befehlen finden Sie auf der linken Seite dieses Ordners.
3. Legen Sie nun die Original-CD oder -DVD in das reale Laufwerk ein. Wenn Ihr Notebook kein Laufwerk hat, können Sie das Image auch an einem anderen Rechner erstellen und anschließend auf die Festplatte des Notebooks kopieren.

4. Im linken Bereich des Programmfensters klicken Sie auf IMAGEASSISTENT. Sie rufen damit ein Hilfsprogramm auf, das beim Erstellen des Images behilflich ist.

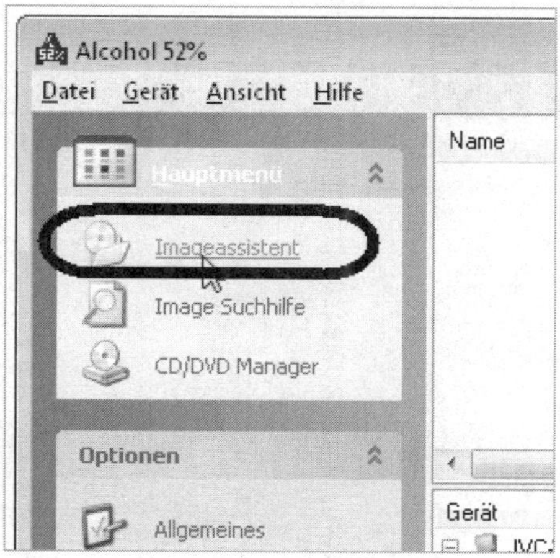

Abb. 10.3 Starten Sie den Assistenten, um ein Image zu erstellen.

5. Im ersten Schritt legen Sie fest, von welchem Laufwerk das Image erstellt werden soll – dieser Schritt ist wichtig, wenn mehrere Laufwerke in Ihrem PC installiert sind, was bei Notebooks aber eigentlich nie der Fall ist.

6. Zugleich finden Sie hier zahlreiche Optionen bezüglich des Umgangs mit Datenfehlern. *Alcohol* macht es damit möglich, auch aus schwer zu lesenden Datenträgern – beispielsweise solchen, die Kratzer haben – noch ein brauchbares Image zu erstellen.

7. Im Listenfeld DATENTYP finden Sie zudem als Hilfe eine Reihe von Einträgen, die für verschiedene CDs optimale Einstellungen vornehmen.

8. Im nächsten Schritt geben Sie an, wo die Image-Datei gespeichert werden soll. Achten Sie darauf, dass auf der Festplatte genügend Speicherplatz vorhanden ist; der Assistent zeigt an, wie viel freier Platz noch zur Verfügung steht.

9. Im Listenfeld IMAGEFORMAT können Sie zudem festlegen, in welchem Format *Alcohol* die Imagedatei ablegt. Standard ist das eigene Format des Programms, es gibt aber auch bei vielen Datenträgern die Einstellung CLONECD IMAGEDATEI.

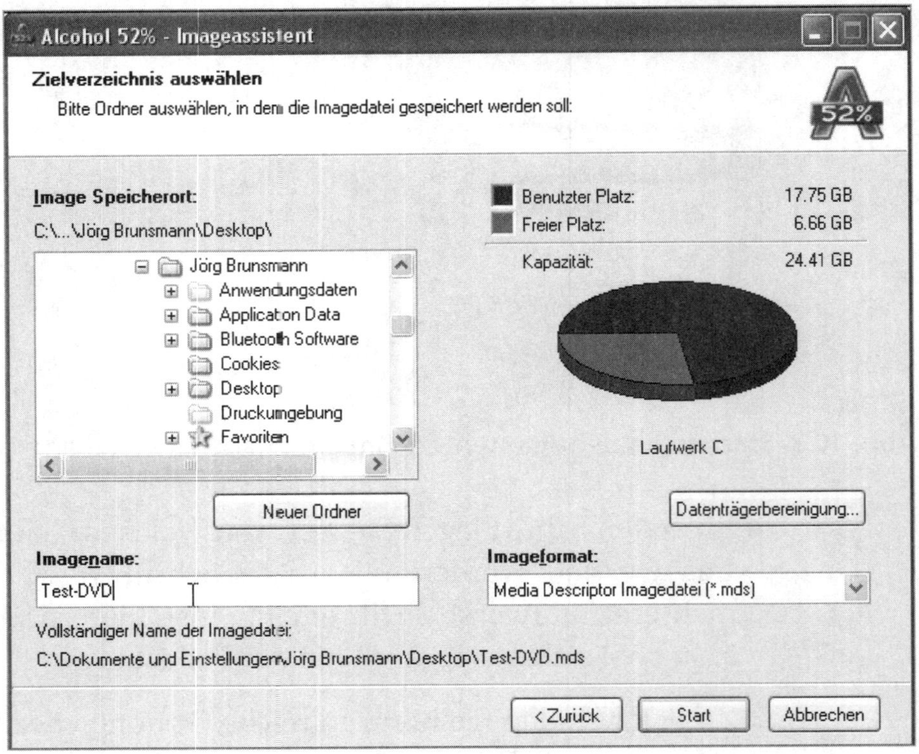

Abb. 10.4 Achtung Speicherplatz: Eine DVD kann bis zu 9 Gigabyte verbrauchen ...

10. Mit einem Mausklick auf START beginnt nun der Einlesevorgang, dieser kann längere Zeit in Anspruch nehmen, je nachdem, wie groß die Datenmenge ist, die *Alcohol* zu einem Image verarbeiten muss.

Image in virtuelles Laufwerk einlegen

Nach dem Abschluss des Imageassistenten finden Sie auf der Festplatte an der gewünschten Stelle die Image-Datei. Diese lässt sich beispielsweise per Netzwerk auf einen anderen PC kopieren, um dort in das virtuelle Laufwerk von *Alcohol* eingelegt zu werden. Das „Einlegen" der Image-Datei in das virtuelle Laufwerk ist mit wenigen Mausklicks erledigt:

1. Öffnen Sie den Ordner *Arbeitsplatz* und klicken Sie das virtuelle Laufwerk mit der rechten Maustaste an.
2. Aus dem Kontextmenü wählen Sie den Eintrag IMAGE EINBINDEN. Es öffnet sich ein weiterer Menübereich.
3. Wurde das Image am Notebook erstellt, so ist es in der Datenbank von *Alcohol* erfasst und sollte in der nun angezeigten Liste auftauchen. Klicken Sie den Eintrag einfach mit der linken Maustaste an.
4. Taucht das gewünschte Image nicht in der Liste auf, klicken Sie auf ÖFFNEN und wählen Sie die Image-Datei aus.
5. Nach dem Einlegen des Images in das virtuelle Laufwerk können Sie nun wie mit einem richtigen CD- oder DVD-Laufwerk mit dem Image arbeiten. Für *Windows* besteht hier kein Unterschied; falls im Image vorhanden, wird sogar das *Autostart*-Programm des Datenträgers geladen.

10.2 Besseren Sound aus dem Notebook herausholen

Notebooks müssen sich aufgrund ihrer geringen Größe meist mit ein paar quäkigen Kleinlautsprechern zufrieden geben. Voller Sound aus dem tragbaren PC, das ist die absolute Ausnahme.

Allerdings können Sie schon mit den *Windows*-Bordmitteln etwas mehr Pepp in die Sache bringen. Das Betriebssystem bietet verschiedene Möglichkeiten an, um auch kleinen Lautsprechern etwas mehr Leben einzuhauchen.

Lautstärke regeln

Schnell den Ton mal leiser oder lauter drehen, das geht unter *Windows* auf unterschiedliche Art und Weise:

- Besonders bequem ist es, wenn Ihr Notebook bereits zusätzliche Multimedia-Tasten besitzt – immer mehr Geräte sind damit ausgestattet. Damit die Lautstärkeregelung über die Zusatztasten reibungslos funktioniert, sollte die zum Keyboard mitgelieferte Software installiert sein.
- Alternativ klicken Sie einmal auf das Lautsprechersymbol im Infobereich der Taskleiste. Es erscheint ein Schieberegler, mit dem sich die Gesamtlautstärke regeln lässt.

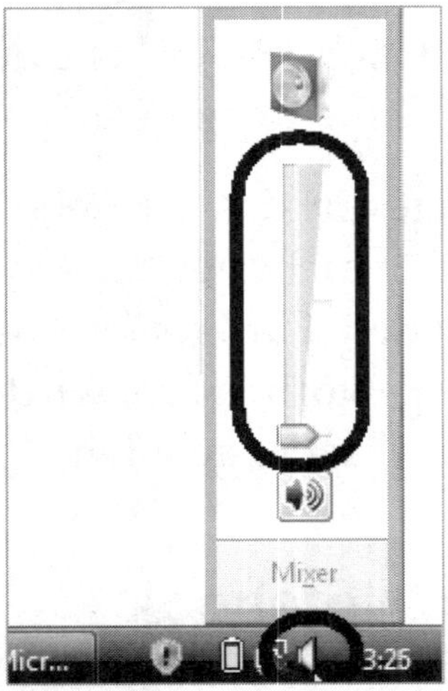

Abb. 10.5 Bequem: Über das Lautsprechersymbol in der Taskleiste regeln Sie die Lautstärke.

- Klicken Sie auf MIXER. Dort lassen sich alle Kanäle einzeln regeln. Die Musikwiedergabe lässt sich meist über den Regler ANWENDUNGEN • WINDOWS SOUNDS in der Lautstärke regeln.

Lautsprechereinstellungen optimieren

Der Desktop-PC hat heutzutage in der Regel schon recht passable Boxen an seiner Seite – vernünftige Aktivboxen sind schon für relativ wenig Geld zu haben und auch die Möglichkeit, den PC an die Stereoanlage anzuschließen, wird von vielen Anwendern genutzt.

Anders beim Laptop: Dort ist für große Boxen schlicht kein Platz; was im ohnehin eng bemessenen Gehäuse an Lautsprechern eingebaut wird, liefert meist nur einen recht bescheidenen Klang.

Wirklich ändern lässt sich das auch mit einer anderen Softwareeinstellung nicht, doch *Windows* bietet in vielen Fällen immerhin die Möglichkeit, das Betriebssystem an die vorhandenen Lautsprecher anzupassen und den Klang so deutlich zu verbessern.

1. Öffnen Sie die Systemsteuerung und wählen Sie dort die Kategorie Hardware und Sounds.
2. Klicken Sie im folgenden Fenster auf das Systemsteuerungssysmbol Sound.
3. Es öffnet sich ein neues Fenster; im Reiter Wiedergabe sollten Sie zumindest ein Symbol finden. Markieren Sie dies per Mausklick; danach klicken Sie auf Konfigurieren.
4. Je nach Art der eingebauten Soundkarte haben Sie nun die Möglichkeit, verschiedene Lautsprechereinstellungen auszuwählen.
5. Klicken Sie auf die Schaltfläche Testen, um zu hören, ob sich mit der neuen Einstellung bei der Soundwiedergabe etwas ändert.

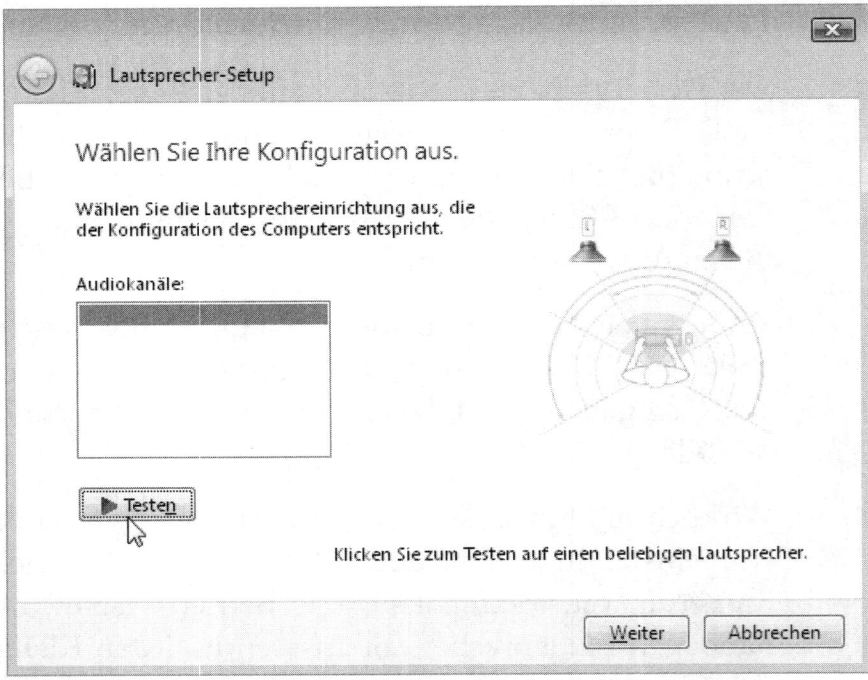

Abb. 10.6 Je nach Soundkarte kennt *Windows* verschiedene Lautsprecher-Einstellungen; bei diesem Gerät allerdings ist keine Auswahl möglich.

Equalizer nutzen

Das Standardprogramm für die Wiedergabe von Mediendateien aller Art ist der in *Windows* integrierte *Media Player*. Dieses Programm bietet zahlreiche Möglichkeiten, darunter auch einen **Grafikequalizer**. Mit seiner Hilfe lassen sich einzelne Frequenzabschnitte gezielt verstärken oder abschwächen – um den Klang so zu optimieren.

1. Sie können den *Media Player* starten, indem Sie einen Doppelklick auf eine Medien-Datei machen. Alternativ können Sie den *Media Player* per Startmenü aufrufen: Das entsprechende Symbol finden Sie unter ALLE PROGRAMME.

2. Bewegen Sie den Mauszeiger auf den Bereich unterhalb der Titelleiste des *Media Players* und drücken Sie die rechte Maustaste.

Abb. 10.7 Klicken Sie hier mit der rechten Maustaste, um das Kontextmenü zu öffnen.

3. Aus dem Kontextemenü wählen Sie ANSICHT • ERWEITERUNGEN • GRAFIKEQUALIZER.

4. Der Grafikequalizer wird nun im unteren Bereich des Programmfensters angezeigt; über die einzelnen Schieberegler können Sie den jeweiligen Frequenzbereich verstärken bzw. abschwächen.

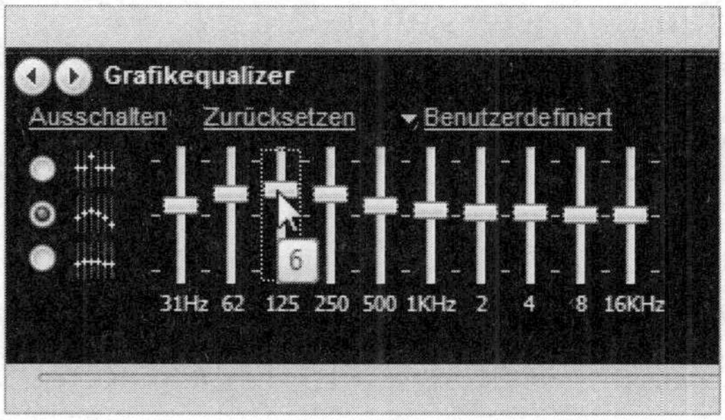

Abb. 10.8 Der Grafikequalizer im *Media Player* kann dem Sound zusätzlich auf die Sprünge helfen.

5. Über die drei Optionsfelder auf der linken Seite bestimmen Sie zudem, ob die Veränderung eines Schiebereglers die benachbarten Schieberegler dynamisch mitverändern soll – die gewünschte Änderung wirkt sich dann nicht isoliert auf nur einen Frequenzbereich aus.

3D-Sound und andere Spielereien

Neben dem Grafikequalizer bietet der *Media Player* noch einige andere Möglichkeiten der Soundverbesserung sowie eine Reihe von Spielereien.

Beispielsweise können Sie Surround-Sound zuschalten, Titel langsamer oder schneller abspielen lassen oder deren Lautstärke automatisch aneinander angleichen lassen.

Erledigt werden alle diese Aufgaben über Erweiterungen, die sich in den *Media Player* einklinken.

Eine Liste der vorhandenen Erweiterungen wird über das Kontextmenü (mit der rechten Maustaste in einen Bereich unterhalb der Titelzeile klicken) unter dem Befehl ANSICHT • ERWEITERUNGEN angezeigt.

Sie können dort auch direkt eine Erweiterung auswählen; deren Einstellungen und Parameter werden im unteren Bereich des Programmfensters angezeigt.

10.3 Der Media-Player als Party-Musikmaschine

Der *Windows Media-Player* wird häufig unterschätzt. Die meisten *Windows*-Nutzer installieren weitere Programme auf Ihrem PC, um Musikdateien abzuspielen. Eigentlich überflüssig, denn der *Media Player* ist ein umfangreiches und leistungsfähiges Programm. Er hat nur ein Problem: Viele Funktionen sind so gut versteckt, dass selbst erfahrene Nutzer sie nicht kennen.

Dabei lässt sich der *Media Player* selbst als Musikmaschine für die nächste Party einsetzen – die gewünschten Titel lassen sich sogar überblenden, so wie es sich für eine richtige Party gehört. Mit ausreichend Musikdateien auf der Festplatte kann Ihr Notebook so zum musikalischen Mittelpunkt der nächsten Feier werden.

1. Starten Sie den *Media Player* und wählen Sie aus dem Kontextmenü den Eintrag ANSICHT • ERWEITERUNGEN • ÜBERBLENDEN UND AUTOMATISCHER LAUTSTÄRKEAUSGLEICH.
2. Im unteren Bereich des *Media Players* klicken Sie auf ÜBERBLENDFUNKTION EINSCHALTEN und wählen die Übergangszeit (zwischen 0 und 10 Sekunden).

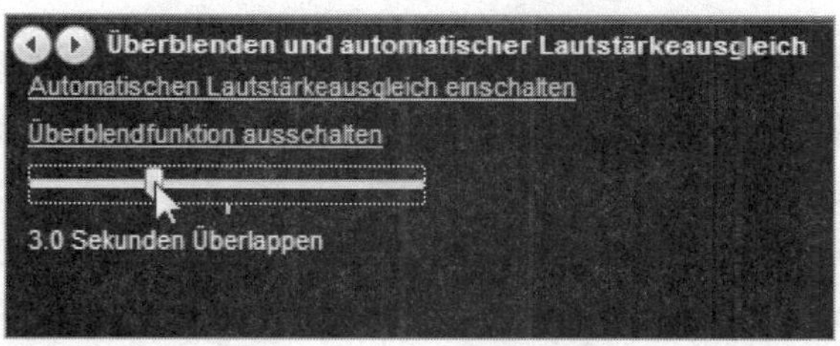

Abb. 10.9 Der *Media Player* kann sogar Titel überblenden.

3. Ganz wichtig: Um Titel nonstop zu spielen, öffnen Sie den Ordner mit den MP3-Dateien und klicken das nächste zu spielende Lied mit der rechten(!) Maustaste an. Aus dem Kontextmenü wählen Sie anschließend ZUR WINDOWS MEDIA-PLAYER-WIEDERGABELISTE HINZUFÜGEN.

10.4 Musik mobil mit MP3

Aus der Computerwelt ist das Dateiformat **MP3** heute nicht mehr wegzudenken. Ob die Übertragung von Musik und Sprache per Internet, das Speichern von Dutzenden von Titeln auf einer CD oder der mobile MP3-Player als Walkman-Nachfolger – MP3 hat sich auf breiter Front als Format zur Speicherung und Verbreitung von Audiodaten durchgesetzt. Erst recht auf dem Notebook, wo die Festplattenkapazität in der Regel immer noch geringer ist als beim Desktop-PC.

MP3: das steckt dahinter

Das MP3-Verfahren ist – man höre und staune – keine amerikanische oder japanische Erfindung. Es wurde von einem deutschen Fraunhofer-Institut entwickelt.

MP3 ist die Abkürzung für „MPEG Layer 3". MPEG ist ein Kompressionsverfahren, dessen Grundzüge schon vor längerer Zeit entwickelt wurden, Layer 3 bedeutet nichts anderes, als dass es sich um die dritte Version dieses Verfahrens handelt.

MP3 bedient sich einer Reihe von Tricks und Kniffen und ist speziell für Audiodateien entwickelt worden, um diese möglichst „klein" zu machen. Zum einen werden rigoros alle Frequenzen weggefiltert, die das menschliche Ohr sowieso nicht wahrnehmen kann. Zum anderen bedient sich MP3 eines besonderen Tricks: Hören Sie eine Flöte und eine Trommel auf einem Band, ist in den Momenten, in denen die Trommel spielt, von der Flöte nichts mehr zu hören: Weil die Trommel wesentlich lauter als die Flöte ist, übertönt sie diese.

Genau das macht sich MP3 zunutze: Töne, die das menschliche Gehör nicht wahrnehmen würde, die aber Platz bei der Speicherung einnehmen, werden quasi „herausgeschnitten". Alles in allem spart MP3 so viel Platz, dass eine Audiodatei auf ein Zwölftel ihrer ursprünglichen Größe schrumpfen kann.

Auch MP3 kennt Qualitätsunterschiede

Bei MP3 haben Sie – wie bei vielen anderen Komprimierungsverfahren – die Möglichkeit, die Größe der Dateien durch Qualitätsveränderungen zu minimieren.

Grundsätzlich gilt: Je besser die Qualität, desto größer wird die MP3-Datei. Gemessen wird die Qualität dabei in kBit/s – diese Abkürzung steht für „kilobit per second" und gibt an, wie viele Daten pro Sekunde gespeichert werden.

Eine annehmbare Qualität erzielen Sie mit Bitraten von 128 kBit/s, gute Qualität gibt es ab etwa 192 kBit/s und annähernd Original-CD-Qualität erzielen Sie mit einer Wiedergaberate oberhalb dieses Wertes.

Darüber hinaus existiert die Möglichkeit der variablen Bitrate. Hierbei wird vom Komprimierungsprogramm die zur Musikpassage jeweils beste Qualitätsstufe gewählt.

Die gängigen MP3-Player für den PC kommen in der Regel mit allen diesen Bitraten zurecht und können deshalb die entsprechenden Musikdateien wiedergeben. Für die Nutzung am Notebook lohnt es sich in der Regel nicht, die Bitrate vorhandener MP3-Dateien zu verändern – Aufwand und Nutzen stehen in keinem vernünftigen Verhältnis.

In welcher Qualität eine MP3-Datei vorliegt, können Sie schnell in Erfahrung bringen:

1. Öffnen Sie den Ordner, der die zu prüfende Datei enthält.
2. Klicken Sie diese Datei mit der rechten Maustaste an und wählen Sie aus dem Kontextmenü den Befehl EIGENSCHAFTEN. Wechseln Sie dann in die Registerkarte DETAILS.
3. Sie sehen nun eine Liste mit allen Details der MP3-Datei. Im Bereich AUDIO finden Sie auch die Bitrate des Songs.

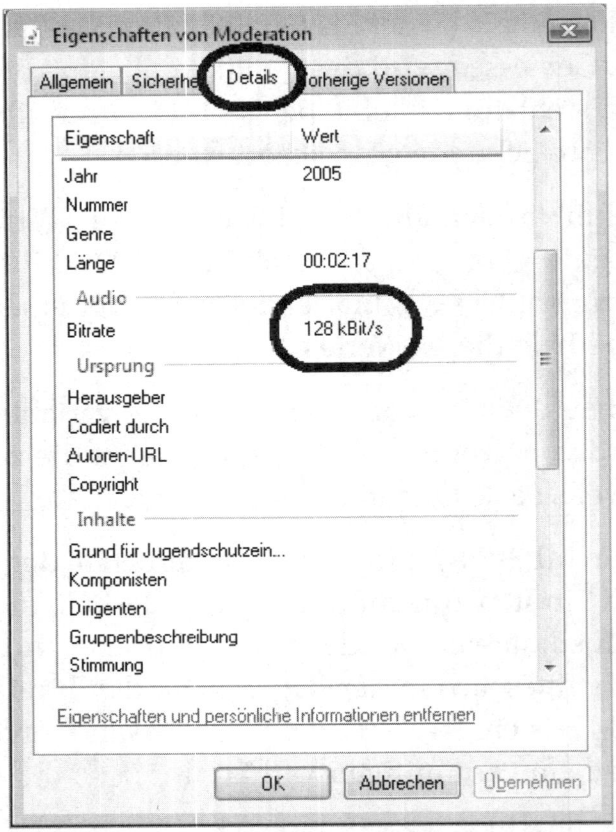

Abb. 10.10 128 Kilobit pro Sekunde – das Lied liegt damit in vernünftiger Qualität vor.

Codieren und decodieren

MP3

Die Wiedergabe von MP3-Dateien stellt den Computer vor eine besondere Aufgabe. Anders als bei den voluminösen WAV-Dateien, die quasi nur zur Soundkarte durchgereicht werden, muss der PC bei MP3-Daten ziemlich viel rechnen – was moderne Computer aufgrund ihrer hohen Rechenleistung jedoch kaum spürbar belastet.

Etwas schwieriger ist es da schon, eine „normale" Musikdatei oder eine CD in das Format MP3 umzuwandeln. Das Programm dafür, der so genannte **Codec**, hat hier noch einiges mehr zu berechnen. Bei etwas älteren Rechnern funktioniert das Erstellen von MP3-Dateien daher nicht in „Echtzeit". Das heißt, die Codierung eines Titels dauert länger als dessen Spielzeit.

So erstellen Sie MP3-Dateien mit dem Media-Player

Lange Zeit konnte *Windows* ohne zusätzliche Programme keine MP3-Dateien erstellen. Der *Media Player* hatte zwar im Prinzip alles an Bord, doch ein entscheidendes Element fehlte: Der so genannte **Codec**, der aus den Rohdaten, z. B. auf der CD, MP3-Dateien erstellen kann.

Mit der aktuellen Ausgabe des *Media Players* hat das Programm jedoch dazugelernt und kann nun auch MP3-Dateien erstellen. Und das sogar in verschiedenen Qualitätsstufen. Gewusst wie, sind es nur wenige Mausklicks, bis Ihre Lieblings-CD der Medienbibliothek von *Windows* hinzugefügt wird.

Voraussetzung dafür ist allerdings, dass die CD nicht mit einem Kopierschutz versehen ist – ansonsten weigert sich der PC schlicht und ergreifend, die Silberscheibe wiederzugeben.

1. Starten Sie den *Media Player*. Klicken Sie mit der rechten Maustaste auf einen freien Bereich unterhalb der Titelleiste. Aus dem Kontextmenü, das sich dann öffnet, wählen Sie den Eintrag EXTRAS • OPTIONEN.

2. Wechseln Sie in die Registerkarte MUSIK KOPIEREN. Stellen Sie im Feld FORMAT nun MP3 ein und wählen Sie die gewünschte Qualität.

3. Legen Sie eine Audio-CD in das Laufwerk ein und wählen Sie den Bereich VON MEDIUM KOPIEREN. Die Titel der CD werden nun als MP3-Dateien in die Medienbibliothek des *Media Players* übernommen.

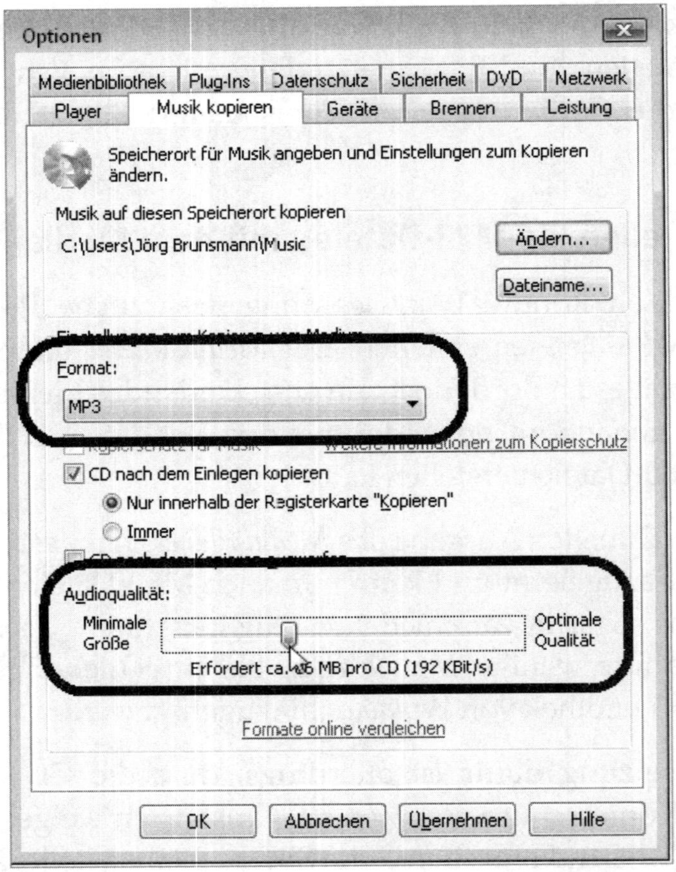

Abb. 10.11 Sagen Sie dem *Media Player*, dass Musik-CDs als MP3-Dateien kopiert werden sollen.

MP3-Dateien richtig verwalten

Selbst Notebook-Festplatten erreichen inzwischen erstaunliche Kapazitäten. 100 Gigabyte oder mehr sind keine Seltenheit mehr. Das ist zwar immer noch deutlich kleiner als bei den meisten Desktop-PCs, doch trotzdem gibt es damit viel Platz für alle Arten von Multimedia-Dateien. Das Problem: Je mehr Dateien sich auf der Festplatte ansammeln, desto eher geht auch die Übersicht verloren. Zum Glück hilft *Windows* Ihnen den Überblick zu behalten.

Das Betriebssystem bringt eine Reihe von Funktionen mit, die es leichter machen, auch bei noch so umfangreichen Musiksammlungen den Überblick zu behalten.

Für die Verwaltung von Musikdateien hat *Windows* bereits einen Ordner vorbereitet. Er trägt schlicht und ergreifend den Namen *Musik* und Sie finden ihn als Unterordner im Bereich ihrer persönlichen Dateien. Gekennzeichnet ist er durch eine Note am Ordner-Symbol.

1. Öffnen Sie diesen Ordner und klicken Sie mit der rechten Maustaste an einer freien Stelle im Dateifenster. Aus dem Kontextmenü wählen Sie den Befehl ORDNER ANPASSEN.

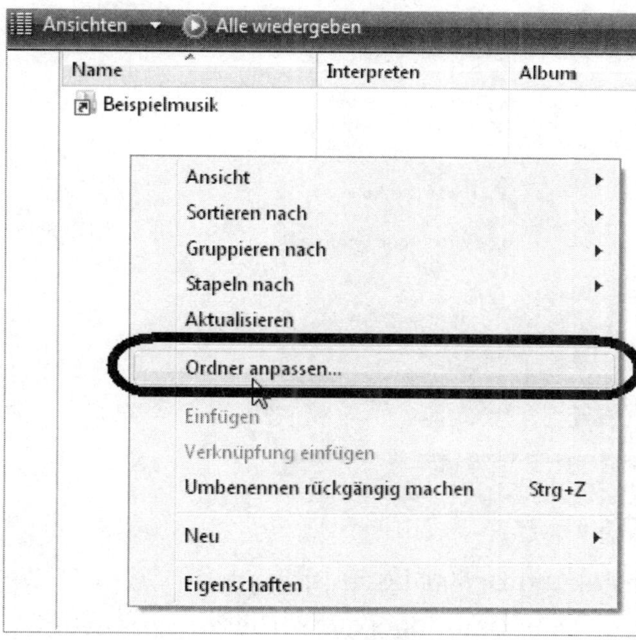

Abb. 10.12 Das Kontextmenü öffnet sich, wenn Sie mit der rechten Maustaste in einen freien Bereich des Dateifensters klicken.

2. Es öffnet sich ein neues Fenster; wechseln Sie dort in den Reiter ANPASSEN.

3. Aus dem Listenfeld ORDNERTYP wählen Sie je nach Art der Dateien MUSIKDETAILS (für viele Lieder unterschiedlicher Interpreten) ODER MUSIKSYMBOLE (für viele Lieder des gleichen Interpreten).

4. Um bei vielen Dateien in einem Ordner die Übersicht zu behalten, können Sie zudem den Befehl ANSICHTEN aus der Symbolleiste benutzen. Klicken Sie auf den kleinen Pfeil am rechten Rand des Befehls.

5. Es öffnet sich ein Menüfenster; wählen Sie dort den Eintrag DETAILS. Hierbei werden – sofern vorhanden – auch Zusatzinformationen der MP3-Dateien wie der Name des Musikstücks, der Interpret oder das Genre der Datei angezeigt.

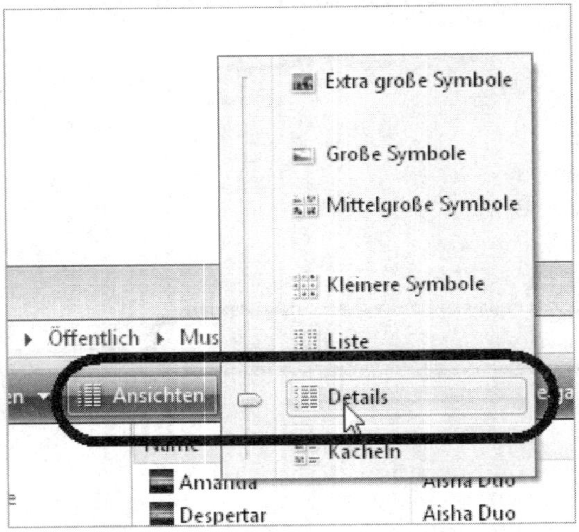

Abb. 10.13 Mit der Einstellung DETAILS lassen sich Multimediadateien besonders gut sortieren.

6. Sie können die Dateien nach jeder der angezeigten Informationen sortieren. Klicken Sie dazu einfach auf den Titel der jeweiligen Spalte.

10.5 Videowiedergabe unterwegs

Die Musikwiedergabe auf Reisen ist dank des MP3-Formats inzwischen wirklich unproblematisch geworden – die Dateien sind klein, das Dateiformat ist weit verbreitet und auch auf Standard-PCs problemlos wiederzugeben.

Schwieriger ist es mit der Video-Wiedergabe. Videos nehmen enorm viel Speicherplatz ein; ein abendfüllender Spielfilm kommt in sehr guter Qualität auf knapp 4 Gigabyte Speicherbedarf – da ist selbst eine große Festplatte schnell gefüllt. Allerdings sind die Techniker auch hier inzwischen ein gutes Stück vorangekommen und haben Codierungen für Filme entwickelt, die deutlich weniger Speicherplatz beanspruchen.

MPEG2 und DivX

Standard für die Speicherung von Videofilmen ist zurzeit das **MPEG2-Format**. Mit diesem Format arbeitet auch die Standard-DVD.

MPEG2 bietet eine hervorragende Qualität und es lassen sich Zusatzfunktionen wie Surround-Sound oder Untertitel mit integrieren. Allerdings ist auch der Speicherbedarf sehr hoch: Auf eine einfache DVD passen etwa 120 Minuten Film.

DivX ist sozusagen der Nachfolger von MPEG2. Dieser Codec arbeitet wesentlich effektiver und macht es möglich – bei allerdings leichten Einschränkungen der Bildqualität – mit deutlich weniger Speicherplatz auszukommen. Ein Spielfilm lässt sich gar auf einem normalen CD-Rohling mit einer Speicherkapazität von 700 Megabyte unterbringen.

Wäre das DivX-Format vor einigen Jahren schon fertig entwickelt gewesen, hätte die Entwicklung beim DVD-Player vermutlich anders ausgesehen. Dass sich DivX zusehends zur MPEG2-Konkurrenz entwickelt, zeigt auch ein Blick auf die aktuelle Funktionsvielfalt von stationären DVD-Playern: Immer mehr Geräte unterstützen die Wiedergabe von DivX-Videos.

DivX – das steckt dahinter

DivX arbeitet bei Videos mit ganz ähnlichen „Tricks" wie MP3 bei Audio-Dateien. Bei DivX sieht das konkret so aus, dass nur die Veränderung zwischen zwei Bildern gespeichert wird und nicht das komplette Bild. Für eine fließende Bewegung sind in einem Film 25 Bilder pro Sekunde erforderlich. Wer jeweils zwei Bilder miteinander vergleicht, erkennt schnell, dass häufig nur geringe Veränderungen von Bild zu Bild auszumachen sind.

Abb. 10.14 Fast zwei Stunden Film bei nur 548 Megabyte – das schafft nur DivX.

Erst wenn ein Schnitt oder ein schneller Schwenk im Bild zu sehen sind, ändert sich deutlich mehr. DivX nutzt das aus – mit durchschlagendem Erfolg: Die erforderliche Datenmenge für einen Film sinkt dadurch ganz erheblich.

So gehen Sie mit DivX um

Für den Umgang mit DivX-Dateien ist *Windows* leider nicht „ab Werk" gewappnet. Was fehlt, ist der so genannte **Codec**. Diese Abkürzung steht für ***Coder – Decoder***; es handelt sich dabei um ein Programm, das Videodaten in DivX wandelt und umgekehrt dafür sorgt, dass aus den komprimierten DivX-Dateien wieder ansehnliche Bilder werden.

Zum Glück gibt es den DivX-Codec kostenlos im Internet – unter der Adresse *www.divx.com* werden Sie fündig.

Abb. 10.15 Hier finden Sie Downloads für DivX. Quelle: *www.divx.com*

Es genügt vollkommen, wenn Sie die kostenlose Version von DivX herunterladen, auch wenn Ihnen das Unternehmen – aus verständlichen Gründen – eine erweiterte, kostenpflichtige Version ans Herz legt.

In der kostenlosen Version des DivX-Paketes bereits enthalten ist ein Abspielprogramm, mit dem Sie DivX-Dateien sofort wiedergeben können. Aber auch der *Media Player* macht nach der Installation des Codecs keine Zicken mehr und spielt DivX-Dateien anstandslos ab.

So erstellen Sie DivX-Dateien

Um Ihre „normalen" Videodaten in das Platz sparende DivX-Format zu wandeln, ist leider etwas mehr Aufwand als für die Wiedergabe erforderlich. Vor allem kostet die Umwandlung viel Rechenzeit; selbst moderne Computer haben schnell einige Stunden lang mit einem Film in Spielfilmlänge zu tun.

Was leider nicht mehr ohne weiteres geht, ist die Umwandlung Ihrer DVD-Videos in DivX-Dateien. Grund dafür ist das vor einiger Zeit geänderte deutsche Urheberrecht. Demnach sind digitale Kopien nur noch dann erlaubt, wenn dabei kein Kopierschutz umgangen wird. Das genau aber wäre nötig, denn praktisch alle DVDs sind heute mit einem Kopierschutz ausgestattet.

Was sich aber umwandeln lässt, sind Filme aus analogen Videoquellen wie zum Beispiel VHS-Bänder oder zum Beispiel mit einer TV-Karte aufgenommene Dateien.

Für die Umwandlung gibt es eine Reihe von Programmen, die Sie nutzen können. Neben *DivX Create* können Sie unter anderem zu Software des Herstellers G-Data greifen (*www.gdata.de*). Unter dem Label *DaviDeo* finden Sie dort eine ganze Palette von entsprechenden Programmen.

Mit dem Programm *DaviDeo VHS Kopierer* beispielsweise können Sie von analogen Quellen wie dem VHS-Recorder aufnehmen und die Daten unter anderem ins DivX-Format umwandeln. Voraussetzung dafür ist allerdings eine spezielle

Erweiterungskarte, eine so genannte **Grabber-Karte**, die analoge Signale in Daten umwandelt, mit denen der PC etwas anfangen kann.

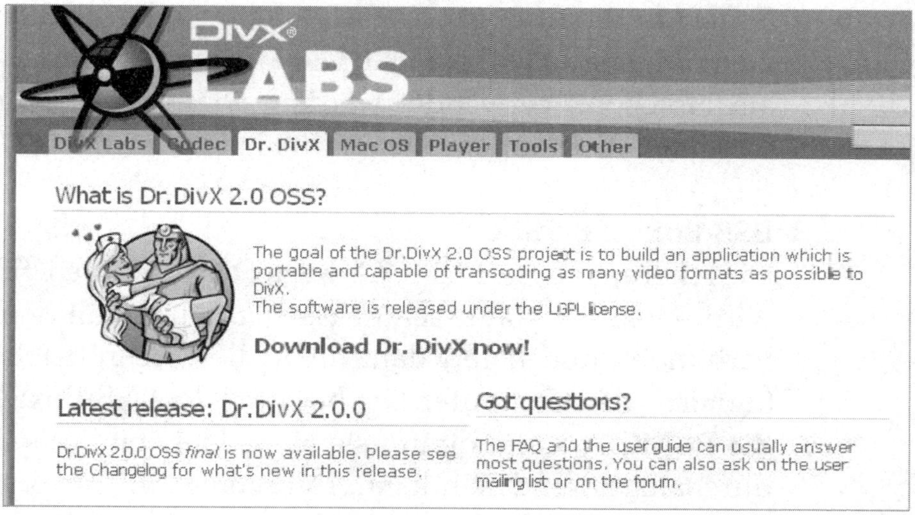

Abb. 10.16 *Dr.DivX* hat ein Herz für Filmfreunde: Das kostenlose Programm hilft bei der Umwandlung in das DivX-Format.
Quelle: *www.drdivx.com*

Ein guter Tipp für das Erstellen von DivX-Videos ist auch das Programm *DrDivX*. Sie können es kostenlos aus dem Internet laden unter der Adresse *www.drdivx.com*

TV mit dem Laptop

Auch Live-Fernsehen lässt sich mit dem Laptop genießen, Voraussetzung dafür ist eine entsprechende Erweiterungskarte oder **USB-Box**. Die Geräte sind in der vergangenen Zeit bereits kräftig im Preis gefallen und liegen aktuell bei etwa 40 bis 80 Euro. Folgende Möglichkeiten stehen zur Auswahl:

PCMCIA-Karte

Diese Erweiterungskarte wird direkt in den entsprechenden Schacht des Notebooks eingeschoben. Die Karte verschwindet damit zu einem großen Teil im Notebook, störend ist in der Regel nur die Antenne, die benötigt wird, um ein klares Signal zu empfangen. Der Nachteil: Die TV-Karte kann ausschließlich am Notebook verwendet werden. Diese Erweiterungskarten werden daher immer seltener im Handel angeboten.

USB-Box/USB-Stick

Die Alternative zur PCMCIA-Karte: eine externe USB-Box. Die wird – wie der Name schon sagt – per USB mit dem Rechner verbunden und liefert dann über diese Schnittstelle das TV-Signal an den Computer. Der Nachteil der USB-Box: Anders als die PCMCIA-Karte nimmt sie mehr Platz ein, was unterwegs durchaus störend sein kann. Denn eine Antenne benötigt die USB-Box ebenso wie die PCMCIA-Karte.

Die Vorteile der USB-Lösung: Der PCMCIA-Schacht (viele Notebooks haben nur noch einen) bleibt für andere Zusatzkarten frei und die USB-Fernseh-Box können Sie problemlos auch am Desktop-PC anschließen. Die USB-Box ist daher vor allem dann für Sie geeignet, wenn Sie nur gelegentlich unterwegs in die Ferne schauen wollen.

Beim USB-Stick sieht die Sache ähnlich aus, nur dass hier der Platzbedarf deutlich kleiner ist. USB-Sticks sind meist nur noch Streichholzschachtel groß und werden direkt an einem freien USB-Port angeschlossen.

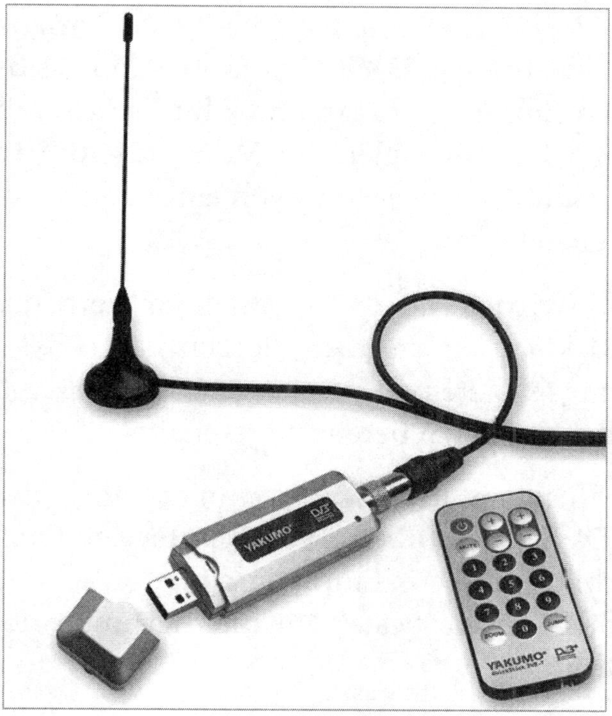

Abb. 10.17 Ein USB-Stick für den Empfang von DVB-T macht TV-Genuss sowohl auf dem Laptop als auch dem Desktop-PC möglich. Foto: Yakumo

DVB-T oder analog?

Die Auswahl der Fernseh-Karte ist nicht nur von Ihrem Geldbeutel, sondern auch von Ihrem Wohnort und Ihren Ansprüchen abhängig. Generell gibt es derzeit in Deutschland zwei unterschiedliche Arten, Fernsehen per Antenne zu empfangen: Per Analogsignal oder mit dem neuen, digitalen Fernsehen DVB-T.

DVB ist die Abkürzung für „Digital Video Broadcasting", dem neuen Standard für Digitale Fernsehübertragung.

DVB gibt es derzeit in drei unterschiedlichen Varianten: **DVB-S** für Satellitenempfang, **DVB-C** für Kabel und **DVB-T** für den terrestrischen Empfang per Antenne. Im Prinzip arbeiten alle drei Varianten mit den gleichen Standards, die Empfänger können aber nur jeweils einen davon empfangen – im Fall des USB-Sticks eben DVB-T.

Mittelfristig wird DVB-T das analoge Fernsehsignal in Deutschland komplett ersetzen, derzeit ist DVB-T bereits in vielen Ballungsgebieten zu empfangen. Teilweise ist auch das analoge Antennensignal bereits abgeschaltet.

In den ländlicheren Regionen dominiert noch das analoge Fernsehen, DVB-T wird dort erst in nächster Zeit Einzug halten. Einen Überblick, wie die Empfangssituation in Ihrer Region ist, bekommen Sie am besten im Internet unter der Adresse *www.ueberall-tv.de*

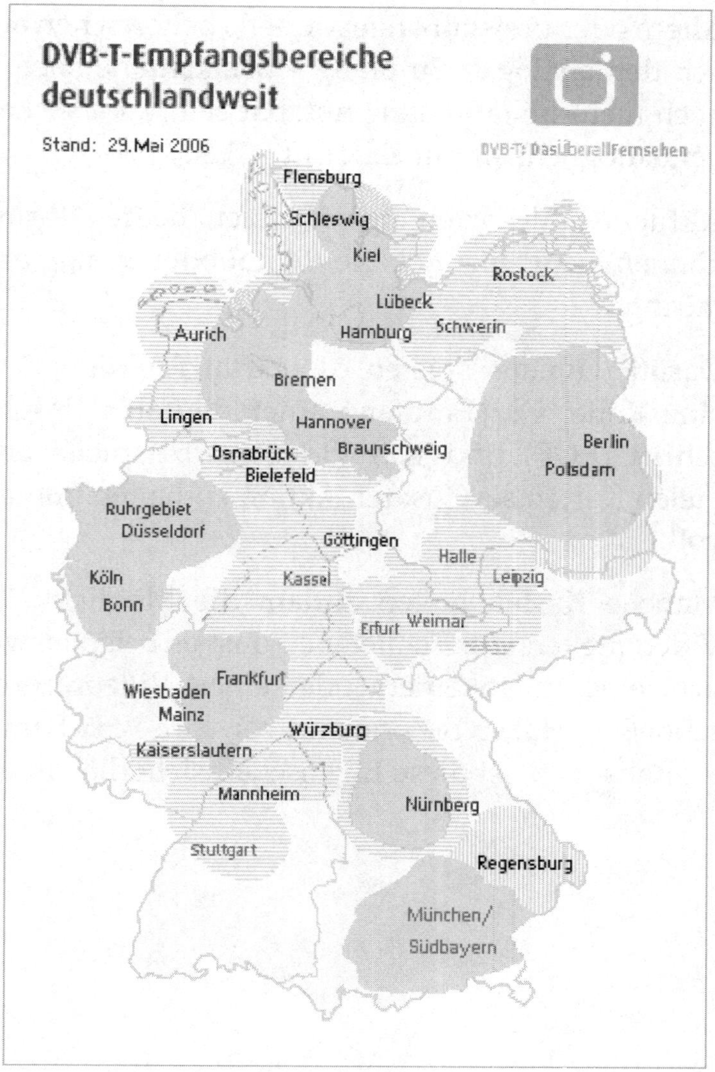

Abb. 10.18 Wann startet bei Ihnen DVB-T? Die Internetseite *www.ueberall-tv.de* gibt darüber Auskunft. Quelle: *www.ueberall-tv.de*

Das herkömmliche, analoge Fernsehen ist in jedem Fall ein Auslaufmodell und Sie sollten sich überlegen, welche Empfangsnormen die TV-Karte beherrschen soll.

- Ältere oder preisgünstige Modelle beherrschen ausschließlich den analogen Empfang – das kann, je nach Wohnort, noch mehrere Jahre lang nutzbar sein, ist aber keine Empfangsmöglichkeit mit Zukunft.
- Aktuelle TV-Karten unterstützen beide Normen – Sie können auswählen, ob Sie digital oder analog empfangen möchten.
- Darüber hinaus spielen die Zusatzfunktionen der Karte eine Rolle. Der Empfang einer digitalen Programmzeitschrift (EGP) und von Videotext beispielsweise ist bei vielen Karten als Zusatzfunktion enthalten und auch sinnvoll.
- Manche Karten bieten zudem die Möglichkeit, externe Videoquellen anzuschließen. So ist es beispielsweise möglich, eine Videokamera oder einen Videorecorder anzuschließen. Haben Sie ohnehin vor, Ihre VHS-Sammlung zu digitalisieren, ist diese Eigenschaft sicherlich interessant.

Kapitel 11
CDs und DVDs brennen

CD- und **DVD-Brenner** gehören inzwischen schon praktisch zur Standard-Ausrüstung eines PCs – auch Notebooks machen da keine Ausnahme. Die so genannten **Rohlinge** zum Brennen der eigenen Silberscheiben werden seit längerer Zeit schon bei großen Lebensmittel-Discountern angeboten.

Und auch *Windows* steht Ihnen beim Brennen von CDs und DVDs zur Seite. Zum einen kann das Betriebssystem CD und DVD-Rohlinge mit Daten befüllen, zum anderen bietet der *Media Player* die Funktion, Audio-CDs zu erstellen.

11.1 Audio-CDs erstellen

Es gibt verschiedene **CD-Formate**. Um Musik auf einem Rohling zu speichern, wird in der Regel eine Audio-CD gebrannt; diese lässt sich problemlos mit jedem CD-Player wiedergeben.

Um mit *Windows* eine Audio-CD zu erstellen, können Sie auf den *Windows Media Player* zurückgreifen. Als Erstes stellen Sie dazu die Liste der auf CD zu brennenden Titel zusammen:

1. Starten Sie den *Media Player* und wechseln Sie in den Bereich BRENNEN.

2. Im großen Fenster zeigt *Windows* Ihnen alle Lieder an, die bereits in die MEDIENBIBLIOTHEK des *Media Players* aufgenommen wurden. Sobald Sie einen Musiktitel mit dem *Media Player* wiedergeben, wird er in diese Bibliothek aufgenommen.

3. Legen Sie nun eine leere CD-ROM in das Laufwerk ein. Nur so kann *Windows* erkennen, wie viele Lieder insgesamt auf der CD untergebracht werden können.

4. Klicken Sie den ersten Titel, den Sie auf CD brennen möchten, mit der linken Maustaste an. Halten Sie die Maustaste gedrückt und ziehen den Titel nach links, in den Bereich BRENNLISTE.

5. Sie können natürlich auch mehrere Titel markieren und in die Brennliste hinüberziehen. Auf diese Weise stellen Sie Schritt für Schritt Ihre ganz persönliche CD zusammen.

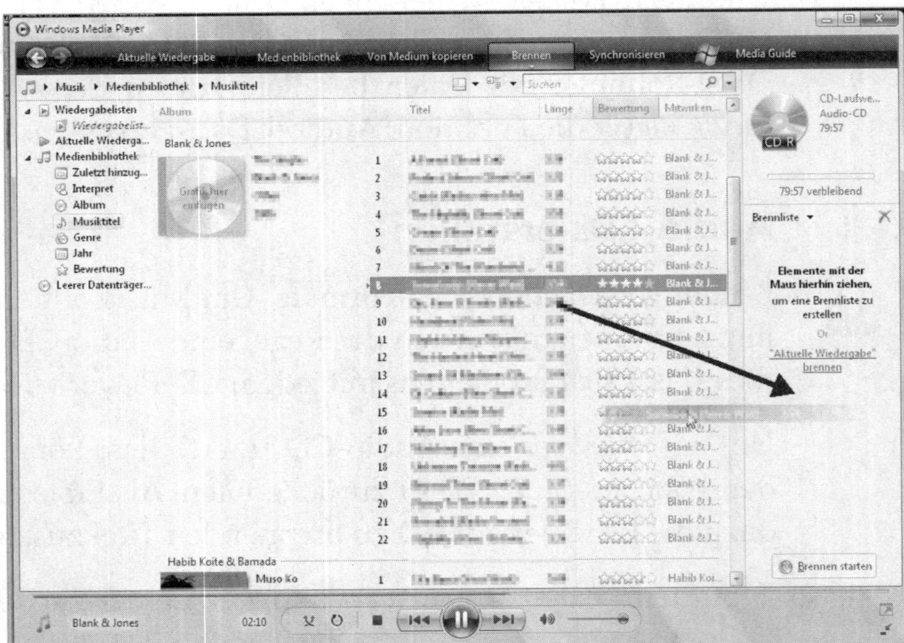

Abb. 11.1 Ziehen Sie die gewünschten Titel Schritt für Schritt in den Bereich der Brennliste.

6. In der Brennliste sehen Sie immer, wie viel Platz noch auf der CD übrig ist.

7. Ist eine CD komplett gefüllt, beginnt der *Media Player* automatisch, gleich eine zweite CD zu füllen. Sie erkennen das daran, dass dann dort steht XX:XX VERFÜGBAR AUF DEM LETZTEN DATENTRÄGER.

8. Wollen Sie nur eine einzige CD erstellen, müssen Sie dafür sorgen, dass eine möglichst geringe Restzeit angezeigt wird.

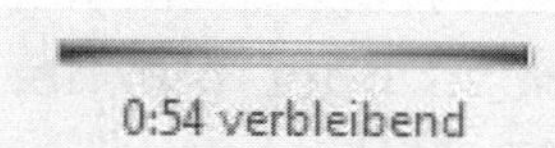

9. Haben Sie Ihre CD komplett zusammengestellt, klicken Sie auf die Schaltfläche BRENNEN STARTEN.

10. Der *Media Player* beginnt nun mit dem eigentlichen Brennvorgang. Wie weit die CD schon gebrannt ist, können Sie an einem Statusbalken hinter dem jeweiligen Titel erkennen: Während des eigentlichen Brennvorgangs erscheint hier ein grüner Balken und wird langsam größer. Ist ein Titel bereits komplett auf CD gebrannt, erscheint hier die Schrift ABGESCHLOSSEN.

11. Während des Brennvorgangs sollten Sie den *Media Player* nicht stören und auch nicht allzu viel an anderen Programmen ausführen. Ist die CD fertig gebrannt, öffnet sich automatisch die CD-Schublade.

Mehr Möglichkeiten mit Zusatzsoftware

Für die gängigsten Alltagsaufgaben wie das schnelle Brennen einer Daten-CD sind die in *Vista* enthaltenen Brennfunktionen absolut ausreichend. Wollen Sie mehr, sollten Sie allerdings auf eine spezielle Software zurückgreifen. Bei vielen Anwendern besonders beliebt sind die Programme *Nero Burning Rom* und *WinOnCd*. Mehr Informationen zu diesen Programmen erhalten Sie unter *www.roxio.de* bzw. *www.winoncd.de*

11.2 Daten-CDs und -DVDs erstellen

Neben Audio-CDs kann *Windows* auch CDs und DVDs mit Daten erstellen. Sie haben so die Möglichkeit, Ihre wertvollen Daten wie Fotos oder Dokumente zu sichern.

Und davon sollten Sie auch Gebrauch machen. Es kann immer mal passieren, dass es Probleme mit *Windows* oder mit der Hardware (z. B. einer Festplatte, auf der die Daten abgelegt sind) gibt. Haben Sie dann eine Sicherheitskopie – ein so genanntes **Backup** – in der Hinterhand, ist die Sache halb so schlimm.

CD oder DVD brennen

Das Brennen in *Windows* erfolgt in zwei einfachen Schritten. Da sich die Informationen – sind sie einmal auf einer CD oder DVD gespeichert – nicht mehr verändern lassen, stellen Sie im ersten Schritt die gewünschten Informationen zusammen.

Windows speichert diese zunächst auf der Festplatte in einem temporären Bereich. Haben Sie die Inhalte der CD oder DVD vollständig zusammengetragen, starten Sie danach im zweiten Schritt den eigentlichen Brennvorgang.

Sie können sich als Erstes daran machen, die Daten für die CD bzw. DVD zusammenzustellen.

1. Öffnen Sie den Ordner, in dem sich die gewünschten Daten befinden. Am leichtesten zur CD hinzufügen lassen sich diese Daten per Kontextmenü: Klicken Sie den gewünschten Ordner oder die Datei mit der rechten Maustaste an und wählen Sie aus dem Menü den Eintrag SENDEN AN • LAUFWERK. Ein Laufwerk ist – logischerweise – nur dann in dieser Liste aufgeführt, wenn es sich um einen Brenner handelt, Sie also tatsächlich Daten dorthin senden können. Die aus-

gewählten Ordner bzw. Dateien werden automatisch dem temporären Bereich hinzugefügt.

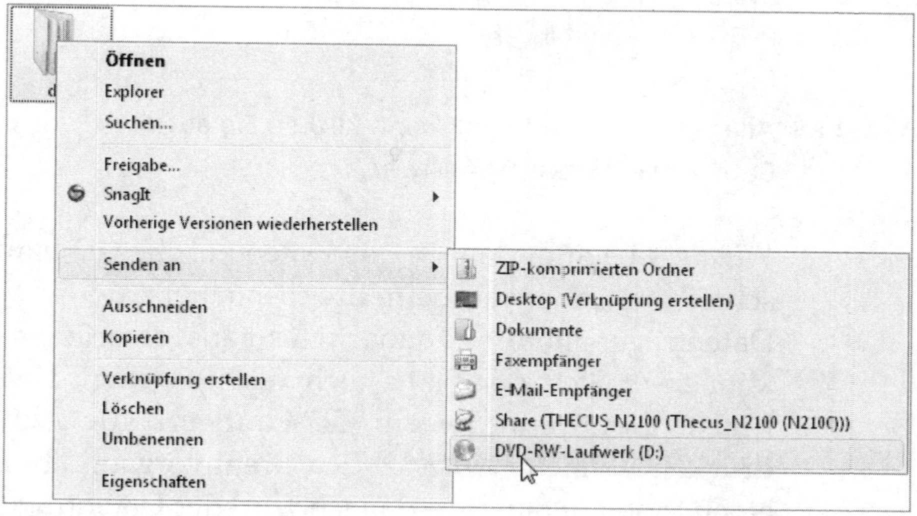

Abb. 11.2 Der einfachste Weg, um Daten zu brennen: Per Kontexmenü werden sie an den Brenner geschickt.

2. Danach wechseln Sie zum Symbol COMPUTER (START • COMPUTER). Hier können Sie bereits erkennen, wie weit CD oder DVD im Laufwerk bereits mit Daten gefüllt sind: *Windows* zeigt einen Balken neben dem Namen des Laufwerks an.

3. Machen Sie nun einen Doppelklick auf das Symbol des Brenners. *Windows* zeigt jetzt, welche Dateien sich bereits im temporären Bereich befinden. Wählen Sie aus der Zeile über den Daten den Befehl AUF DATENTRÄGER BRENNEN.

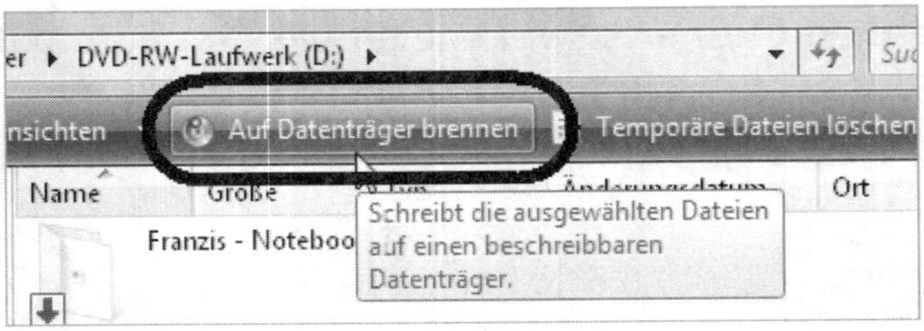

Abb. 11.3 Alles klar zum Brennen? Dann klicken Sie auf den Befehl AUF DATENTRÄGER BRENEN.

Windows beginnt danach, die Daten auf die CD bzw. DVD zu schreiben. Anders als beim Brennen einer Audio-CD wird der Datenträger allerdings danach nicht ausgeworfen, sondern Sie können (soweit der Platz noch reicht) weitere Daten hinzufügen. Erst wenn Sie am CD-Laufwerk die Auswurftaste drücken, schließt *Windows* den Brennvorgang ab. Dies kann einen Moment dauern – danach wird der Datenträger automatisch ausgeworfen.

11.3 CDs kopieren

Auch das Kopieren kompletter CDs ist mit Hilfe des temporären Bereichs schnell erledigt.

1. Markieren Sie alle Dateien auf der Original-CD, indem Sie die Tastenkombination `Strg` und `A` drücken.
2. Jetzt klicken Sie eine der markierten Dateien mit der rechten Maustaste an und wählen aus dem Kontextmenü den Eintrag SENDEN AN • LAUFWERK.
3. Damit werden alle Daten der CD in den temporären Bereich eingefügt; Sie können die Quell-CD im Anschluss daran entnehmen, einen Rohling einlegen und mit dem Brennen beginnen.

Kapitel 12
Unterhaltung und Spiele

Computer sind längst nicht mehr die drögen Arbeits-PCs, als die sie entwickelt wurden. Inzwischen gibt es eine Unzahl von Spielen für den PC – für jeden Geschmack etwas Passendes. Auch moderne Notebooks können hier mithalten – wenn auch mit Einschränkungen.

Denn Notebooks sind für den mobilen Betrieb konzipiert; insbesondere die Grafikkarte ist gegenüber den im Desktop-PC eingebauten Modellen weniger leistungsfähig. Moderne 3D-Spiele sind für Notebooks daher nicht sonderlich geeignet. Ältere Spiele mit weniger aufwendiger Grafik lassen sich aber auch am mobilen PC problemlos spielen.

Auch *Aero* nutzt 3D-Funktionen

Arbeiten Sie unter *Windows Vista* bereits mit der modernen Oberfläche *Aero*, dann können Sie sicher sein, dass die Grafikkarte Ihres Notebooks zumindest grundlegende 3D-Fähigkeiten unterstützt. Denn damit *Aero* überhaupt funktioniert, muss die Grafikkarte mindestens 64 Megabyte Speicher haben und 3D-Funktionen unterstützen. Werden die Fenster in Ihrem *Windows* transparent dargestellt, sind sogar mindestens 128 Megabyte Grafikkartenspeicher an Bord – das reicht auch für die meisten 3D-Spiele.

12.1 Das bringt Windows an Spielen mit

In Sachen Unterhaltung hat *Windows* „ab Werk" bereits ein paar nette Programme an Bord. Genau wie bei den übrigen mitgelieferten Programmen wie *WordPad* oder *Paint* handelt es sich nicht um besonders aufwendige Programme, aber für das eine oder andere Spiel in der Arbeitspause reicht es.

- Sie finden die *Windows*-Spiele unter START • ALLE PROGRAMME • SPIELE.

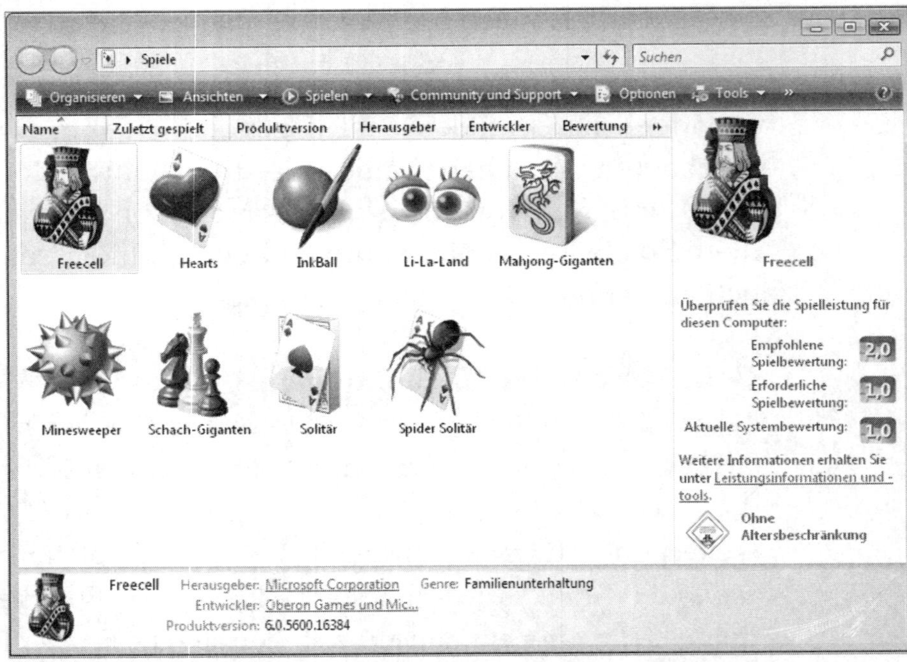

Abb. 12.1 *Windows* kommt mit einer Reihe mehr oder weniger interessanter Spiele.

- Insgesamt hat *Windows Vista* neun verschiedene Spiele an Bord. Viele davon – wie *Solitär* oder *Minesweeper* – sind Klassiker, die in ähnlicher Form schon in früheren *Windows*-Versionen vorhanden waren. Andere Spiele – *InkBall* zum Beispiel oder *Schach* – sind in *Vista* neu enthalten und gehörten bisher nicht zum Lieferumfang von *Windows*. Mit *Li-La-Land* ist sogar ein Spiel für Kinder an Bord.

- Besonders schön: Alle Spiele sind überarbeitet worden und sehen jetzt deutlich moderner aus.

Der Spiele-Explorer

- In *Windows Vista* gibt es einen zentralen Anlaufpunkt für alle auf dem PC installierten Spiele: Der *Spiele-Explorer* zeigt nicht nur alle Spiele an, sondern gibt auch Hilfestellung, ob die Software auf Ihrem PC einwandfrei funktionieren wird.
- Um den *Spiele-Explorer* zu starten, wählen Sie START • ALLE PROGRAMME • SPIELE • SPIELEEXPLORER.

Abb. 12.2 Sehr praktisch: Der *Spiele-Explorer* zeigt, wie gut das Spiel auf Ihrem PC funktionieren wird.

- Klicken Sie eines der Symbole an, liefert *Windows* zusätzliche Informationen zu dem Spiel.
- Besonders interessant: Die Spielebewertung rechts unten im Übersichtsfenster. Anhand der dortigen Zahlen können Sie erkennen, wie gut das Spiel auf Ihrem Notebook funktionieren wird.
- Je höher eine der Zahlen, desto höher die benötigte bzw. vorhandene Leistung. Bei einer Empfohlenen Spielbewertung von 2,0 und einer Aktuellen Systembewertung von 1,0 können Sie davon ausgehen, dass das Spiel vermutlich nur mit einigen Problemen (z. B. Grafik-Rucklern) funktionieren wird.
- Zudem zeigt Ihnen der *Spiele-Explorer* an, welcher Altersbeschränkung das jeweilige Programm unterliegt. Bei den von *Windows* mitgelieferten Spielen können Sie ganz beruhigt sein – diese sind alle ohne Altersbeschränkung versehen und daher auch schon für die Kleinsten geeignet.

Keine Spiele vorhanden?

Falls auf Ihrem Notebook in Sachen *Windows*-Spiele nur gähnende Leere herrscht, kann dies daran liegen, dass die Spiele bei der Installation des Betriebssystems nicht mitinstalliert wurden. Gerade bei Notebooks wird das von den Herstellern öfter gemacht, um Platz auf der Festplatte zu sparen. Sie können die Installation aber mit wenigen Mausklicks nachholen:

1. Klicken Sie auf Start und rufen Sie die Systemsteuerung auf. Dort klicken Sie auf Programme.
2. Es öffnet sich ein neues Fenster, klicken Sie dort auf Windows-Funktionen ein- oder ausschalten.
3. Bestätigen Sie die Sicherheitsabfrage, dann zeigt *Windows* Ihnen eine Liste mit allen vorhandenen *Windows*-Diensten.

Ein bereits installierter Dienst ist an einem Haken im jeweiligen Optionsfeld erkennbar; bei noch nicht installierten Diensten und Programmen ist das Feld nicht angekreuzt.

4. Ist das Kontrollkästchen blau unterlegt, ist nur ein Teil der möglichen Programme dieser Kategorie installiert.
5. Setzen Sie einen Haken vor dem Eintrag SPIELE, um die Installation der Spiel-Programme nachzuholen.

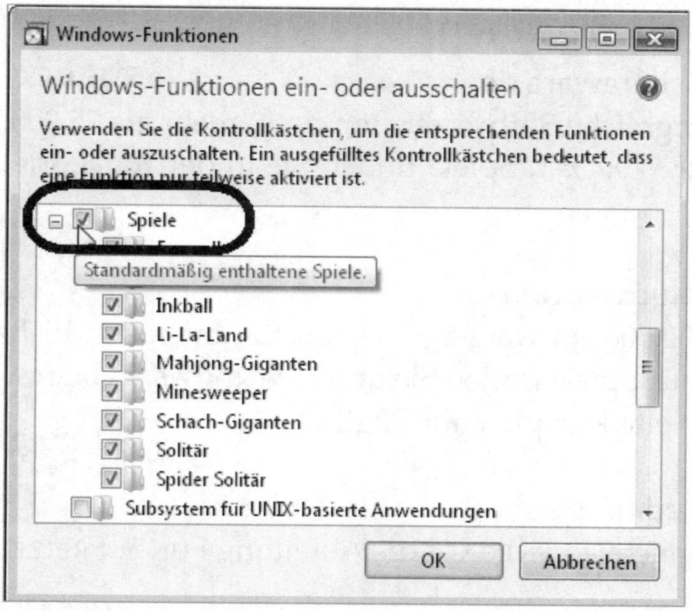

Abb. 12.3 Nicht installierte *Windows*-Spiele können Sie per Systemsteuerung nachträglich installieren.

6. Klicken Sie auf OK, startet *Windows* mit der Installation; eventuell müssen Sie dafür die *Windows*-CD einlegen.

12.2 Kostenlose Spiele aus dem Internet

Auf das, was *Vista* an Spielen mitbringt, müssen Sie sich nicht beschränken. Es gibt im Internet eine schier unglaubliche Fülle an Spielen für *Windows*. Viele davon sind sogar so genannte **Freeware** oder **Shareware**, das bedeutet, Sie dürfen diese Spiele herunterladen und spielen, ohne zuvor dafür bezahlen zu müssen.

Bei der Vielzahl an Software, die heute für *Windows* angeboten wird, ist es nicht so sehr ein Problem, Programme zu finden, als vielmehr den Überblick zu behalten. Hier die Adressen einiger Seiten, auf denen Sie *Windows*-Spiele zum Herunterladen finden:

www.shareware.de

Umfangreiche Software-Sammlung, mehr als 75.000 Programme für *Windows*. Spiele finden Sie in der Kategorie Games & Fun.

www.tucows.com

Über 30.000 Software-Downloads für unterschiedliche Betriebssysteme. Spiele finden Sie unter Windows • Games. Leider ist diese Seite komplett auf Englisch.

www.zdnet.de

Im Bereich Downloads die Abteilung Fun & Freizeit wählen.

www.winload.de

Eigener Bereich Spiele (Navigationsleiste auf der linken Seite), unterteilt in weitere Kategorien wie Action oder Demos.

Suchen Sie nach einem bestimmten Spiel, lohnt es sich zudem, direkt auf der Internetseite des Spieleherstellers nachzuschauen. Häufig gibt es zu Neuerscheinungen so genannte **Trial-** oder **Preview-Programme**, das sind abgespeckte Versionen des Originals, die aber meist spielbar sind und ein oder zwei vollständige Level enthalten.

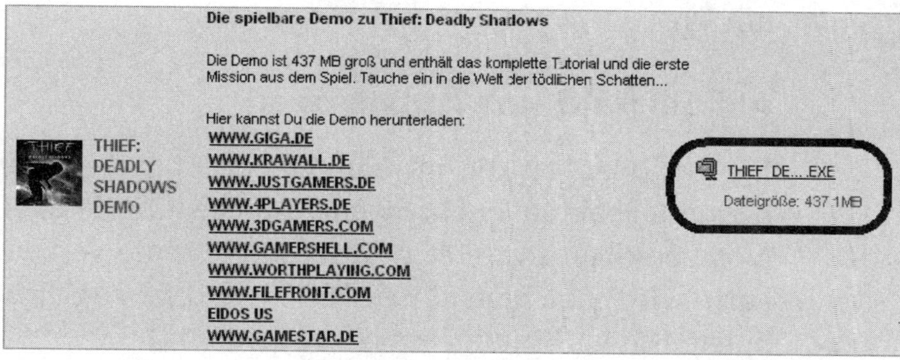

Abb. 12.4 Von kommerziellen Spielen gibt es häufig Demos. Die Spieledateien können aber (wie hier mit 437 Megabyte) recht groß sein. Quelle: *www.eidos.de*

Darüber hinaus lohnt sich auch ein Gang zum nächsten Kiosk. Es gibt inzwischen viele PC-Zeitschriften, die eine CD oder DVD mit Software mitliefern, darunter häufig auch Spiele oder Spieledemos.

Es gibt sogar einige Zeitschriften, die sich voll und ganz auf Computerspiele spezialisiert haben. Die Zeitschrift zu kaufen ist dabei unter Umständen günstiger als einen langen Download per Internet zu starten.

12.3 Spielen mit dem Notebook

Notebooks sind fast nie zum Spielen konzipiert, sondern vor allem für Office-Programme wie Tabellenkalkulation oder Textverarbeitung angelegt. Energiesparende Komponenten und hochgezüchtete 3D-Spiele, das verträgt sich einfach nicht miteinander.

Spiele, die nicht so sehr auf 3D-Grafik oder Geschwindigkeit abzielen wie zum Beispiel Kartenspiele oder ältere Software können Sie in der Regel auch auf dem Notebook problemlos nutzen.

Auf die Hardware kommt es an

Entscheidend ist die im Notebook verbaute Hardware und hier gilt: Je aktueller ein Spiel, desto leistungsfähiger muss die Notebook-Hardware sein. Insbesondere die verbaute Grafikkarte wird zunehmend gefordert – und ist zugleich einer der Spiele-Schwachpunkte im Notebook.

Grafikkarten in mobilen Geräten sind häufig so fest integriert, dass sie keinen eigenen Grafikspeicher haben, sondern den Hauptspeicher mitnutzen. Man spricht in diesem Fall auch von **Shared-Speicher**.

Insbesondere wenn als Hersteller Ihrer Grafikkarte Intel, SiS oder VIA angegeben ist, können Sie davon ausgehen, dass es sich um eine auf dem Mainboard integrierte Grafikkarte handelt.

Das ist nicht weiter schlimm, denn auch bei Desktop-PCs werden solche Grafikkarten zunehmend verbaut. Doch während bei den Schreibtisch-PCs die Möglichkeit besteht, eine zusätzliche Grafikkarte einzubauen, ist das beim Notebook nicht möglich – Sie müssen mit dem Vorlieb nehmen, was das Gerät bietet.

Die fest integrierten Grafikchips sind deutlich langsamer und machen vor allem bei hochauflösenden 3D-Spielen schlapp.

Weiterer Schwachpunkt des Notebooks ist in der Regel der Bildschirm. Moderne TFT-Monitore haben eine Reaktionszeit von unter 8 Millisekunden – ausreichend, um damit zu spielen. Notebook-Bildschirme sind teilweise deutlich langsamer; bei ihnen liegt der Schwerpunkt auf niedrigem Energieverbrauch und geringen Ausmaßen.

Produkt Beschreibung

Ausstattung

- Microsoft® Windows® XP Home
- Die Intel® Centrino Mobile Technology enthält neue Notebookfunktionen, die speziell für die mobile Welt entwickelt wurden.
- Vorteile sind integriertes Wireless LAN, eine herausragende mobile Leistung, längere Akkulaufzeit und dünnere, leichtere Geräte
- Ein in Centrino-Notebooks enthaltener Intel® Pentium® M Prozessor ist für längere Akkulaufzeiten langsamer getaktet als ein vergleichbarer Pentium® 4 Prozessor, kann jedoch trotzdem vergleichbare Leistungswerte bieten.
- Intel® Pentium® M 735 Prozessor mit 1.7 GHz
- 14.1" TFT W-XGA **Widescreen** Color Display (Auflösung 1280 x 768 Pixel)
- 16:9 Format für optimale DVD-Wiedergabe
- 512MB DDR-RAM Arbeitsspeicher
- 80GB Festplatte
- DVD-Brenner: Write: 24x CD-R, 8x CD-RW, 8x DVD-R, 4x DVD-RW, 8x DVD+R, 4x DVD+RW, alle Angaben sind Maximalwerte
- 32 Bit 3D/2D Grafik integriert in Intel® 855 GM Chipsatz
- 16 Bit Soundchip on board
- Internes 56K V.90 Modem
- 10/100 MBit Fast Ethernet LAN Anschluss on board
- Wireless LAN 802.11g/b mit bis zu 54 Mbit/s
- 2 integrierte Lautsprecher
- Integriertes Touchpad mit Maustaste
- Deutsche Tastatur incl. EURO Symbol
- Li-Ion Hochleistungsakku
- Externes Netzteil, VDE/GS geprüft

Abb. 12.5 Die technischen Daten zeigen: Dieses Notebook hat lediglich einen auf dem Mainboard integrierten Grafikchip dabei. Quelle: *www.medion.de*

Von den aktuellsten 3D-Spielen sollten Sie daher besser die Finger lassen – zu groß ist die Enttäuschung, wenn das Spiel nur mit Aussetzern oder gar nicht auf dem Notebook läuft. Ältere Spiele dagegen können auf modernen Notebooks durchaus flüssig laufen.

DirectX – das steckt dahinter

DirectX ist eine spezielle Erweiterung für *Windows* und ermöglicht es den Programmierern, direkt auf die Grafik- und Soundfähigkeiten des Rechners zuzugreifen. Erst dadurch konnten die ersten wirklich guten Spiele für *Windows* entwickelt werden. Heute werden eigentlich alle *Windows*-Spiele mit *DirectX* entwickelt.

DirectX und seine Komponenten

DirectX besteht aus verschiedenen Komponenten, die jeweils einen Bereich übernehmen. So kümmert sich ein Teil um die Ausgabe von 3D-Grafiken, ein weiterer ist für die Sound-Wiedergabe zuständig und wiederum ein anderer Teil von DirectX sorgt dafür, dass Spiele auch auf Eingabe des Spielers über die Tastatur, Joystick oder andere Geräte reagieren können.

Um herauszufinden, ob Ihr Notebook 3D-Grafik vernünftig unterstützt, können Sie die verschiedenen Komponenten unter die Lupe nehmen. Insbesondere bei der Grafikausgabe darf es keine Fehler geben.

1. Klicken Sie auf START. Ganz unten im Startmenü finden Sie ein Textfeld, in dem SUCHE STARTEN steht.
2. Klicken Sie mit der Maus auf dieses Feld und geben Sie hier `dxdiag` ein. Danach drücken Sie die Eingabetaste. Das Diagnoseprogramm für *DirectX* wird nun gestartet.

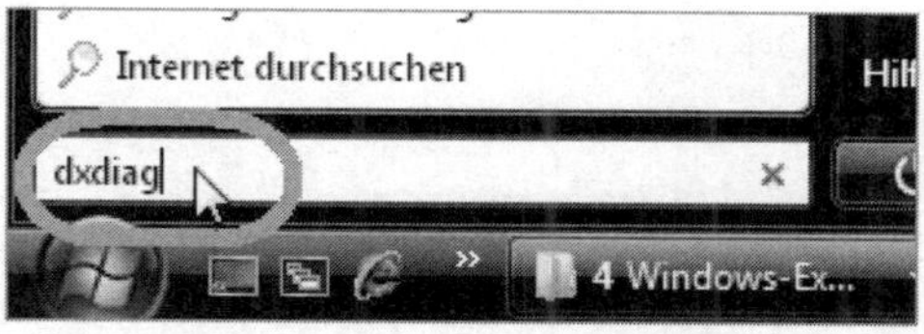

Abb. 12.6 Über die unterste Zeile des Start-Menüs starten Sie das Diagnoseprogramm für *DirectX*.

3. Direkt nach dem Start trägt das Programm eine Reihe von Informationen über Ihr System zusammen. Das kann einen Moment dauern und während dieser Zeit kann auch der Bildschirm kurz flimmern. Anschließend finden Sie sich im Hauptfenster des Diagnoseprogramms wieder.
4. Am oberen Rand des Programmfensters finden Sie einige Register für die verschiedenen Bereiche von *DirectX*. In den meisten Fenstern sehen Sie am unteren Ende einen Bereich mit Hinweisen.
5. Gibt es Probleme mit den Treibern oder Geräten, mit denen *DirectX* zusammenarbeitet, finden Sie hier einen entsprechenden Hinweis. Das Gleiche gilt für den Fall, dass die verwendeten Treiber nicht zertifiziert sind. Das bedeutet allerdings nicht, dass diese Treiber fehlerhaft sein müssen.
6. Zeigt *Windows* in einem Bereich Fehler oder Hinweise an, sollten Sie die Treiber der entsprechenden Komponente (z. B. der Grafik- oder Soundkarte) neu installieren. Aktuelle Treiber finden Sie meist auf der Internetseite des Herstellers der jeweiligen Karte.

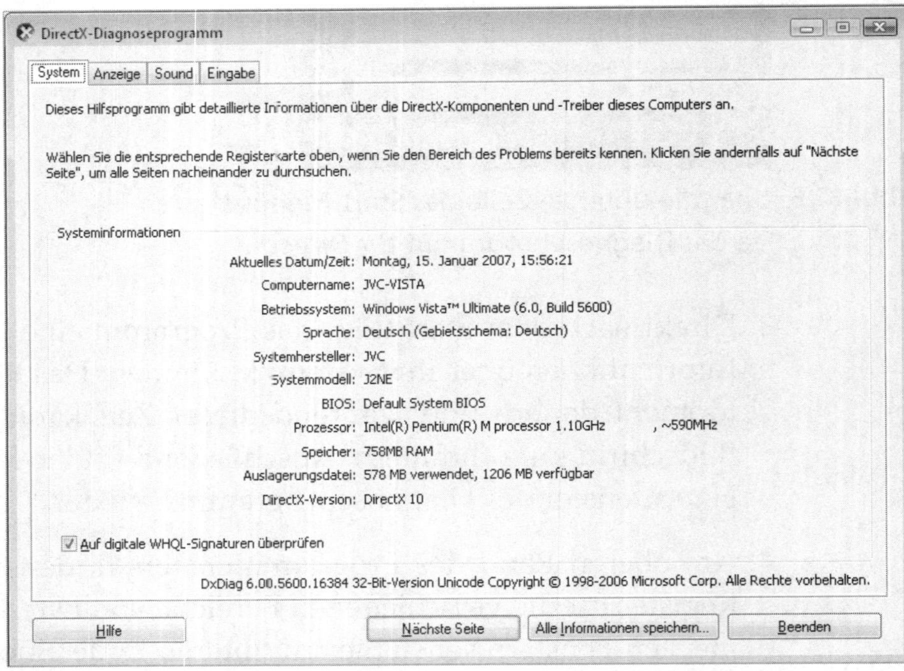

Abb. 12.7 Mit dem Diagnoseprogramm für *DirectX* können Sie Sound und Grafik Ihres Notebooks näher unter die Lupe nehmen.

12.4 So klappt's auch mit dem Joystick

Joysticks sind spezielle Geräte, mit denen sich Spiele viel besser als mit der Tastatur steuern lassen. Insbesondere Actionspiele sind per Joystick deutlich besser zu beherrschen als mit der Tastatur.

Viele ältere Joysticks allerdings sind auf eine spezielle Schnittstelle angewiesen. Dieser **Gameport** genannte Anschluss ist bei Desktop-PCs zwar Standard (noch zumindest), bei Notebooks allerdings weitestgehend unbekannt.

Zwei Lösungen für dieses Problem gibt es: Planen Sie ohnehin die Neuanschaffung eines Joysticks, sollten Sie ein Gerät mit USB-Anschluss kaufen; mit diesem kann das Notebook problemlos umgehen.

Die Alternative: eine Adapterbox. Diese wird per USB mit dem Notebook verbunden und stellt auf der anderen Seite einen Gameport zur Verfügung, an dem sich dann auch ältere Joysticks anschließen lassen. Eines müssen Sie nach der erfolgreichen Installation des Joysticks aber bei fast allen Geräten noch machen: den Joystick kalibrieren.

Joystick kalibrieren

Bei der Kalibrierung eines Joysticks werden einmalig die Grundstellung sowie die Reichweite der Achsen festgelegt.

1. Öffnen Sie für die Kalibrierung die Systemsteuerung (START • SYSTEMSTEUERUNG) und wählen Sie die Kategorie HARDWARE UND SOUND. Klicken Sie dort das Symbol GAMECONTROLLER an.

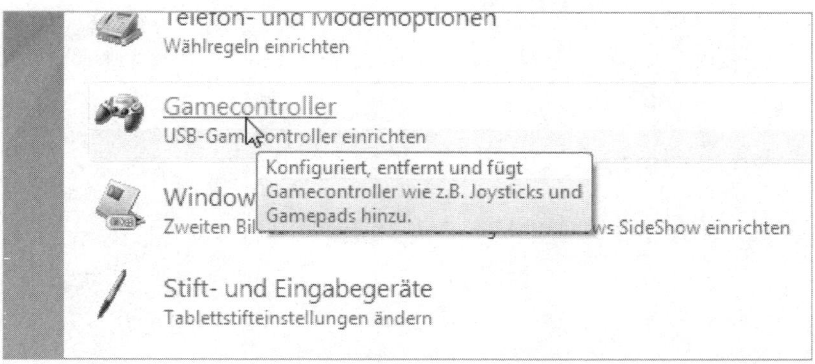

Abb. 12.8 Die Einstellungen für den Joystick erreichen Sie über die Systemsteuerung.

2. Markieren Sie aus der Geräteübersicht das gewünschte Gerät und klicken Sie anschließend auf die Schaltfläche EIGENSCHAFTEN.

3. Wählen Sie das Registerblatt EINSTELLUNGEN und klicken Sie dort auf die Schaltfläche KALIBRIEREN.

4. *Windows* startet nun einen Assistenten, der Ihnen beim Kalibrieren behilflich ist. Je nach Modell müssen Sie dabei die verschiedenen Bewegungsmöglichkeiten des Joysticks durchgehen, damit später alle Optionen richtig nutzbar sind. Ob der Assistent die Bewegungen richtig registriert, erkennen Sie anhand der Bewegungen im jeweiligen Fenster des Assistenten.

Kapitel 13

Erste Hilfe für den PC im Notfall

Das kann immer mal vorkommen: Gestern noch hat das Notebook einwandfrei funktioniert und heute schlägt Ihnen *Windows* beim Start eine Fehlermeldung nach der anderen um die Ohren.

Oft ist die Fehlerursache gar nicht dramatisch und lässt sich mit wenigen Handgriffen beseitigen – vorausgesetzt, Sie wissen, an welcher Stelle Sie suchen müssen. *Vista* steht Ihnen aber auch dabei an vielen Stellen mit Rat und Tat zur Seite.

13.1 Das Notebook richtig pflegen

Besonders anspruchsvoll ist ein Notebook nicht, wenn es um die Pflege geht. Ein bisschen Staubwischen, hier und da etwas sauber machen, das genügt in der Regel schon.

Eher im Gegenteil: Sie sollten es nicht übertreiben mit dem Säubern: Keine scharfen Putzmittel verwenden und vor allem nicht zu feucht saubermachen – Feuchtigkeit können elektronische Geräte generell nicht gut vertragen.

Tastatur

In den Zwischenräumen der Tastatur setzen sich gerne Staub und Dreck fest. Im Prinzip ist das nicht weiter schlimm und auch nicht komplett zu verhindern.

Hin und wieder allerdings empfiehlt sich eine Reinigung der Zwischenräume, denn seien es Kekskrümel oder Staub – die Mechanik der Notebook-Tastatur ist für solche Störungen anfälliger als die der Desktop-Tastaturen. Sie können die Zwischenräume vorsichtig mit einem Staubsauger reinigen (Aufsatz verwenden und geringe Leistung einstellen). Es gibt sogar Spezialaufsätze für den Staubsauger und kleine Mini-Staubsauger, die am USB-Port angeschlossen werden und von dort ihren Strom beziehen. Nette Spielerei, aber kein Muss; ein handelsüblicher Staubsauger, der sich in der Leistung herunterregeln lässt, genügt.

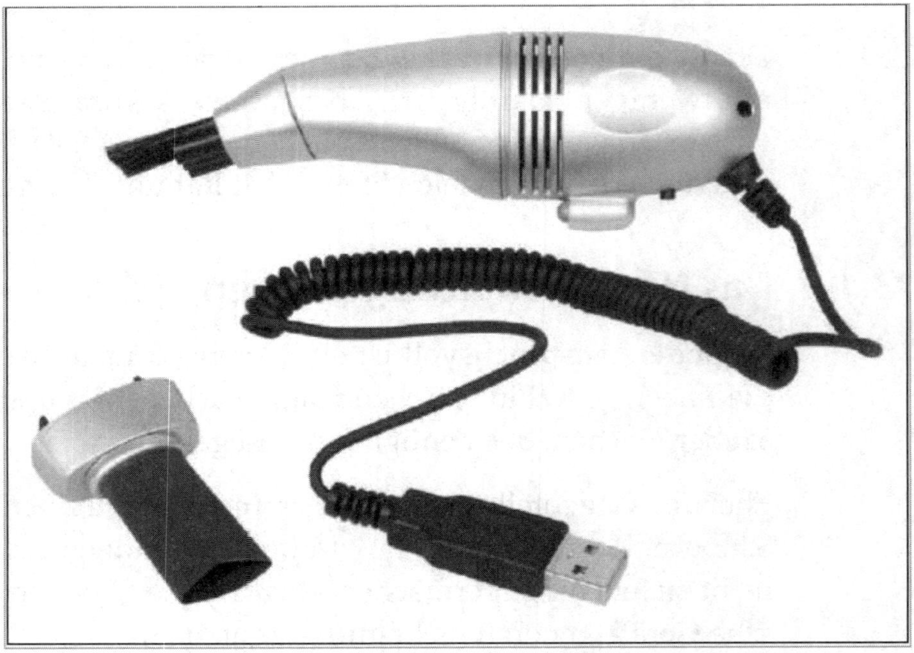

Abb. 13.1 Speziell für die Reinigung von Tastatur-Zwischenräumen gedacht: Staubsauger, der am USB-Port betrieben wird. Foto: Zweizwei

Display

Auch auf dem Display lässt sich natürlich gerne Staub nieder; irgendwann sieht man ihn sogar – vornehmlich dann, wenn man bei ausgeschaltetem Notebook seitlich auf das Display schaut.

Zur Reinigung bewährt haben sich Brillenputztücher. Reiben Sie nicht zu fest, denn die Flüssigkristalle, aus denen der Bildschirm aufgebaut ist, mögen das nicht. Ebenfalls wichtig: keinen zu scharfen Reiniger verwenden. Bei der Oberfläche des Displays handelt es sich nicht um Glas, sondern um Kunststoff, der durch aggressive Reinigungsmittel angegriffen werden könnte.

Ganz besonders gefährlich ist es, wenn Sie den Bildschirm zu feucht reinigen oder gar mit Reinigungsmittel einsprühen: Der Bildschirm besteht aus mehreren Schichten Kunststoff und Elektronik. Läuft Flüssigkeit zwischen diese Schichten, kann der Bildschirm unbrauchbar werden – die Hintergrundbeleuchtung fällt aus oder der Monitor zeigt nur noch ein sehr ungleichmäßig ausgeleuchtetes Bild.

Gehäuse

Den Rest des Gehäuses können Sie am besten mit Kunststoff-Reinigungstüchern sauber halten. Es gibt dafür im Handel spezielle, feuchtigkeitsgetränkte Tücher. Die Restfeuchtigkeit des Brillenputztuches leistet aber auch hier gute Arbeit.

Auch hier wichtig: Verwenden Sie keine zu scharfen Reinigungsmittel und nicht zu viel Flüssigkeit. Insbesondere die Geräte mit silbernem Gehäuse mögen das gar nicht – die Beschichtung wird schnell angelöst und beginnt, sich in Wohlgefallen aufzulösen. Auch normale Staubtücher sind mit Vorsicht zu genießen. Sie können für statische Aufladung sorgen – was der Elektronik gar nicht gefällt.

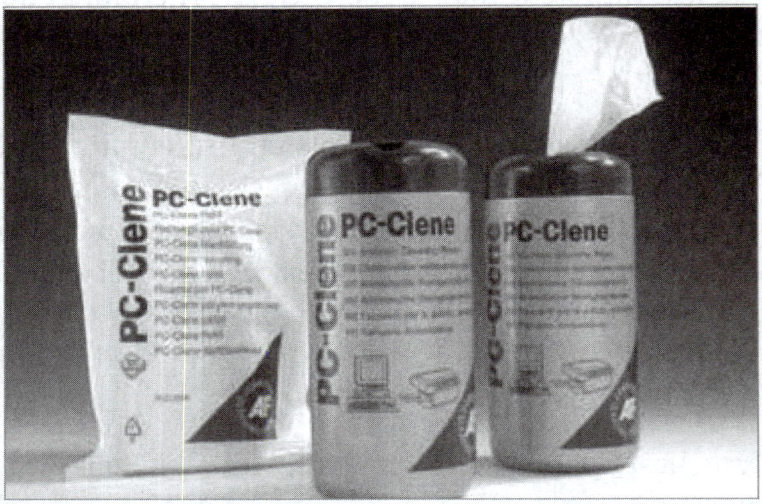

Abb. 13.2 Mit Spezialtüchern können Sie Display und Gehäuse von Staub befreien. Spezialanbieter finden Sie im Internet. Foto: Misco

13.2 Windows-Ärger in den Griff bekommen

Die Zeiten, in denen es am laufenden Band Fehlermeldungen gab, sind mit *Windows Vista* eigentlich vorbei. Einen so genannten ***Blue Screen of death*** – Zeichen für einen Komplett-Absturz – gibt es unter *Vista* nur noch selten zu sehen. Falls das bei Ihrem Rechner anders sein sollte, deutet dies auf einen Defekt der Hardware hin, die Sie sich dann etwas genauer vorknöpfen sollten. Doch auch, wenn die Fehleranfälligkeit von *Windows* heute geringer als bei den Vorgängersystemen ist; das eine oder andere Problem kann sich im Laufe der Zeit doch einschleichen.

Der abgesicherte Modus

Windows Vista und XP kennen – im Unterschied zu Vorgängersystemen wie *Windows Me* oder *Windows 98* – keine Startdiskette mehr. Die Entwickler vertrauen voll auf Sicherheitsvorkehrungen wie die *Systemwiederherstellung*, die sie den Betriebssystemen mit auf den Weg gegeben haben.

Bei Problemen kennt *Vista* aber auch noch einige andere Möglichkeiten, wie das schrittweise Starten oder den **abgesicherten Modus**.

Wenn Sie Ihren Computer einschalten, erscheint bei einem regulären Start zunächst der Ladebalken und wenige Augenblicke später die Arbeitsoberfläche von *Windows Vista*.

Sollte der Start jedoch scheitern oder möchten Sie *Windows* beim Start auf die Finger schauen, können Sie während des Startvorgangs ein wenig in die Trickkiste greifen.

Sie müssen dazu nur das so genannte Startmenü aufrufen. Nach einem Fehlstart von *Windows* erscheint es automatisch, Sie können es aber auch manuell aufrufen: Drücken Sie dazu während des Startvorgangs die [F8]-Taste. Wichtig: Halten Sie die [F8]-Taste auch nach dem Einschalten noch gedrückt – so lange, bis das Startmenü erscheint.

Anschließend können Sie aus dem Menü eine der Startvarianten auswählen. Hier die wichtigsten Möglichkeiten:

Abgesicherter Modus:
Startet *Windows*, umgeht dabei jedoch die Startdateien und verwendet nur die allernotwendigsten Treiber (ohne Netzwerktreiber). Der abgesicherte Modus eignet sich vor allem für „Reparaturarbeiten“ und nicht für den Alltagsbetrieb.

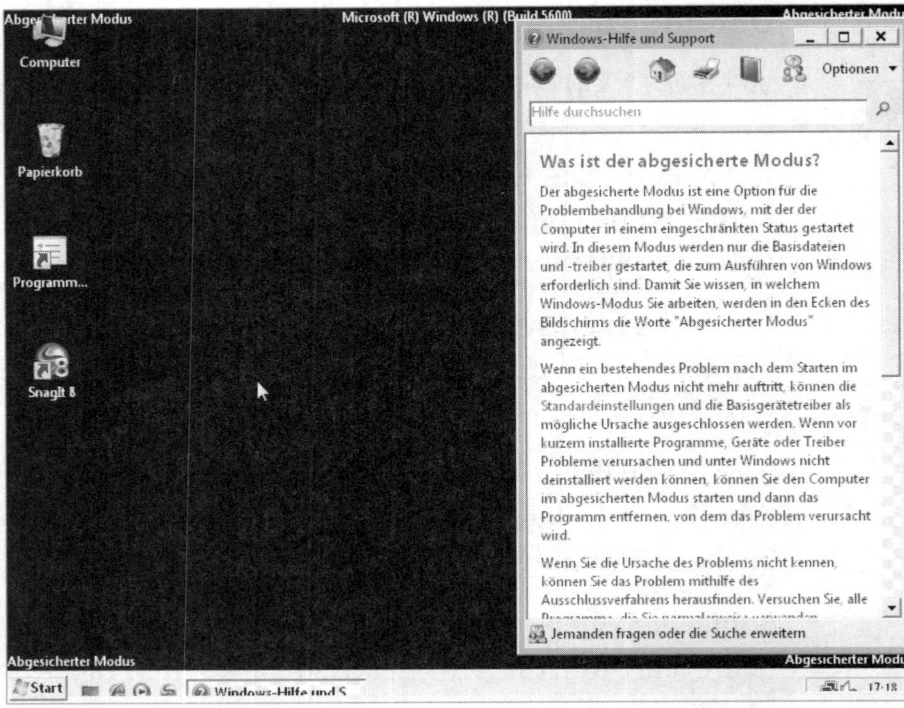

Abb. 13.3 Der abgesicherte Modus bietet ein Minimal-*Windows*, in dem sich Reparaturarbeiten durchführen lassen.

Abgesicherter Modus mit Netzwerktreibern
Startet *Windows*, umgeht jedoch die Startdateien und verwendet nur die allernotwendigsten Treiber plus die Netzwerktreiber – so sind noch Netzwerkverbindungen möglich, über die sich beispielsweise Reparatursoftware einspielen lässt. Auch eine Verbindung zum Internet wird sich in den meisten Fällen noch herstellen lassen.

Abgesicherter Modus mit Eingabeaufforderung
Startet *Windows* in diesen speziellen Modus, wird nach dem Start im abgesicherten Modus die Eingabeaufforderung angezeigt, so dass Sie DOS-Befehle eingeben können.

Startprotokollierung aktivieren

Der *Windows*-Start nimmt hierbei ein wenig mehr Zeit in Anspruch, da *Vista* bei jedem Schritt in einer Protokolldatei vermerkt, ob der Schritt erfolgreich ausgeführt werden konnte.

Durch die Protokollierung wird eine Datei mit dem Namen *ntbtlog.txt* angelegt. Diese Textdatei im ASCII-Format finden Sie im *Windows*-Stammordner, also zum Beispiel in *C:\Windows*.

Um Einblick in die Protokolldatei zu nehmen, öffnen Sie das Laufwerk *C:*, wechseln ins *Windows*-Stammverzeichnis und machen einen Doppelklick auf die Datei *ntbtlog.exe*. Ein Blick in die Logdatei verrät sofort, an welcher Stelle der *Windows*-Start gescheitert sein könnte.

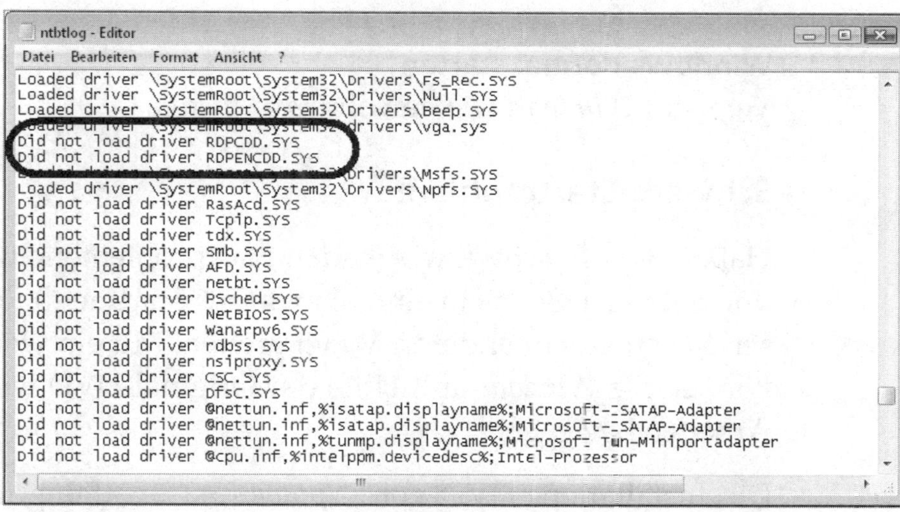

ntbtlog - Editor

Datei Bearbeiten Format Ansicht ?

```
Loaded driver \SystemRoot\System32\Drivers\Fs_Rec.SYS
Loaded driver \SystemRoot\System32\Drivers\Null.SYS
Loaded driver \SystemRoot\System32\Drivers\Beep.SYS
Loaded driver \SystemRoot\System32\Drivers\vga.sys
Did not load driver RDPCDD.SYS
Did not load driver RDPENCDD.SYS
Loaded driver \SystemRoot\System32\Drivers\Msfs.SYS
Loaded driver \SystemRoot\System32\Drivers\Npfs.SYS
Did not load driver RasAcd.SYS
Did not load driver Tcpip.SYS
Did not load driver tdx.SYS
Did not load driver Smb.SYS
Did not load driver AFD.SYS
Did not load driver netbt.SYS
Did not load driver PSched.SYS
Did not load driver NetBIOS.SYS
Did not load driver Wanarpv6.SYS
Did not load driver rdbss.SYS
Did not load driver nsiproxy.SYS
Did not load driver CSC.SYS
Did not load driver DfsC.SYS
Did not load driver @nettun.inf,%isatap.displayname%;Microsoft-ISATAP-Adapter
Did not load driver @nettun.inf,%isatap.displayname%;Microsoft-ISATAP-Adapter
Did not load driver @nettun.inf,%tunmp.displayname%;Microsoft Tun-Miniportadapter
Did not load driver @cpu.inf,%intelppm.devicedesc%;Intel-Prozessor
```

Abb. 13.4 Welcher Treiber konnte nicht geladen werden? Das Startprotokoll verrät es.

Sofern ein Befehl erfolgreich ausgeführt wurde, erscheint im Logbuch der Eintrag LOADED DRIVER. Sollte einer der Installationsschritte scheitern, erscheint die Meldung DID NOT LOAD DRIVER oder eine entsprechende Fehlermeldung.

Auf diese Weise können Sie sofort erkennen, an welcher Stelle es hakt und welche Datei oder welcher Treiber für das Scheitern der Startprozedur verantwortlich sein könnte. Starten Sie *Windows* danach im abgesicherten Modus und entfernen oder deaktivieren Sie das entsprechende Gerät.

Anzeige mit niedriger Auflösung aktivieren

Startet *Windows* mit einer Auflösung von 640 mal 480 Bildpunkten und 256 Farben. Probleme mit der Grafikkarte oder deren Treibern werden so weitestgehend umgangen.

Letzte als funktionierend bekannte Konfiguration

Benutzt zum Start die letzte Einstellung, die funktionierte. Sollte ein bei der letzten Sitzung installierter Treiber die Ursache der Probleme sein, wird dieser damit nicht verwendet.

Windows normal starten

Versucht *Windows* wie gewohnt zu starten.

Schwere Startprobleme

Haben Sie mit schwerwiegenden Startproblemen zu kämpfen und gelangen Sie nicht einmal mehr ins Startmenü, dann müssen Sie zu einem anderen Mittel greifen. Mit ein wenig Glück können Sie *Windows* mit Hilfe der Original-DVD wieder zum Arbeiten bewegen.

Die Installations-DVD von *Windows* ist bootfähig, das heißt, der Computer muss nicht auf die Daten auf der Festplatte zugreifen, um starten zu können. Zum Booten von der CD müssen Sie allerdings die entsprechende Einstellung im BIOS treffen.

Die *Windows*-DVD bietet Ihnen verschiedene Wiederherstellungsoptionen. So können Sie in einem bestimmten Modus auf die Festplatte zugreifen und diese auf Fehler überprüfen oder Dateien von dort kopieren. Weiterhin haben Sie die Möglichkeit, das System neu aufzuspielen und dabei alle wichtigen Einstellungen beizubehalten. Auch die installierten Programme sind danach noch vorhanden.

Nur wenn auch das nicht funktioniert, müssen Sie *Windows* komplett neu installieren. Tun Sie das, ohne die Festplatte zu formatieren, können Sie danach auch wieder auf Ihre Daten zugreifen. Nur die bis dato installierten Programme sind nicht mehr verfügbar; Sie müssen diese dann neu installieren.

13.3 Wenn Programme Probleme bereiten

An manchen Problemen tragen *Windows* oder die Hardware im PC keine Schuld, es ist schlicht das Anwendungsprogramm selbst, das versagt. Die Möglichkeiten, den Fehler zu beseitigen, sind in einem solchen Fall meist geringer, da – anders als bei *Windows*-Problemen – keine eigentliche Fehlfunktion vorliegt. Es gibt aber einige Tricks, mit denen sich manches Programm doch noch zum Arbeiten bringen lässt.

Ein Programm lässt sich nicht starten

Wurde ein Programm korrekt installiert, lässt sich dann aber nicht starten, kann es dafür verschiedene Ursachen geben. Eine Möglichkeit: Sie bieten dem Programm nicht die richtige *Windows*-Umgebung.

Handelt es sich um ein Programm, das ursprünglich für *Windows* 95 oder *Windows XP* konzipiert wurde, jetzt aber unter *Windows Vista* arbeiten soll, kann es zu Problemen kommen. Sie sollten dann versuchen, das Programm im **Kompatibilitätsmodus** auszuführen (siehe dazu den nächsten Abschnitt).

Mögliche andere Ursachen für ein Problem mit dem Programm:

Zum Start fehlt wichtige Hardware
Manche Programme setzten eine bestimmte Hardware im PC voraus, zum Beispiel eine Soundkarte oder einen Drucker. Ist etwas davon nicht vorhanden, reagiert das Programm mit Unverständnis und stürzt ab. Überprüfen Sie, ob Ihr PC die Mindestvoraussetzungen für das Anwendungsprogramm erfüllt; eine Anforderungsliste sollte in der Dokumentation des Programms vorhanden sein – zum Beispiel als Aufdruck auf der Verkaufsverpackung der Software.

Zum Start fehlt wichtige Software
Manche Programme erwarten für den Betrieb noch etwas mehr an Software-Unterstützung als nur das, was *Windows* von Haus aus mitbringt. Zum Beispiel brauchen manche Programme bestimmte so genannte *DLL*-Dateien. Eigentlich sollte das Anwendungsprogramm beim Installieren die gesamte benötigte Software mitbringen.

Im Zweifelsfall sollten Sie das Programm erneut installieren und darauf achten, ob es Optionen zur Installation bestimmter Zusatzkomponenten gibt. Werden zusätzliche *Windows*-Bestandteile wie *DirectX* oder *.NET* benötigt, sollten Sie ein *Windows*-Update durchführen.

Programm ist veraltet
Auch das kann passieren: Das Programm ist schlicht und ergreifend veraltet und will mit der aktuellen Hard- und Software auf Ihrem PC nicht zusammenarbeiten. Schauen Sie im Internet auf der Homepage des Herstellers nach einer aktuellen Version.

Ein Programm stürzt ab

Wenn ein Programm regelmäßig abstürzt, dann können *Windows* oder die Hardware Ihres PCs die Ursache dafür sein. Können Sie dies ausschließen und haben das Programm selbst als „Schuldigen" entlarvt, dann sollten Sie als Erstes versuchen, eine aktualisierte oder fehlerbereinigte Version des Programms zu erhalten.

Viele Software-Hersteller bieten bei erkannten Fehlern auf ihrer Internetseite so genannte **Updates** oder **Patches** an, die das Problem eventuell ausbügeln.

Gibt es noch keine fehlerbereinigte Version, können Sie eine E-Mail an den Hersteller schicken und nachfragen, ob das von Ihnen festgestellte Problem bereits bekannt ist; vielleicht kann Ihnen der Hersteller helfen.

Kompatibilitätsmodus einschalten

Handelt es sich um ein älteres Programm, hilft es eventuell, die Software im **Kompatibilitätsmodus** zu betreiben. Mit *Windows Vista* haben sich viele Dinge innerhalb des Betriebssystems geändert. Für manche Programme sind die Änderungen zu groß; sie versagen unter *Windows Vista* ihren Dienst. Mit dem Kompatibilitätsmodus haben Sie die Möglichkeit, dem Programm vorzugaukeln, es arbeite in Wirklichkeit unter *Windows 95, Windows XP* oder beispielsweise unter *Windows NT*.

Richtig Sinn macht das Einschalten des Kompatibilitätsmodus nur, wenn ein Programm, das zuvor unter einer früheren *Windows*-Version problemlos funktioniert hat, plötzlich „bockig" wird, gar nicht mehr funktioniert oder bestimmte Funktionen nicht zulässt. Die Kompatibilität kann dabei allerdings nur bis zu einem bestimmten Grad funktionieren. Will ein Programm tiefer in das System eingreifen, blockt *Windows* sofort ab – trotz Kompatibilitätsmodus bleibt das Programm nicht ausführbar. Das gilt vor allem für solche Programme, die mit **virtuellen Gerätetreibern (VDX-Treibern)** arbeiten oder die sich auf bestimmte Systemfunktionen beziehen.

Das Einschalten des Kompatibilitätsmodus für ein bestimmtes Programm ist mit wenigen Mausklicks erledigt.

1. Suchen Sie aus dem Startmenü unter ALLE PROGRAMME das Symbol des Programms heraus, das Schwierigkeiten macht.
2. Klicken Sie das Symbol mit der rechten Maustaste an und wählen Sie aus dem Kontextmenü den Eintrag EIGENSCHAFTEN.
3. Wählen Sie die Registerkarte KOMPATIBILITÄT. Sie finden hier ein Feld KOMPATIBILITÄTSMODUS. Aktivieren Sie das Kästchen PROGRAMM IM KOMPATIBILITÄTSMODUS AUSFÜHREN FÜR.
4. Im darunter stehenden Listenfeld können Sie nun auswählen, welches *Windows* dem Programm vorgegaukelt werden soll. Sechs Modi stehen hier zur Auswahl: WINDOWS 95, WINDOWS 98 / ME, WINDOWS NT 4.0 (SERVICE PACK 5), WINDOWS 2000, WINDOWS XP (SERVICE PACK 2) UND WINDOWS SERVER 2003 (SERVICE PACK 1).

5. Wählen Sie das Betriebssystem aus, unter dem das Programm zuletzt stabil und zuverlässig gearbeitet hat.

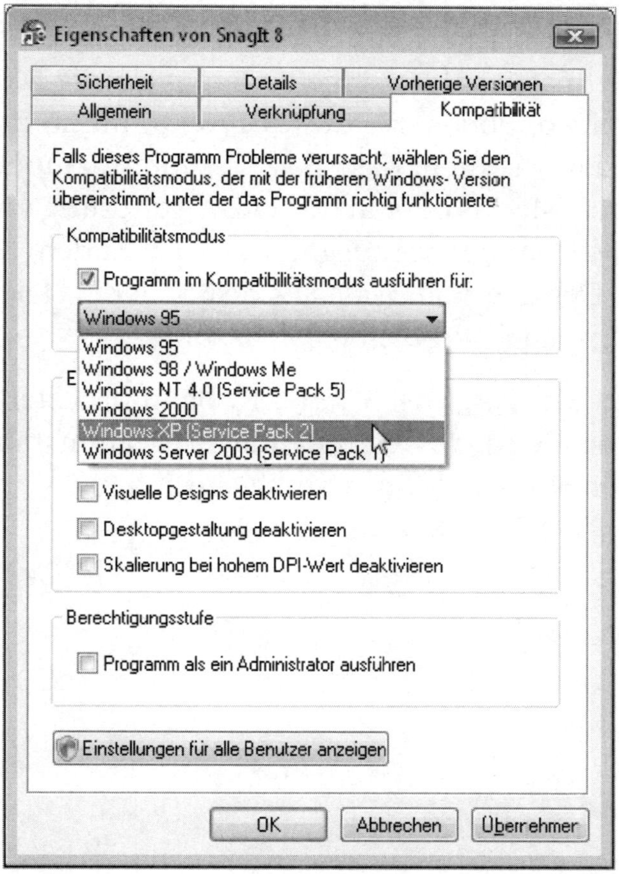

Abb. 13.5 *Windows Vista* kennt verschiedene Kompatibilitätsmodi.

6. Sinnvoll kann es zudem sein, die Option PROGRAMM ALS ADMINISTRATOR AUSFÜHREN zu aktivieren. Da *Windows* bisher immer im Administrator-Modus vorkonfiguriert war,

machen viele ältere Programme Ärger, wenn Sie unter *Windows Vista* plötzlich nicht mehr im Administrator-Modus arbeiten können.

7. Sollte das Programm vor allem in der Darstellung einige Probleme machen, haben Sie zudem noch die Möglichkeit, die Anzeigeoptionen für dieses Programm zu ändern. Sie können dafür sorgen, dass das Programm automatisch im 256-Farben-Modus oder in der VGA-Auflösung von 640 mal 480 Bildschirmpunkten ausgeführt wird. Zudem können Sie hier die Designs von *Windows* deaktivieren, falls das alte Programm damit Probleme haben sollte.
8. Schließen Sie das Fenster mit OK. Beim nächsten Start des Computers wird das betreffende Programm nun in dem gewählten Kompatibilitätsmodus ausgeführt.

Stichwortverzeichnis

DER INTERAKTIVE LERNKURS
COMPUTER WISSEN FÜR
BEST AGER
ALLES KLAR AM PC
Windows XP, Textverarbeitung, Internet,
Anti-Viren-Software – voll im Griff!
9 STUNDEN LIVE-VIDEO-WORKSHOP AUF CD-ROM
CD einlegen und sofort loslegen!
Keine Installation erforderlich!
FRANZIS